Das Buch

Der große Essay ›Die Entwicklung des Christusdogmas‹, der diesem Band den Namen gibt, ist eine der wichtigsten religionskritischen Schriften Erich Fromms. Er prägt seit 1930 die Diskussion über die Beziehungen zwischen Religion und Psychologie. Als die Studie in den sechziger Jahren in Amerika neu aufgelegt wurde, meinte Fromm im Vorwort: »Ich versuchte zu zeigen, daß wir die Menschen nicht aus ihren Ideen und Ideologien allein verstehen können, sondern daß wir Ideen und Ideologien nur verstehen, wenn wir die Menschen verstehen, die sie geschaffen haben und an sie glauben. Dabei müssen wir über die Individualpsychologie hinausgehen und das Feld einer psychoanalytisch-sozialen Psychologie betreten. Wenn es um Ideologien geht, müssen wir die gesellschaftlichen und wirtschaftlichen Bedingungen der Menschen studieren, die sie aufgenommen haben, und das zu erkennen versuchen, was ich später ihren ›Gesellschafts-Charakter‹ genannt habe.«
Sieben weitere wichtige Aufsätze aus den Jahren 1943 bis 1960 zu Psychologie, Religion und Kultur runden diesen Band ab.

Der Autor

Erich Fromm, Psychoanalytiker, Sozialphilosoph und Autor zahlreicher aufsehenerregender Werke, wurde 1900 in Frankfurt am Main geboren. Nach seiner Promotion 1922 in Heidelberg gehörte er neben Marcuse, Löwenthal, Adorno, Benjamin und Pollock zu dem Kreis junger Gelehrter um Max Horkheimer, zur sogenannten Frankfurter Schule. 1934 emigrierte er in die USA, wo er u. a. am Psychoanalytischen Institut Chicago, an der Columbia University und an der Michigan State University lehrte. 1950 bis 1965 war er Ordinarius für Psychoanalyse an der Universität von Mexico City. Fromm starb 1980 in Muralto (Tessin).

Erich Fromm:
Das Christusdogma und andere Essays

Aus dem Amerikanischen von
Carola Dietlmeier
Überarbeitet von Rainer Funk

Deutscher
Taschenbuch
Verlag

dtv

Von Erich Fromm
sind im Deutschen Taschenbuch Verlag erschienen:
Haben oder Sein (1490)
Sigmund Freuds Psychoanalyse – Größe und Grenzen (1711)
Arbeiter und Angestellte am Vorabend des
Dritten Reiches (4409)

Ungekürzte Ausgabe
Juni 1984
Deutscher Taschenbuch Verlag GmbH & Co. KG,
München

Titel der amerikanischen Originalausgabe:
The Dogma of Christ and other Essays
on Religion, Psychology, and Culture
Holt, Rinehart and Winston, New York 1955
Deutschsprachig erschien dieser Aufsatzband erstmals im
Szczesny Verlag KG, München 1965

ISBN 3-421-01912-6
Umschlaggestaltung: Celestino Piatti
Gesamtherstellung: C. H. Beck'sche Buchdruckerei,
Nördlingen
Printed in Germany · ISBN 3-423-10281-0

Inhalt

Aus dem Vorwort zur amerikanischen Erstausgabe

Während die meisten Essays dieses Bandes im Laufe der letzten zehn Jahre geschrieben wurden, erschien ›Die Entwicklung des Christusdogmas‹ bereits 1930 in deutscher Sprache . . . Ich hatte große Bedenken, diese frühe Arbeit erneut zu veröffentlichen. Die Gründe liegen auf der Hand.

Zunächst, die Studie war zu einer Zeit geschrieben worden, als ich noch strenger Freudianer war. Inzwischen haben sich meine psychoanalytischen Auffassungen ziemlich gewandelt, so daß nicht wenige Formulierungen dieses Essays, wenn ich sie heute schriebe, anders aussehen würden. Ich habe in dieser Arbeit die gesellschaftliche Funktion der Religion als Ersatz für reale Befriedigung und als Mittel zu sozialer Kontrolle einseitig betont. Meine Ansichten in dieser Beziehung haben sich zwar nicht geändert, ich würde heute aber auch den Gesichtspunkt (den ich damals schon im Auge hatte) hervorheben, daß die Geschichte der Religion die Geschichte der geistigen Entwicklung des Menschen widerspiegelt. Ein zweiter Grund liegt in der Tatsache, daß es mir heute unmöglich ist, das ganze Material des analysierten, recht umfänglichen historischen Prozesses erneut zu durchforschen. Seit 1930 ist ja auch eine große Anzahl von Werken über die Geschichte des frühen Christentums erschienen, und eine Neubearbeitung des Beitrags ›Die Entwicklung des Christusdogmas‹ hätte sie berücksichtigen müssen. Ich habe in den vergangenen Jahren vieles davon gelesen, und einiges, zum Beispiel Martin Werners ›The Formation of Christian Dogma‹ (1957), scheint mir meine Vermutungen indirekt zu stützen; aber eine völlige Neufassung wäre über meine Kräfte gegangen . . .

Soweit ich sehe, ist dies die erste Arbeit, die den Versuch unternahm, über die in der psychoanalytischen Literatur übliche psychologische Deutung historischer und sozialer Erscheinungen hinauszugehen. Angeregt hatte mich eine Schrift über dasselbe Thema, die einer meiner Lehrer am Psychoanalytischen Institut in Berlin, Dr. Theodor Reik, in der bisherigen Methode konzipiert hatte. Ich versuchte zu zeigen, daß wir die Menschen nicht aus ihren Ideen und Ideologien verstehen können, sondern daß wir Ideen und Ideologien nur verstehen können, wenn wir die Menschen verstehen, die sie geschaffen haben und an sie glauben. Dabei müssen wir über die Individualpsychologie hinausgehen und das Feld einer psychoanalytisch-sozialen Psychologie betreten. Wenn es um Ideologien geht, müssen wir die sozialen und wirtschaftlichen Bedingungen der Menschen studieren, die sie aufgenommen haben, und das zu erkennen versuchen, was ich später ihren »Gesellschafts-Charakter« genannt habe.

Der Nachdruck dieser Studie liegt auf der Analyse der sozioökonomischen Situation jener gesellschaftlichen Gruppen, die die christliche Lehre annahmen und weitergaben; nur auf der Grundlage dieser Analyse ist eine psychoanalytische Deutung versucht worden. Worin immer das Verdienst dieser Deutung bestehen mag: Die Anwendung der Psychoanalyse auf historische Erscheinungen ist einer der Punkte, die ich in meinen späteren Büchern weiterentwickelt habe. Die Methode ist inzwischen in mancherlei Weise verfeinert worden; doch ich hoffe, daß der in ›Die Entwicklung des Christusdogmas‹ enthaltene Kern noch immer von Interesse ist . . .

New York 1963 — Erich Fromm

Die Entwicklung des Christusdogmas

Eine psychoanalytische Studie zur sozialpsychologischen Funktion der Religion (1930a)

1
Methodik und Problemstellung

Es ist eine der nicht unwesentlichen Leistungen der Psychoanalyse, daß sie die falsche prinzipielle Unterscheidung zwischen einer Sozialpsychologie und einer Psychologie des Individuums (Personalpsychologie) überwunden hat. Freud hat einerseits betont, daß es eine Personalpsychologie, deren Objekt der isolierte, aus dem sozialen Zusammenhang gelöste Mensch ist, nicht gibt, weil es eben diesen isolierten Menschen in Wirklichkeit nirgends gibt. Er kennt keinen *homo psychologicus*, keinen psychologischen Robinson Crusoe, wie er etwa als ökonomischer der klassischen Nationalökonomie vorgeschwebt hat. Im Gegenteil ist ja eine der wesentlichsten Entdeckungen Freuds die, daß er die psychische Entwicklung des Individuums gerade aus seinen frühesten sozialen Beziehungen, denen zu Eltern und Geschwistern, zu verstehen gelernt hat. »Die Individualpsychologie ist zwar auf den einzelnen Menschen eingestellt und verfolgt, auf welchen Wegen derselbe die Befriedigung seiner Triebregungen zu erreichen sucht, allein sie kommt dabei nur selten, unter bestimmten Ausnahmebedingungen, in die Lage, von den Beziehungen dieses einzelnen zu anderen Individuen abzusehen. Im Seelenleben des einzelnen kommt ganz regelmäßig der andere als Vorbild, als Objekt, als Helfer und als Gegner in Betracht, und die Individualpsychologie ist daher von Anfang an auch gleichzeitig Sozialpsychologie in diesem erweiterten, aber durchaus berechtigen Sinne« (S. Freud, 1921c, S. 73).

Andererseits aber hat Freud gründlich mit der Illusion einer Sozialpsychologie gebrochen, deren Objekt eine Gruppe als solche ist. So wenig er einen isolierten Menschen als Objekt der Psychologie kennt, so wenig einen »sozialen Trieb«. Das, was man als solchen bezeichnet hat, ist für ihn »kein ursprünglicher und unzerlegbarer« Trieb, sondern er sieht »die Anfänge seiner

Bildung in einem engeren Kreis, wie etwa in der Familie« (a. a. O., S. 74), und er hat gezeigt, daß die in der Gruppe wirksamen psychischen Erscheinungen aus den im Einzelmenschen wirksamen psychischen Mechanismen heraus zu verstehen sind und nicht etwa aus einer »Gruppenseele« als solcher. [1]

Der Unterschied zwischen Personalpsychologie und Sozialpsychologie erweist sich als ein quantitativer, nicht als ein qualitativer. Die Personalpsychologie berücksichtigt alle Determinanten, die auf das Schicksal des einzelnen eingewirkt haben, und kommt so zu einem maximal vollständigen Bild von dessen individueller psychischer Struktur. Je mehr wir den Gegenstand der psychologischen Untersuchung verbreitern, d. h. je größer die Zahl der Menschen ist, deren Gemeinsamkeiten es rechtfertigen, sie als Gruppe zum Objekt einer psychologischen Untersuchung zu machen, desto mehr müssen wir an Umfang der Einsicht in das Ganze der seelischen Struktur des einzelnen Gruppenmitgliedes verzichten. In diesem Sinne etwa müssen wir »Psychologie des Kindes« als Sozialpsychologie bezeichnen: Es wird hier eine Gruppe von Menschen untersucht, deren Schicksal in einer Reihe von Beziehungen, die psychologisch relevant sind, gemeinsam ist. Je mehr wir den Umfang des Objektes einschränken, also etwa durch Beschränkung auf die Psychologie des einzelnen oder mittleren Kindes, desto größer wird der Umfang unserer Einsicht in die Struktur des einzelnen Kindes dieser Gruppe. Dasselbe gilt für alle sozialpsychologischen Untersuchungen.

Je größer also die Zahl der Objekte einer psychologischen Untersuchung ist, desto geringer ist die Einsicht in die Ganzheit der psychischen Struktur des einzelnen innerhalb der zu untersuchenden Gruppe. Wenn dies nicht erkannt wird, kommt es leicht bei der Beurteilung der Ergebnisse sozialpsychologischer Untersuchungen zu Mißverständnissen. Man erwartet etwas

[1] Georg Simmel hat treffend auf den Trugschluß hingewiesen, der in der Annahme der Gruppe als solcher als des Subjektes psychischer Erscheinung liegt. Er sagt (G. Simmel, 1908, S. 287f.): »Das einheitliche äußere Ergebnis vieler subjektiver Seelenvorgänge wird als das Ergebnis eines einheitlichen Seelenvorganges gedeutet – nämlich eines Vorgangs in der Kollektivseele. Die Einheitlichkeit der resultierenden Erscheinung spiegelt sich in der vorausgesetzten Einheit ihrer psychischen Ursache! Das Trügerische dieses Schlusses aber, auf dem die ganze Kollektivpsychologie in ihrem generellen Unterschied gegen die Individualpsychologie beruht, liegt auf der Hand: Die Einheit der Kollektivhandlungen, die nur auf der Seite des sichtbaren Ergebnisses liegen, wird daraufhin für die Seite der inneren Ursache, des subjektiven Trägers, erschlichen.«

von der individuellen psychischen Struktur des einzelnen Gruppenmitgliedes zu hören, während die sozialpsychologische Untersuchung immer nur etwas über die allen Gruppenmitgliedern gemeinsamen psychischen Charaktere aussagen kann und die individuelle psychische Situation des einzelnen diesseits jener Gemeinsamkeiten nicht berücksichtigt. Die Darstellung der besonderen psychischen Eigenart des einzelnen kann niemals Aufgabe der Sozialpsychologie sein und ist immer nur möglich, wenn eine weitgehende Kenntnis des Lebensschicksals des Individuums vorhanden ist. Wenn also z. B. in einer sozialpsychologischen Untersuchung festgestellt wird, daß eine Gruppe eine Regression von einer vaterfeindlichen Einstellung zu einer passivgefügigen Haltung vornimmt, so bedeutet diese Aussage etwas anderes, als wenn in einer personalpsychologischen Untersuchung dies vom einzelnen ausgesagt wird. Während es hier hieße, daß diese Regression für die gesamte Sohneseinstellung des Individuums gilt, heißt es dort, daß sie einen durchschnittlich allen Gruppenmitgliedern gemeinsamen Zug darstellt, der an bestimmter, näher angegebener Stelle in Erscheinung tritt, aber im Leben des einzelnen neben anderen durch sein individuelles Schicksal bestimmten Tendenzen gegebenenfalls eine untergeordnete Rolle spielen kann. Der Wert sozialpsychologischer Einsicht kann also nicht darin liegen, daß wir einen Einblick in die psychische Eigenart des einzelnen Gruppenmitgliedes bekommen, sondern nur darin, daß wir diese gemeinsamen psychischen Tendenzen feststellen, deren überragende Bedeutung darin liegt, daß sie als gemeinsame eine entscheidende Rolle in der gesellschaftlichen Entwicklung spielen.

Die Überwindung einer prinzipiellen Gegenüberstellung von Personal- und Sozialpsychologie, wie sie von der Psychoanalyse geleistet wurde, führt als Konsequenz zur Einsicht, daß die Methode einer sozialpsychologischen Untersuchung grundsätzlich und im wesentlichen keine andere sein kann als die, welche die Psychoanalyse bei der Erforschung der Psyche des einzelnen anwendet. Es wird also gut sein, sich kurz auf das Wesentliche dieser Methode, insoweit es für unser Problem hier von Bedeutung ist, zu besinnen.

Freud geht davon aus, daß in der Verursachung der Neurosen – und dasselbe gilt für die Triebstruktur des Gesunden – mitgebrachte Sexualkonstitution und Erleben eine Ergänzungsreihe bilden. »An dem einen Ende der Reihe stehen die extremen

Fälle, von denen Sie mit Überzeugung sagen können: Diese Menschen wären infolge ihrer absonderlichen Libidoentwicklung auf jeden Fall erkrankt, was immer sie erlebt hätten, wie sorgfältig sie das Leben auch geschont hätte. Am anderen Ende stehen die Fälle, bei denen Sie umgekehrt urteilen müssen, sie wären gewiß der Krankheit entgangen, wenn das Leben sie nicht in diese oder jene Lage gebracht hätte. Bei den Fällen innerhalb der Reihe trifft ein Mehr oder Minder von disponierender Sexualkonstitution mit einem Minder oder Mehr von schädigenden Lebensanforderungen zusammen. Ihre Sexualkonstitution hätte ihnen nicht die Neurose gebracht, wenn sie nicht solche Erlebnisse gehabt hätten, und diese Erlebnisse hätten nicht traumatisch auf sie gewirkt, wenn die Verhältnisse der Libido andere gewesen wären« (S. Freud, 1916–17, S. 360).

Der konstitutionelle Anteil an der psychischen Struktur des gesunden oder kranken Menschen bleibt bei der psychischen Erforschung der einzelnen für die Psychoanalyse – und beim heutigen Stande der Wissenschaft weitgehend für diese überhaupt – eine zu beachtende, aber unbekannte und nicht näher bestimmbare Größe. Das, worum sich die Psychoanalyse kümmert, ist das Erleben, und die Erforschung seines Einflusses auf die Triebentwicklung bei einer gegebenen psychischen Konstitution ist ihr Hauptziel. Sie weiß zwar, daß die Triebentwicklung des einzelnen mehr oder weniger von seiner Konstitution bestimmt ist, diese Einsicht ist eine Voraussetzung der psychoanalytischen Arbeit, aber diese selbst gilt ausschließlich der Erforschung der Frage nach der Einwirkung des Lebensschicksals auf die Triebentwicklung. In der Praxis bedeutet das, daß für die psychoanalytische Methode eine maximale Kenntnis des Lebensschicksals des einzelnen, vor allem seiner frühkindlichen Erlebnisse, aber durchaus nicht nur dieser, eine wesentliche Bedingung ist. Sie sucht den Zusammenhang zwischen der Spezifität der Schicksale und der Spezifität der Triebentwicklung. Da, wo man die Lebensschicksale des einzelnen nicht weitgehend kennt, ist jede Analyse unmöglich. Man kann wohl bei bestimmten typischen Verhaltensweisen, denen bestimmte typische Schicksale erfahrungsgemäß zugeordnet sind, auf Grund eines Analogieschlusses die entsprechenden Schicksale vermuten, aber alle solche Analogieschlüsse enthalten doch einen mehr oder weniger großen Unsicherheitsfaktor, und es kommt ihnen nur eine sehr beschränkte wissenschaftliche Geltung zu. Die Methode der Psychoanalyse des einzelnen ist also eine exquisit historische: Verständnis der Triebentwicklung aus der Kenntnis des Lebensschicksals.

Die Methode der Anwendung der Psychoanalyse auf Gruppen kann keine andere sein. Auch die gemeinsamen psychischen Haltungen der Angehörigen einer Gruppe sind nur zu verstehen aus den ihnen gemeinsamen Lebensschicksalen. Die psychoanalytische Sozialpsychologie kann nur eine ebenso historische Methode haben wie die psychoanalytische Personalpsychologie. So wie diese aus der Kenntnis der Lebensschicksale des einzelnen seine Triebkonstellation zu verstehen sucht, kann auch die Sozialpsychologie nur durch die genaue Kenntnis des Lebensschicksals eine Einsicht in die Triebstruktur der zu untersuchenden Gruppe gewinnen. Dabei besteht für den notwendigen Umfang der Kenntnis der Lebensschicksale ihrer Objekte dieselbe quantitative Differenz, wie sie oben für den Umfang des sozialpsychologisch erforschbaren Sektors der Einzelseele dargelegt wurde. So wie die Sozialpsychologie nur Aussagen über die allen gemeinsamen psychischen Haltungen machen kann, bedarf sie auch nur der Kenntnis der allen gemeinsamen und für alle charakteristischen Lebensschicksale. Nicht mehr, aber bestimmt auch nicht weniger.

Wenn auch die Methode der Sozialpsychologie grundsätzlich keine andere ist als die der Personalpsychologie, so gibt es doch eine Differenz, auf die hinzuweisen notwendig ist.

Die psychoanalytische Forschung hat es vorwiegend mit neurotischen, d. h. kranken Individuen zu tun, die sozialpsychologische Forschung mit Massen, beziehungsweise gesellschaftlichen Gruppen von normalen, d. h. nicht neurotisch erkrankten Personen.

Der neurotische Mensch ist charakterisiert dadurch, daß es ihm nicht gelungen ist, sich psychisch der ihn umgebenden Realität anzupassen, sondern daß er durch Fixierung gewisser Triebregungen, bestimmter psychischer Mechanismen, die in einer frühen Periode seiner Kindheit einmal angepaßt und entsprechend waren, in Konflikte mit der Realität kommt, die in der Neurose ihren Ausdruck finden. Die seelische Struktur des Neurotikers ist eben deshalb ohne die Kenntnis seiner frühkindlichen Erlebnisse fast ganz unverständlich, weil infolge seiner Neurose als Ausdruck seiner mangelnden Angepaßtheit, beziehungsweise des besonderen Umfangs infantiler Fixierungen, auch seine Situation als Erwachsener im wesentlichen von jener Situation als Kind determiniert ist. Auch für den Normalen sind die frühkindlichen Erlebnisse von entscheidender Bedeutung. Sein Charakter (im weitesten Sinn) ist von ihnen bestimmt und in seiner Totalität ohne sie unverständlich. Aber weil er sich in viel höherem Maße seelisch an seine Realität angepaßt hat als der Neurotiker, ist auch ein weit größerer Sektor seiner seelischen Struktur aus der realen Lebenssituation, in der er sich befindet, verständlich als bei diesem. Da die Sozialpsychologie nicht den Anspruch erhebt, die Totalität der psychischen Struktur des Gruppenmitgliedes zu verstehen, sondern nur die den Gruppenmitgliedern gemeinsamen psychischen Einstellungen, kann sie also, weil sie es mit Normalen, d. h. mit Menschen zu tun hat, auf deren seelische Situation die Realität einen ungleich höheren Einfluß hat als auf den Neurotiker, auch auf die Kenntnis der individuellen Kindheitserlebnisse der einzelnen Mitglieder der zu untersuchenden Gruppe verzichten und aus der Kenntnis der realen gesellschaftlich bedingten Lebenssituation, in die diese Menschen nach den ersten Kindheitsjahren gestellt sind, Verständnis für die ihnen gemeinsamen psychischen Haltungen gewinnen.

Die Problemstellung der sozialpsychologischen Untersuchung entspricht der Methodik. Sie will erforschen, in welcher Weise gewisse, den Mitgliedern einer Gruppe gemeinsame, psychische Haltungen ihren gemeinsamen Lebensschicksalen zugeordnet sind. So wenig es beim einzelnen ein Produkt des Zufalls ist, ob diese oder jene Triebrichtung dominiert, ob der Ödipuskomplex diesen oder jenen Ausgang findet, ebensowenig ist es ein Zufall, ob in der gesellschaftlichen Entwicklung, sei es im zeitlichen Ablauf bei der gleichen, sei es gleichzeitig bei verschiedenen Schichten, Veränderungen der psychischen Eigenart stattfinden. Das Problem der sozialpsychologischen Untersuchung ist es, aufzuzeigen, warum solche Veränderungen stattfinden und wie sie sich aus dem gemeinsamen Lebensschicksal der Gruppenangehörigen verstehen lassen. Auch die sozialpsychologische Untersuchung rechnet dabei mit den Gegebenheiten der psychischen Konstitution ihrer Objekte und übersieht nicht, daß das Erleben nur die eine Seite der »Ergänzungsreihe« darstellt. Aber in der Aufzeigung der Einwirkung des Lebensschicksals auf die psychische Struktur, beziehungsweise deren Rückwirkung auf das Lebensschicksal besteht das eigentliche analytische Problem für die Sozialpsychologie ebensogut wie für die Personalpsychologie.

Die vorliegende Untersuchung beschäftigt sich mit einem eng

umgrenzten Problem der Sozialpsychologie, mit der Frage nach den Motiven der Wandlung der Vorstellungen vom Verhältnis Gott-Vaters zu Jesus von der Zeit des Beginns des Christentums bis zur Formulierung des Nizänischen Dogmas im vierten Jahrhundert. Entsprechend den oben allgemein formulierten Prinzipien will diese Untersuchung aufzeigen, inwiefern die Veränderung gewisser Glaubensvorstellungen ein Ausdruck der psychischen Veränderung der dahinterstehenden Menschen ist und diese Veränderungen wiederum von den Lebensschicksalen dieser Menschen bedingt sind. Sie will die Ideen aus den Menschen und ihren Schicksalen, nicht die Menschen aus dem Schicksal ihrer Ideen verstehen und zeigen, daß das Vermächtnis der dogmatischen Entwicklung nur möglich ist bei genügender Kenntnis des Unbewußten, auf das die äußere Realität einwirkt und das seinerseits die Bewußtseinsinhalte determiniert.

Die Methode dieser Arbeit bringt es mit sich, daß der Darstellung der Lebensschicksale der zu untersuchenden Menschen, ihrer geistigen, wirtschaftlichen, gesellschaftlichen und politischen Situation, kurz ihrer »psychischen Oberfläche« ein verhältnismäßig großer Raum gewidmet sein muß. Wenn der Leser dies als ein Mißverhältnis empfinden wird, so möge er daran denken, daß auch in einer psychoanalytischen Krankengeschichte der Darstellung des äußeren Schicksals, der Erlebnisse des Kranken, ein verhältnismäßig großer Raum zukommt. Wenn in dieser Arbeit die Darstellung der gesamten Kultursituation der zu analysierenden Massen und ihrer äußeren Schicksale noch entschiedener hervortritt als in der Schilderung der Realsituation in einer Krankengeschichte, so liegt es darin begründet, daß naturgemäß die historische Rekonstruktion, wenn sie nur einigermaßen ausführlich und plastisch sein soll, unvergleichlich komplizierter und umfangreicher ist als die Wiedergabe einfacher Tatsachen, wie sie sich im Leben eines einzelnen zutragen. Wir glauben aber, daß dieser Nachteil in Kauf zu nehmen ist, weil nur so ein wirkliches analytisches Verständnis historischer Phänomene erzielt werden kann.

Diese Untersuchung behandelt einen Gegenstand, der von einem der prominentesten Vertreter der analytischen Religionsforschung, von Theodor Reik in seiner Studie ›Dogma und Zwangsidee‹ (Th. Reik, 1927; vgl. 1919; 1923; ferner: E. Jones, 1931; A. J. Storfer, 1913) behandelt wurde. Die inhaltlichen Differenzen, die sich aus der verschiedenen Methodik mit Notwendigkeit ergeben, werden, wie die methodischen Differenzen selbst, erst am Schlusse dieser Arbeit kurz behandelt werden. Es sollen in dieser Arbeit die Veränderung bestimmter Bewußtseinsinhalte, der dogmatischen Vorstellungen, aus der Veränderung unbewußter seelischer Regungen erklärt und verstanden werden. Ganz entsprechend, wie wir das beim methodischen Problem getan haben, wollen wir uns auch hier in Kürze auf die für unsere Frage wichtigsten Ergebnisse der Psychoanalyse besinnen.

2
Die sozialpsychologische Funktion der Religion

Die Psychoanalyse ist eine Triebpsychologie, d. h. sie sieht die Lebensäußerungen des Menschen bedingt und bestimmt von Triebregungen, die sie als Ausfluß gewisser physiologisch verankerter, aber selbst nicht unmittelbar zu beobachtender Triebe ansieht. Freud hat zunächst, ganz entsprechend der populären Einteilung der Triebe in Hunger und Liebe, zwei Gruppen von Trieben angenommen, die als Motoren des menschlichen Seelenlebens wirksam sind: die Ich- oder Selbsterhaltungstriebe und die Sexualtriebe. Unter dem Eindruck der Tatsache des libidinösen Charakters, der auch den Selbsterhaltungstrieben innewohnt und der besonderen Bedeutung destruktiver Tendenzen im seelischen Apparat des Menschen, hat er eine andere Gruppierung der Grundtriebe vorgenommen, den lebenserhaltenden (erotischen) die Zerstörungstriebe gegenübergestellt, ein Zusammenhang, auf den wir hier nicht näher einzugehen brauchen. Wichtig ist für uns die Feststellung einiger Qualitäten der Sexualtriebe, die sie von den Ichtrieben unterscheiden. Die Sexualtriebe sind nicht imperativischer Natur, es ist möglich, ihre Anforderungen unbefriedigt zu lassen, ohne daß eine Bedrohung des Lebens damit verbunden wäre, wie das bei dauernder Nichtbefriedigung von Hunger, Durst und Schlafbedürfnis der Fall ist. Die Sexualtriebe gestatten fernerhin bis zu einem gewissen, nicht unerheblichen Grade eine Befriedigung in Phantasien und mit den Mitteln der eigenen Leiblichkeit, sie sind infolgedessen weit unabhängiger von der Realität als die Ichtriebe. Eng damit hängt ein weiteres zusammen: die leichte Verschiebbarkeit und Vertauschbarkeit unter den einzelnen Sexualtrieben. Die Versagung der Befriedigung einer Triebregung kann verhältnismäßig leicht durch den Ersatz einer anderen befriedigbaren Triebregung wettgemacht werden; diese Geschmeidigkeit und Beweglichkeit innerhalb der Sexualtriebe ist die Grundlage der außerordentlichen Variabilität der psychischen Struktur, und in ihr ist die Möglichkeit dafür begründet, daß das Lebensschicksal so bestimmend und verändernd auf die Triebstruktur einwirken kann. Als den Regulator des seelischen Apparates sieht Freud das durch das Realitätsprinzip modifizierte Lustprinzip an. Er sagt: »Wir wenden uns darum der anspruchsloseren Frage zu, was die Menschen selbst durch ihr Verhalten als

Zweck und Absicht ihres Lebens erkennen lassen, was sie vom Leben fordern, in ihm erreichen wollen. Die Antwort darauf ist kaum zu verfehlen; sie streben nach dem Glück, sie wollen glücklich werden und so bleiben. Dies Streben hat zwei Seiten, ein positives und ein negatives Ziel, es will einerseits die Abwesenheit von Schmerz und Unlust, anderseits das Erleben starker Lustgefühle. Im engeren Wortsinne wird ›Glück‹ nur auf das letztere bezogen. Entsprechend dieser Zweiteilung der Ziele entfaltet sich die Tätigkeit der Menschen nach zwei Richtungen, je nachdem sie das eine oder das andere dieser Ziele – vorwiegend oder selbst ausschließlich – zu verwirklichen sucht« (S. Freud, 1930a, S. 433). Das Streben des Individuums geht also dahin, bei gegebenen Verhältnissen ein Maximum von Triebbefriedigung und ein Minimum von Unlust zu erfahren, um der Unlustvermeidungen willen kann es Verschiebungen innerhalb der verschiedenen Triebregungen oder auch Verzichte vornehmen, während ein entsprechender Verzicht bei den Ichtrieben unmöglich ist.

Die Eigenart der Triebstruktur eines Individuums hängt ab von seiner psychischen Konstitution und in erster Linie von seinem frühinfantilen Erleben. Die äußere Realität, die ihm die Befriedigung gewisser Triebregungen garantiert, ihn andererseits zum Verzicht auf gewisse andere zwingt, ist bestimmt durch die jeweilige gesellschaftliche Situation, in der der Betreffende lebt. Diese gesellschaftliche Realität ist eine doppelte: die weitere, für alle Mitglieder der Gesellschaft geltende, und die engere Klassenrealität innerhalb der Gesellschaft, die nur für die Angehörigen der betreffenden Klasse Geltung hat.

Die Gesellschaft hat für die seelische Situation des einzelnen eine doppelte Funktion: eine versagende und eine befriedigende. Die Triebverzichte, die der Mensch vornimmt, entstammen nur zum kleinsten Teil seiner eigenen Einsicht in die Gefährlichkeit und Schädlichkeit der entsprechenden Befriedigung. Zum größten Teil sind es Verzichte, die ihm die Gesellschaft auferlegt, und zwar erstens solche, bei denen die gesellschaftliche Einsicht von einer dem einzelnen nicht übersehbaren wirklichen Gefahr, die für ihn selber mit der Triebbefriedigung verbunden wäre, zum Verbot führt, zweitens solche Triebverzichte, mit deren Befriedigung zwar keine Gefahr für den einzelnen, aber eine Schädigung der Gesamtheit verbunden wäre, und endlich solche, bei denen der Triebverzicht nicht im Interesse der Gesamtheit, sondern nur in dem einer anderen Klasse, welcher der, dem verboten wird, nicht angehört, liegt.

Nicht minder deutlich als diese verbietende Funktion der Gesellschaft ist ihre befriedigende. Das Individuum findet sich überhaupt nur mit ihr ab, weil es durch ihre Hilfe auf ein gewisses Maß an Lustgewinn und Unlustvermeidung rechnen kann. Vor allem und zunächst mit Bezug auf die Befriedigung seiner elementaren Selbsterhaltungsbedürfnisse, dann aber weiter auch mit Bezug auf die der libidinösen Bedürfnisse.

Das bisher Gesagte berücksichtigt nicht die eigenartige Strukturiertheit aller bisherigen Gesellschaft. Es ist ja nicht so, daß die Mitglieder der Gesellschaft sich gemeinsam beraten und feststellen, was die Gesellschaft erlauben kann und was sie verbieten muß. Es ist vielmehr so, daß, solange die Produktivkräfte beziehungsweise die Ergebnisse der menschlichen Arbeit (sei es durch Mängel der Technik oder solche der gesellschaftlichen Organisation) nicht ausreichen, allen außer dem Schutz vor äußeren Gefahren und der Befriedigung der elementaren Ichbedürfnisse auch noch ein ausreichendes Maß an Befriedigung kultureller Bedürfnisse zu gewähren, sich die Stärksten zusammentun, für eine maximale Befriedigung ihrer Bedürfnisse zunächst sorgen und daß das Maß an Befriedigung, das sie den Beherrschten gewähren, einerseits abhängt vom Stande der allgemein zur Verfügung stehenden Befriedigungsmöglichkeiten oder, anders ausgedrückt, von dem Maß dessen, was sich die Herrschenden zugunsten der Beherrschten entziehen müssen, anderseits davon, daß den Beherrschten das Minimum an Befriedigung gewährt werden muß, bei dem sie noch als mitarbeitende Glieder der Gesellschaft zu fungieren bereit und imstande sind. Die gesellschaftliche Stabilität beruht nur zum kleineren Teil auf Mitteln der äußeren Gewalt, zum größeren Teil beruht sie darauf, daß die Menschen sich in einer solchen seelischen Verfassung befinden, die sie innerlich in einer bestehenden gesellschaftlichen Situation verwurzelt. Dazu ist, wie wir oben sahen, ein Minimum an Befriedigung der natürlichen und kulturellen Triebbedürfnisse nötig. Aber für die psychische Fügsamkeit der Masse ist noch etwas anders übrig, was mit der eigenartigen Strukturiertheit der Gesellschaft in Klassen zusammenhängt.

Freud hat darauf hingewiesen, daß die Hilflosigkeit und Schutzbedürftigkeit des Menschen der Natur gegenüber eine Wiederholung der Situation ist, in der sich der Erwachsene einst als Kind befand, wo er des Schutzes und der Hilfe gegen fremde Übermächte nicht entbehren konnte und wo seine Liebesregungen, den Wegen der narzißtischen Regungen folgend, sich zunächst an die Objekte heften, die ihm ersten Schutz und Befriedigung gewähren, an die Mutter und an den Vater. In dem Maße, als die Gesellschaft der Natur hilflos gegenübersteht, muß sich für das einzelne Mitglied der Gesellschaft auch als Erwachsener die psychische Situation der Kindheit wiederholen. Es überträgt einen Teil der kindlichen Liebe und Angst, aber auch der Abneigung auf eine Phantasiegestalt, auf Gott. Daneben aber auch auf Gestalten der Realität, nämlich auf die Repräsentanten der herrschenden Klasse. In der Strukturiertheit der Gesellschaft in Klassen wiederholt sich für den einzelnen die infantile Situation. Er sieht in den Herrschenden die Mächtigen, Starken, Weisen, Ehrfurchtgebietenden, glaubt daran, daß sie es gut mit ihm meinen und nur sein Bestes wollen, weiß, daß jede Auflehnung gegen sie bestraft wird, und ist befriedigt, wenn er durch Gefügigkeit ihr Lob erringen kann. Es sind ganz die gleichen Gefühle, die er als Kind dem Vater gegenüber hatte, und es versteht sich, daß er ebenso geneigt ist, kritiklos an das zu glauben, was ihm von den Herrschenden als richtig und wahr dargestellt wird, wie er als Kind gewohnt war, dem Vater für jede Behauptung kritiklos Glauben zu schenken. Die Figur Gottes bildet die Ergänzung dieser Situation. Gott ist immer der Verbündete der Herrschenden. Wenn diese, da sie immerhin reale Persönlichkeiten sind, der Kritik eine Angriffsfläche bieten, so können sie sich auf Gott stützen, der infolge seiner Irrealität nur der Kritik spottet und durch seine Autorität die der herrschenden Klasse festigt.

In dieser psychologischen Situation, der der infantilen Gebundenheit der Beherrschten an die Herrschenden, liegt eine der wesentlichsten Garantien der gesellschaftlichen Stabilität. Die Beherrschten sind bereit, zugunsten der Herrschenden auf die Befriedigung gewisser Triebregungen zu verzichten, sie sind bereit, deren Strafandrohungen zu respektieren und an die Weisheit ihrer Anordnungen zu glauben, weil sie sich ihnen gegenüber in der gleichen Situation befinden, in der sie als hilflose Kinder einst dem Vater gegenüberstanden und weil die gleichen Mechanismen hier wie dort statthaben. Diese psychische Situation bekommt ihre Festigkeit durch eine große Reihe schwerwiegender und komplizierter Maßnahmen seitens der Herrschenden, die alle die Funktion haben, die Masse in ihrer infantilen psychischen Abhängigkeit zu erhalten und zu bestärken, die herrschende Klasse dem Unbewußten der Masse als Vaterfigur suggestiv aufzunötigen. Eines der wesentlichsten Mittel zu diesem Zweck ist die Religion. Sie hat die Aufgabe, die psychische Selbständigkeit der Masse zu verhindern, sie intellektuell einzuschüchtern, sie in die gesellschaftlich notwendige infantile Gefügigkeit den Herrschenden gegenüber zu bringen. Sie hat aber gleichzeitig noch eine wesentliche andere Funktion, sie soll nämlich den Massen ein gewisses Maß an Befriedigung bieten, das ihnen das Leben soweit erträglich macht, daß sie nicht den Umschlag von der Position des gehorsamen in die des aufrührerischen Sohnes vornehmen.

Welcher Art sind diese Befriedigungen? Gewiß nicht solche der Selbsterhaltungstriebe, kein Mehr an Essen, Trinken und realen Genüssen. Insoweit es sich um solche handelt, sind sie nur in der Realität zu gewähren, dazu braucht man keine Religion, und gerade diese soll ja dazu dienen, der Masse den Verzicht auf so viele Versagungen, die die Realität ihnen bietet, leichter zu machen. Die Befriedigungen, die die Religion zu bieten hat, sind libidinöser Natur, es sind Befriedigungen, die sich im wesentlichen in der Phantasie des zu Befriedigenden abspielen, und sie können es sein, weil die libidinösen Impulse im Gegensatz zu den Ichtrieben eine Befriedigung in Phantasien gestatten.

Wir sind hier bei der Frage nach einer der psychischen Funktionen der Religion angelangt, und wir wollen uns kurz auf die wichtigsten Ergebnisse der Forschungen Freuds besinnen. Freud hat in ›Totem und Tabu‹ (1912–13) gezeigt, daß der Tiergott des Totemismus der erhöhte Vater ist, daß sich im Verbot, das Totemtier zu töten und zu verzehren und der dazu im Gegensatz stehenden feierlichen Sitte, das Verbotene einmal im Jahr doch zu begehen, die ambivalente Einstellung wiederholt, die der Mensch als Kind seinem Vater gegenüber erworben hat, der gleichzeitig helfender Beschützer und unterdrückender Rivale ist. Es ist besonders von Reik gezeigt worden, daß diese Übertragung der dem Vater geltenden infantilen Einstellung auf Gott auch in den großen Kulturreligionen stattfindet, daß die Gefühlseinstellung des gläubigen Christen oder Juden zu seinem Gotte dieselben Züge der Ambivalenz aufzeigt, wie sie beim Kind dem Vater gegenüber geherrscht haben. Die eben dargelegte erste Fragestellung Freuds und seiner Schüler war die nach der psychischen Beschaffenheit der religiösen Einstellung zu Gott, und die Antwort lautete, daß in der Einstellung des Erwachsenen zu Gott sich die infantile Einstellung des Kindes zum Vater wiederholt. Diese infantile psychische Situation stellt Vorbild und Möglichkeit der religiösen Situation dar. In seiner ›Zukunft einer Illusion‹ (1927c) ist Freud über diese Fragestellung hinaus zu einer weiteren übergegangen. Er fragt nicht mehr nur, wie ist Religion psychologisch möglich, sondern er fragt weiter, warum ist Religion oder war sie bisher nötig. Er gibt auf diese Frage eine Antwort, die gleichzeitig psychische und soziale Tatsachen berücksichtigt. Er spricht der Religion die Wirkung eines Narkotikums zu, das geeignet ist, dem Menschen in seiner Ohnmacht und Hilflosigkeit den Naturkräften gegenüber einigen Trost zu gewähren. »Denn diese Situation ist nichts Neues, sie hat ein infantiles Vorbild, ist eigentlich nur die Fortsetzung des früheren, denn in solcher Hilflosigkeit hatte man sich schon einmal befunden, als kleines Kind einem Elternpaar gegenüber, das man Grund hatte zu fürchten, zumal den Vater, dessen Schutzes man aber auch sicher war gegen die Gefahren, die man damals kannte. So lag es nahe, die beiden Situationen einander anzugleichen. Auch kam wie im Traumleben der Wunsch dabei auf seine Rechnung. Eine Todesahnung befällt den Schlafenden, will ihn in das Grab versetzen, aber die Traumarbeit weiß die Bedingung auszuwählen, unter der auch dies gefürchtete Ereignis zur Wunscherfüllung wird; der Träumer sieht sich in einem alten Etruskergrab, in das er selig über die Befriedigung seiner archäologischen Interessen hinabgestiegen war. Ähnlich macht der Mensch die Naturkräfte nicht einfach zu Menschen, mit denen er wie mit seinesgleichen verfahren kann, das würde auch dem überwältigenden Eindruck nicht gerecht werden, den er von ihnen hat, sondern er gibt ihnen Vatercharakter, macht sie zu Göttern, folgt dabei nicht nur einem infantilen, sondern auch, wie ich versucht habe zu zeigen, einem phylogenetischen Vorbild. Mit der Zeit werden die ersten Beobachtungen von Regel- und Gesetzmäßigkeit an den Naturerscheinungen gemacht, die Naturkräfte verlieren damit ihre menschlichen Züge. Aber die Hilflosigkeit der Menschen bleibt und damit ihre Vatersehnsucht und die Götter. Die Götter behalten ihre dreifache Aufgabe, die Schrecken der Natur zu bannen, mit der Grausamkeit des Schicksals, besonders wie es sich im Tode zeigt, zu versöhnen und für die Leiden und Entbehrungen zu entschädigen, die dem Menschen durch das kulturelle Zusammenleben auferlegt werden« (S. Freud, 1927c, S. 338f.).

Freud beantwortet auch die Frage danach, worin die innere Kraft der religiösen Lehren besteht, welchem Umstand sie ihre von der vernünftigen Anerkennung unabhängige Wirksamkeit verdanken. »Die religiösen Vorstellungen«, sagt er, »sind nicht Niederschläge der Erfahrung oder Endresultate des Denkens, es sind Illusionen, Erfüllungen der ältesten, stärksten, dringendsten Wünsche der Menschheit; das Geheimnis ihrer Stärke ist die Stärke dieser Wünsche. Wir wissen schon, der schreckende Eindruck der kindlichen Hilflosigkeit hat das Bedürfnis nach Schutz – Schutz durch Liebe – erweckt, dem der Vater abgeholfen hat, die Erkenntnis von der Fortdauer dieser Hilflosigkeit fürs ganze Leben hat das Festhalten an der Existenz eines – aber nun mächtigeren Vaters – verursacht. Durch das gütige Walten der göttlichen Vorsehung wird die Angst vor den Gefahren des Lebens beschwichtigt, die Einsetzung einer sittlichen Weltordnung versichert die Erfüllung der Gerechtigkeitsforderung, die innerhalb der menschlichen Kultur so oft unerfüllt geblieben ist, die Verlängerung der irdischen Existenz durch ein zukünftiges Leben stellt den örtlichen und zeitlichen Rahmen bei, in dem sich diese Wunscherfüllungen vollziehen sollen. Antworten auf Rätselfragen der menschlichen Wißbegierde, wie nach der Entstehung der Welt und der Beziehung zwischen Körperlichem und Seelischem werden unter den Voraussetzungen dieses Systems entwickelt; es bedeutet eine großartige Erleichterung für die Einzelpsyche, wenn die nie ganz überwundenen Konflikte der Kinderzeit aus dem Vaterkomplex ihr abgenommen und einer von allen angenommenen Lösung zugeführt werden« (S. Freud, 1927c, S. 352f.).

Freud sieht also die Möglichkeit der religiösen Einstellung in der infantilen Situation, ihre (relative) Notwendigkeit in der Tatsache der Ohmacht und Hilflosigkeit des Menschen gegenüber der Natur, und er zieht die Konsequenz, bei wachsender Beherrschung der Natur durch die Menschen die Religion als eine überflüssig werdende Illusion anzusehen.

Fassen wir das bisher Gesagte kurz zusammen: Der Mensch strebt nach einem Maximum an Lustgewinn, die gesellschaftliche Realität zwingt ihn zu vielen Triebverzichten, und die Gesellschaft versucht, den einzelnen für diese Triebverzichte durch andere, für die Gesellschaft beziehungsweise die herrschende Klasse, unschädliche Befriedigungen zu entschädigen.

Diese Befriedigungen sind solche, die sich im wesentlichen in Phantasien vollziehen, und zwar in kollektiven, allen gemeinsamen; wir können sie als gemeinsame Phantasiebefriedigungen bezeichnen. Sie erfüllen eine wichtige Funktion in der gesellschaftlichen Realität. Insoweit diese Realbefriedigungen nicht gestattet sind, treten die Phantasiebefriedigungen als Ersatz ein und werden zu einer mächtigen Stütze der gesellschaftlichen Stabilität. Je größer die Versagungen sind, die die Menschen in der Realität erleiden, desto stärker muß dafür Sorge getragen werden, daß sie sich durch Phantasiebefriedigung für die realen Versagungen entschädigen können. Die Phantasiebefriedigungen haben die doppelte Funktion jedes Narkotikums, sie sind schmerzlindernd, aber gleichzeitig auch ein Hindernis der aktiven Einwirkung auf die Realität. Die gemeinsamen Phantasiebefriedigungen haben gegenüber den individuellen Tagträumen einen wesentlichen Vorzug darin, daß sie infolge ihrer Gemeinsamkeit für das Bewußtsein wirken wie eine Einsicht von realen Tatsachen. Eine Illusion, die von allen phantasiert wird, wird zur Realität. Die älteste dieser kollektiven Phantasiebefriedigungen ist die Religion. Mit der fortschreitenden Entwicklung der Gesellschaft werden die Phantasien komplizierter und in höherem Maße rational bearbeitet. Die Religion selbst wird differenzierter, neben sie treten Dichtung, bildende Kunst, Philosophie und Moral als Inhalte der kollektiven Phantasien.

Inhalt und Umfang der Phantasiebefriedigungen werden bestimmt einerseits von der psychischen Konstitution, anderseits von der sozialen Realität. Die soziale Realität ist dadurch charakterisiert, daß sie in der bisherigen Geschichte der Menschheit immer eine Klassenrealität war, d. h., daß sich immer eine herrschende, psychisch die Vaterrolle einnehmende, und eine beherrschte, die Kindesrolle einnehmende Klasse gegenüberstanden. Das bedeutet, daß die Richtung der Triebbedürfnisse und Befriedigungen der Masse nicht nur bestimmt wird von der allgemeinen gesellschaftlichen Situation, d. h. vom jeweiligen Grad der Beherrschung der Natur durch die Menschen, sondern speziell von der Klassensituation, die erfordert, daß der Angehörige der beherrschten Klasse sich in einem für die gesellschaftliche Stabilität zweckmäßigen psychischen Abhängigkeitsverhältnis zur herrschenden Klasse befindet. Die Religion hat also eine dreifache Funktion: für alle Menschen die des Trostes für die allen vom Leben aufgezwungenen Versagungen, für die große Masse die der suggestiven Beeinflussung im Sinne ihres psychischen Abfindens mit ihrer Klassensituation und für die herrschende Klasse die der Entlastung vom Schuldgefühl gegenüber der Not der von ihr Unterdrückten.

Die folgende Untersuchung soll an einem ganz kleinen Ausschnitt der religiösen Entwicklung das allgemein Gesagte im einzelnen nachweisen. Es wird versucht zu zeigen, welchen Einfluß die äußere Realität in einer bestimmten Situation auf eine bestimmte Gruppe Menschen hatte, wie sich deren psychische Situation in bestimmten Glaubensvorstellungen, d.h. in gewissen kollektiven Phantasien ausdrückte, weiterhin welche psychische Veränderung durch die Veränderung der äußeren Situation herbeigeführt wurde, und wie diese psychische Veränderung auf dem Wege über das Unbewußte in neuen, bestimmte Triebregungen befriedigenden, religiösen Phantasien Ausdruck findet, und es wird dabei deutlich werden, wie eng der Wandel in den religiösen Vorstellungen verknüpft ist, einerseits mit der Wiederbelebung verschiedener infantiler Beziehungsmöglichkeiten zum Vater beziehungsweise zur Mutter, anderseits mit der Veränderung der Einstellung zur herrschenden Klasse und ihren Vertretern beziehungsweise der sozialen und ökonomischen Situation.

Der Gang der Untersuchung ist durch die methodischen Voraussetzungen, von denen bisher gesprochen wurde, bestimmt. Es soll das Dogma aus den Menschen, nicht die Menschen aus dem Dogma verstanden werden. Wir werden also zunächst versuchen, eine Darstellung der Gesamtsituation jener Schicht zu geben, aus der der urchristliche Glaube entstanden ist, und den psychologischen Sinn dieses Glaubens aus der psychischen Gesamtsituation dieser Menschen zu verstehen suchen. Es wird dann weiter dargestellt werden, welche ganz anderen Menschen in einer anderen psychischen Situation die Träger des Christentums dreihundert Jahre später waren, um dann wiederum den unbewußten Sinn des Christusdogmas, wie es sich als Endprodukt einer dreihundertjährigen Entwicklung herauskristallisierte, aus der Situation jener Menschen heraus zu verstehen. Es wird in dieser Arbeit im wesentlichen nur das Anfangs- und Endprodukt der dogmatischen Entwicklung, der urchristliche Glaube und das Nizänische Dogma behandelt werden. Die Untersuchung der verschiedenen Stufen der dogmatischen Entwicklung wird auf einige wenige Andeutungen beschränkt sein und soll einer besonderen Arbeit vorbehalten bleiben.

3
Das Urchristentum und seine Vorstellung von Jesus

Jeder Versuch, die Entstehung des Christentums zu verstehen, muß mit der Untersuchung der wirtschaftlichen, gesellschaftlichen, geistigen und psychischen Situation seiner ersten Träger beginnen. (Zur wirtschaftlichen Entwicklung vgl. bes.: M. Rostovtzeff, 1926; M. Weber, 1924; E. Meyer, 1924; K. Kautsky, 1923.)

Palästina war ein Teil des römischen Imperiums und unterlag den Bedingungen von dessen wirtschaftlicher und gesellschaftlicher Entwicklung. Das Augusteische Prinzipat hatte das Ende der Herrschaft einer feudalen Oligarchie bedeutet und dem städtischen Bürgertum zum Siege verholfen. Der wachsende internationale Verkehr bedeutete keine Verbesserung für die großen Massen, keine stärkere Befriedigung der Alltagsbedürfnisse, sondern interessiert war an ihm nur die dünne Schicht der besitzenden Klasse. Ein erwerbsloses Hungerproletariat von vorher nie gekanntem Umfange füllte die Städte. Jerusalem war wohl nächst Rom die Stadt, die relativ am meisten Proletariat dieser Art enthielt. Die Handwerker, die in der Regel nur Heimarbeiter waren, gehörten zum großen Teil zum Proletariat und kamen leicht dazu, mit den Bettlern, Lastträgern und Bauern gemeinsame Sache zu machen. Dabei war die Lage des jerusalemitischen Proletariats noch schlimmer als die des römischen. Besaß es doch nicht das römische Bürgerrecht und wurde nicht von den Kaisern durch die großen Getreideverteilungen und die prunkvollen Spiele und Schaustellungen mit den notwendigsten Bedürfnissen für Magen und Herz versorgt.

Die Landbevölkerung wurde durch den außerordentlichen Steuerdruck ausgesogen, kam in Schuldknechtschaft, oder dem kleinen Bauern wurden seine Produktionsmittel oder sein Stückchen Land völlig genommen. Ein Teil dieser Bauern verstärkte das großstädtische Proletariat Jerusalems, ein anderer griff zum letzten Verzweiflungsmittel, zu gewaltsamen politischen Erhebungen oder zu Räubereien. Über diesem verarmten und verzweifelten Proletariat und Lumpenproletariat erhob sich in Jerusalem wie im ganzen Römischen Reich eine Schicht mittleren und wirtschaftlich, wenn auch unter dem römischen Druck leidenden, so doch eingeordneten und einigermaßen existenzfähigen Bürgertums und darüber die dünne, aber mächtige und einflußreiche Schicht der feudalen, priesterlichen und Geldaristokratie.

Der starken wirtschaftlichen Spannung innerhalb der palästinensischen Bevölkerung entsprach die gesellschaftliche Differenzierung. Pharisäer, Sadduzäer und Zeloten waren die diese Differenzen repräsentierenden politischen und religiösen Gruppen. Die Sadduzäer waren die Vertreter der reichen Oberschicht. »Ihrer Anhänger sind nur wenige, doch gehören sie den besten Ständen an« (Flavius Josephus, JA, XVIII,1,4). Josephus berichtet an anderer Stelle von ihrem aristokratischen Gehaben, daß »sie mit ihren Gesinnungsgenossen so abstoßend wie mit Fremden verkehren« (Flavius Josephus, JK, II,8,14).

Neben dieser zahlenmäßig geringen feudalen Oberschicht standen die Pharisäer, die Vertreter des mittleren und kleineren städtischen Bürgertums, die sich »eng aneinander anschließen und zum Wohle der Gesamtheit die Eintracht hochhalten« (a. a. O.). Sie »kennen keine Annehmlichkeiten. Was vernünftige Überlegung als gut erscheinen läßt, dem folgen sie und halten es überhaupt für ihre Pflicht, den Vorschriften der Vernunft nachzukommen. Die Alten ehren sie und maßen sich nicht an, den Anordnungen derselben zu widersprechen. Wenn sie behaupten, alles geschehe nach einem bestimmten Schicksal, so wollen sie damit dem menschlichen Willen nicht das Vermögen absprechen, sich selbst zu bestimmen, sondern lehren, es habe Gott gefallen, die Macht des Schicksals und die menschliche Vernunft zusammenwirken zu lassen, so daß jeder es nach seinem Willen mit dem Laster oder der Tugend halten könne. Sie glauben auch, daß die Seelen unsterblich sind und daß dieselben, je nachdem, ob der Mensch tugendhaft oder lasterhaft gewesen, unter der Erde Lohn oder Strafe erhalten, so daß die Lasterhaften in ewiger Kerkerhaft schmachten müssen, während die Tugendhaften die Macht erhalten, ins Leben zurückzukehren. Infolge dieser Lehren besitzen sie beim Volke solchen Einfluß, daß sämtliche gottesdienstlichen Verrichtungen, Gebete wie Opfer, nur nach ihrer Anleitung dargebracht werden« (Flavius Josephus, JA, XVIII,1,3). Das Bild des mittelständischen Bürgertums, das Josephus von den Pharisäern gibt, ist zweifellos einheitlicher, als es der Wirklichkeit entsprach. Zu den Pharisäern beziehungsweise ihrem Anhang gehörten Elemente, die aus den untersten proletarischen Schichten des Volkes stammten und nach ihrer ganzen Lebensweise mit ihnen in Verbindung blieben (z. B. Rabbi Akiba), zugleich aber Angehörige des wohlhabenden städtischen Bürgertums. Diese soziale Differenz fand auch in verschiedener Weise ihren Ausdruck; am deutlichsten in den politischen Gegensätzen innerhalb des Pharisäertums, wie sie bei der Frage der Haltung zum römischen Staat und zu den revolutionären Bewegungen entbrannten. Aber trotz dieser Differenzierung bildeten die Pharisäer zunächst eine relativ einheitliche Gruppe des mittleren Bürgertums unter Führung einer intellektuellen Schicht, die das Volk geistig beherrschte und eine Autorität für die Masse darstellte.

Allerdings nicht für die allerunterste Schicht des städtischen Lumpenproletariats und der unterdrückten Bauern. Sie, der sogenannte *am-haarez* (eigentlich »Landvolk«), standen in einem schroffen Gegensatz zu den Pharisäern und ihrem weiteren Anhang. Sie waren ja eine Schicht, die durch die wirtschaftliche Entwicklung ganz entwurzelt worden war, die nichts zu verlieren und vielleicht etwas zu gewinnen hatte. Sie standen wirtschaftlich und gesellschaftlich außerhalb der gefügten und in das Ganze des römischen Imperiums eingeordneten jüdischen Gesellschaft. Sie folgten nicht den Pharisäern und verehrten sie nicht, sondern haßten sie und wurden von ihnen verachtet. Recht charakteristisch für diese Einstellung ist die Äußerung Akibas, einer der bedeutendsten Pharisäer, der selber aus dem Proletariat stammte: »Als ich noch ein Mensch aus dem gemeinen Volk *(am-haarez)* war, sprach ich: Wer gibt mir einen Schriftgelehrten her, ich würde ihn wie einen Esel beißen« (Talmud, Pesachim 49b). Wir erfahren an der gleichen Stelle des Talmuds noch eine Reihe von Äußerungen, die von dem Verhältnis von Pharisäern zum *am-haarez* ein deutliches Bild geben: Es wird gelehrt: »Stets verkaufe man alles, was man besitzt, und heirate die Tochter eines Schriftgelehrten ... Findet man nicht eine Tochter eines Schriftgelehrten, so heirate man die Tochter eines bedeutenden Mannes; findet man nicht eine Tochter eines bedeutenden Mannes, so heirate man die Tochter eines Synagogenvorstehers; findet man nicht eine Tochter eines Synagogenvorstehers, so heirate man die Tochter eines Almosenverwalters; findet man nicht eine Tochter eines Almosenverwalters, so heirate man die Tochter eines Kinderlehrers. Nur heirate man nicht die Tochter eines Menschen aus dem gemeinen Volk, denn sie sind ein Greuel und ihre Frauen sind ein Greuel und über ihre Töchter heißt es: ›Verflucht sei, wer einem Tier beiwohnt.‹« (Dtn 27,31) Rabbi Jochanan sagt: »Einen Menschen aus dem gemeinen Volk darf man wie einen Fisch zerreißen ... Rabbi Meir sagte: Wenn jemand seine Tochter an einen Menschen aus dem gemeinen Volk verheiratet, so ist er ebenso, als würde er sie binden, und vor einen Löwen hinlegen; wie der Löwe auf sein Opfer trifft und frißt, ohne Scham zu besitzen, ebenso verfährt ein Mensch aus dem gemeinen Volk: er schlägt sie und vollzieht den Beischlaf, ohne Scham zu besitzen. Rabbi Eliezer sagte: Wenn sie uns geschäftlich nicht nötig hätten, so würden sie uns erschlagen haben. Rabbi Chija lehrt: ... Größer ist der Haß der Leute aus dem gemeinen Volk gegen einen Schriftgelehrten, als der Haß der weltlichen Völker gegen Israel ... Es wird gelehrt: Sechs Dinge sagten sie von den Leuten aus dem gemeinen Volk: man vertraue ihm kein Zeugnis an, man nehme von ihm kein Zeugnis entgegen, man vertraue ihm kein Geheimnis an, man wähle ihn nicht als Vormund für Waisen, man wähle ihn nicht als Vorsteher einer Almosenkasse und man geselle sich ihm nicht auf der Reise; manche sagen, man mache auch den ihm gehörenden Fund nicht bekannt« (a. a. O.). Die hier angeführten Äußerungen, die sich noch um eine ganze Reihe vermehren ließen, stammen aus pharisäischen Kreisen und zeigen, mit welchem Haß und mit welcher Verachtung man in diesen Kreisen dem *am-haarez* gegenüberstand, aber auch mit welchem Haß und mit welcher Erbitterung der gemeine Mann die Gelehrten und ihren Anhang gehaßt haben mag. (Vgl. M. Friedländer, 1905.)

Es war nötig, den Gegensatz innerhalb der palästinensischen Judenheit zwischen Aristokratie, mittlerem und kleinem Bürgertum beziehungsweise deren intellektuellen Führern und dem besitzlosen Proletariat der Stadt und seinen bäuerlichen Verbündeten zu schildern, um ein Verständnis für die Voraussetzungen der politischen und religiösen Befreiungsbewegungen, deren eine das Urchristentum war, zu gewinnen. Eine noch weitergehende Darstellung der Differenzierung innerhalb der Pharisäer, die eine außerordentlich schillernde Schicht waren, ist für die Zwecke dieser Untersuchung nicht nötig und würde zu weit abführen. Die Gegensätze innerhalb der pharisäischen Gruppe wie zwischen den bürgerlichen und proletarischen Schichten nahmen zu, je härter der römische Druck wurde und je mehr die unterste Schicht wirtschaftlich vernichtet und entwurzelt wurde. In demselben Maße wurden auch die untersten Klassen der Gesellschaft zum Träger nationaler, sozialer und religiöser Befreiungsbewegungen.

Diese revolutionären Bestrebungen der Masse fanden ihren

Ausdruck in zwei Richtungen: in *politischen* Aufstands- und Befreiungsversuchen, die gegen die eigene Aristokratie und die Römer gerichtet waren, und in *religiös-messianischen* Bewegungen aller Art, wobei allerdings zwischen diesen beiden Strömen des Freiheits- und Erlösungswunsches eine strenge Scheidung nicht zu machen ist und sie oft ineinanderfließen. Die messianischen Bewegungen selbst fanden teils praktische, teils nur literarische Ausdrucksformen.

Die wichtigsten Bewegungen dieser Art seien hier kurz erwähnt.

Kurz vor dem Tode des Königs Herodes, also zu einer Zeit, wo neben der römischen Oberherrschaft noch der Druck von deren jüdischen Beauftragten auf dem Volke lastete, kam es unter Führung zweier pharisäischer Gelehrter zu einem Volksaufstand in Jerusalem, bei dem der römische Adler am Eingang zum Jerusalemer Tempel zerstört wurde. Die Aufrührer wurden getötet, die Hauptanstifter bei lebendigem Leibe verbrannt. Nach dem Tode des Herodes demonstrierte die Masse vor seinem Nachfolger Archelaus. Man verlangte die Freilassung der politischen Gefangenen, Abschaffung der Marktsteuern und Herabsetzung der jährlichen Abgaben. Diese Forderungen fanden keine befriedigende Erfüllung. Eine große Volkskundgebung, die im Zusammenhang mit diesen Ereignissen im Jahre 4 v. Chr. stattfand, wurde blutig zerstreut, Tausende der Demonstranten von den Soldaten getötet. Aber die Bewegung wurde immer stärker. Die Volkserhebung rückte immer näher. Sieben Wochen später schon kommt es in der Hauptstadt zu neuen blutigen revolutionären Aufständen gegen die Römer. Aber auch die Landbevölkerung rührte sich. In dem alten revolutionären Zentrum Galiläa kam es zu Kämpfen mit den Römern, in Transjordanien zu einer Meuterei. Ein ehemaliger Hirt bildete Freischärlertruppen und führte einen Bandenkrieg gegen die Römer.

Das war die Situation des Jahres 4 v. Chr. Nicht ganz leicht wurden die Römer mit den revoltierenden Massen fertig. Sie krönten ihren Sieg dadurch, daß sie zweitausend gefangene Aufständische ans Kreuz schlugen.

Einige Jahre blieb das Land ruhig. Aber schon kurz nach der Einsetzung einer direkten römischen Verwaltung für das Land im Jahre 6 n. Chr., die ihre Tätigkeit mit einer zu Steuerzwekken dienenden Volkszählung begann, kam es zu einer neuen Aufstandsbewegung. Es beginnt aber hier schon die deutliche

Scheidung zwischen der unteren und mittleren Klasse. Wenn noch zehn Jahre zuvor die Pharisäer mit den Aufständischen gegangen waren, so kam es jetzt zu einer Spaltung zwischen den städtischen und bäuerlichen revolutionären Massen einerseits und den Pharisäern anderseits. Das städtische und bäuerliche Proletariat sammelte sich in einer neuen Partei, der der Zeloten, während das mittlere Bürgertum unter Führung der Pharisäer zur Versöhnung mit den Römern bereit war. Die Verzweiflung der Volksmassen wuchs um so mehr, je drückender das römische und jüdisch-aristokratische Joch wurde, und der Zelotismus gewann neue Anhänger. Bis zum Ausbruch des großen Aufstands gegen die Römer kommt es dauernd zu Zusammenstößen der Masse mit der Regierung. Den Anlaß zum Ausbruch von revolutionären Erhebungen bildete hierbei des öfteren der Versuch der Römer, ein Kaiserstandbild oder den römischen Adler in Jerusalem beziehungsweise im Tempel anzubringen. Die Empörung gegen diese Maßnahmen, die mit religiösen Gründen rationalisiert wurde, entstammte in Wirklichkeit dem Haß der Masse gegen den Kaiser als Führer und Oberhaupt der sie unterdrückenden herrschenden Schicht. Das Besondere dieses Kaiserhasses wird um so deutlicher, wenn man daran denkt, daß wir uns in einer Epoche befinden, in der die Verehrung des römischen Kaisers immer größere Verbreitung innerhalb des römischen Imperiums fand und der Kaiserkult im Begriff war, zur herrschenden Religion zu werden. Je aussichtsloser der Kampf gegen Rom in der Ebene politischer Realität wird, je mehr das mittlere Bürgertum sich vom Kampf zurückzieht und zum Kompromiß mit Rom bereit ist, desto radikaler wird die proletarische Masse, desto mehr aber verlieren ihre revolutionären Tendenzen den politisch-realen Charakter und vollziehen sich in der Ebene von religiösen Phantasien und messianischen Schwärmereien. So versprach ein Pseudo-Messias, Theudas, den Massen, er wolle sie zum Jordan führen und das Wunder Moses' wiederholen. Die Juden sollten trockenen Fußes durch den Fluß gehen, die verfolgenden Römer würden im Jordan ertrinken. Die Römer sahen in diesen Phantasien den Ausdruck einer gefährlichen revolutionären Gärung, töteten die Anhänger des Messias und hieben ihm selbst den Kopf ab. Theudas fand seine Nachfolger. Unter dem Landpfleger Felix (52 bis 59 n. Chr.) kamen Leute auf, »die unter dem Vorwand göttlicher Sendung auf Umwälzung und Aufruhr hinarbeiteten und das Volk zu religiöser Schwärmerei hinzureißen suchten, indem sie es in die Wüste lockten, als ob Gott ihnen dort durch Wunderzeichen ihre Befreiung ankündigen würde. Felix, der in diesen Vorgängen den Keim der Empörung erkannte, ließ Reiterei und Fußvolk gegen die Menge ausrücken und viele niedermetzeln. Eine noch schlimmere Plage für die Juden war der falsche Prophet aus Ägypten. Es war nämlich ein Betrüger ins Land gekommen, der sich das Ansehen eines Propheten verschafft und gegen dreißigtausend Betrogene um sich gesammelt hatte. Mit diesen zog er aus der Wüste auf den sogenannten Ölberg, von wo er mit Gewalt in Jerusalem einzudringen gedachte« (Flavius Josephus, JK, II,13,4f.). Das römische Militär machte mit den revolutionären Schwärmern kurzen Prozeß. Die meisten wurden getötet oder gerieten in Gefangenschaft, der Rest zerstreute sich, und jeder versuchte sich in seiner Heimat zu verbergen. »Kaum war dieser Schaden beseitigt, so brach wie an einem kranken Körper die Entzündung anderswo wieder hervor. Die Betrüger und Räuber nämlich« (d.h. die mehr messianistisch-schwärmenden und die mehr politisch eingestellten Revolutionäre) »taten sich jetzt zusammen, verleiteten viele Juden zum Abfall und reizten sie zum Befreiungskampf auf. Wer die römische Oberhoheit anerkannte, den bedrohten sie mit dem Tode, und offen sprachen sie es aus, daß die, welche freiwillig die Knechtschaft auf sich nähmen, mit Gewalt zur Freiheit geführt werden müßten (d.h. die mittleren und oberen Volksschichten). Truppweise verteilten sie sich demgemäß ins Land, plünderten die Besitzungen der Großen, mordeten die Eigentümer und äscherten die Dörfer ein, so daß ganz Judäa unter ihren Freveltaten zu leiden hatte und der Krieg von Tag zu Tag heftiger entbrannte« (a.a.O., 6). Der wachsende Druck auf die unteren Volksmassen brachte eine Verschärfung der Gegensätze zwischen diesen und der weniger unterdrückten mittleren Bürgerschicht und eine wachsende Radikalisierung der Masse mit sich. Der linke Flügel der Zeloten bildete eine geheime Fraktion der »Sikarier« (Dolchträger), und diese begannen durch Attentate einen terroristischen Druck auf das wohlhabende Bürgertum auszuüben. Sie verfolgten ohne Nachsicht die Gemäßigten und Friedfertigen aus den höheren und mittleren Schichten der Jerusalemer Gesellschaft, zuweilen überfielen sie auch die Dörfer, deren Einwohnerschaft sich weigerte, sich den revolutionären Scharen anzuschließen, plünderten sie und legten sie in Asche. Die Propheten und die Pseudo-Messiasse ließen ebenfalls von ihrer Agitation unter dem gemeinen Volk nicht ab.

Endlich bricht im Jahre 66 der große Volksaufstand gegen die Römer los. Er wurde zunächst von den mittleren und unteren Volksschichten getragen, die in heftigen Kämpfen die römischen Truppen und die Truppen der römischen Aristokratie besiegten. Die Führung des Krieges lag am Anfang in den Händen der Besitzenden und Gebildeten, die aber von vornherein nur mit geringer Energie und mit Kompromißabsichten die Volkssache führten. Dementsprechend war das erste Jahr trotz einzelner Siege ein Mißerfolg, und die Masse schob den unglücklichen Verlauf der Dinge der Energielosigkeit und Schlappheit der bisherigen Kriegsleitung zu. Die Führer der Masse versuchten mit allen Mitteln sich selbst der Lage zu bemächtigen und sich an die Stelle der bürgerlichen Führer zu setzen. Da diese nicht freiwillig ihre Position räumten, kam es im Winter 67/68 »zum blutigen Bürgerkrieg und zu Greuelszenen, wie sie außerdem nur die erste Französische Revolution aufzuweisen hat« (E. Schürer, 1901, S. 617). Je aussichtsloser der Krieg wurde, desto mehr versuchte das mittlere Bürgertum sein Heil in einem Kompromiß mit den Römern und desto heftiger ging neben dem Kampf mit dem äußeren Feind der Bürgerkrieg vor sich. (Vgl. Th. Mommsen, 1888, S. 527.) Während Rabbi Jochanan Ben Sakkai, einer der führenden Pharisäer, zum Feind überging und seinen Frieden mit ihm schloß, verteidigten die kleinen Handwerker, Krämer und Bauern mit großem Heldenmut die Stadt fünf Monate gegen die Römer. Sie hatten nichts zu verlieren, aber auch nichts mehr zu gewinnen, denn der Kampf gegen die römische Macht war aussichtslos und mußte mit dem Untergang enden. Es gelang vielen Wohlhabenden, sich aus der Stadt zu den Römern zu retten, und »wiewohl Titus gegen alle noch übrigen Juden aufs äußerste erbittert war, konnte er doch seinen Charakter nicht verleugnen und nahm die Flehenden auf«. [1] Die kämpfenden Massen Jerusalems erstürmten zu gleicher Zeit den Königspalast, in den viele wohlhabende Juden ihre Schätze gebracht hatten, nahmen das Geld und töteten seine Eigentümer. Der Krieg und Bürgerkrieg endete mit dem Sieg der Römer und damit der herrschenden jüdischen Schicht und dem Untergang von Hunderttausenden jüdischer Bauern und Proletarier.

[1] Flavius Josephus, JK, VI,7,4. – Man ist versucht, die Haltung des Pariser Bürgertums zu den Deutschen und Kommunarden 1870/71 zum Vergleich heranzuziehen.

Neben den politischen und sozialen Kämpfen und den messianisch gefärbten Aufstandsversuchen steht in einer Reihe das in jener Zeit entstehende, von den gleichen Tendenzen erfüllte volkstümliche Schrifttum, die apokalyptische Literatur. Das Zukunftsbild der Apokalyptik ist trotz seiner Buntheit doch verhältnismäßig einförmig. Voran stehen die »Wehen des Messias« (Mk 13,7f.), das sind Ereignisse, die den »Erwählten« sich nicht nahen werden: Hungersnöte, Erdbeben, Seuchen und Kriege. Auf diese folgt die von Daniel geweissagte »große Drangsal« (Dan 12,1), wie sie seit der Schöpfung der Welt sich nicht ereignet hat, eine entsetzliche Zeit der Not. Es besteht in der Apokalyptik im allgemeinen der Glaube, daß auch von dieser Drangsal die »Erwählten« bewahrt bleiben werden. Als letztes Endsignal gilt der von Daniel geweissagte Greuel der Verwüstung (vgl. Dan 9,27; 11,31; 12,11). Das Gemälde des Endes trägt altprophetische Züge. Den Höhepunkt bildet die Erscheinung des Menschensohnes auf den Wolken mit großer Pracht und Herrlichkeit. (Vgl. J. Weiß, 1917.)

Ebenso wie im Kampf gegen die Römer die verschiedenen Volksschichten in verschiedener Weise beteiligt waren, entstammt auch die apokalyptische Literatur verschiedenen Klassen, und dies drückt sich trotz einer gewissen Einheitlichkeit doch in der verschiedenen Akzentuierung der einzelnen Elemente innerhalb der verschiedenen apokalyptischen Schriften deutlich aus. Zu einer näheren Analyse ist hier nicht der Ort. Als Ausdruck derselben revolutionären Tendenzen, wie sie den linken Flügel der Verteidiger Jerusalems erfüllten, sei hier die Schlußermahnung des Buches Henoch zitiert: »Wehe denen, die ihre Häuser mit Sünde bauen, denn sie werden von ihrer ganzen Gründung losgerissen werden und durchs Schwert fallen. Die aber, die Gold und Silber erwarben, werden plötzlich im Gericht umkommen. Wehe euch Reichen, denn ihr habt euch auf euren Reichtum verlassen, ihr werdet aus euren Schätzen herausgerissen, denn ihr habt in den Tagen des Gerichts nicht an den Höchsten gedacht ... Wehe euch, die ihr euren Nächsten Böses zugefügt, denn nach eurem Tun soll euch vergolten werden. Wehe euch lügnerischen Zungen ... Ihr Leidenden aber fürchtet euch nicht, denn Heilung wird euch zuteil werden: Helles Licht wird scheinen und ihr werdet die Stimme der Ruhe vom Himmel her hören« (Henoch, 94,7f.; 95,5,6a; 96,3).

Neben diesen für die Zeit der Entstehung des Christentums

charakteristischen, religiös-messianischen, politisch-sozialen und literarischen Bewegungen muß noch eine weitere erwähnt werden, der gar keine politischen Ziele mehr vorschweben und die unmittelbar zum Christentum hinführt: die Bewegung Johannes des Täufers. Er entfachte eine Volksbewegung. Die Oberschicht, gleichviel welcher Richtung, wollte nichts von ihm wissen. Aus den Kreisen der verachteten Masse kamen seine aufmerksamsten Zuhörer. (Vgl. M. Dibelius, 1911.) Er verkündigte, daß das Himmelreich und das Jüngste Gericht vor der Tür ständen, Erlösung für die Guten, Verderbnis für die Schlechten. »Tut Buße, denn das Himmelreich ist nahe« (vgl. Mk 1,15), war das Zentrum seiner Predigt.

Zum Verständnis des psychologischen Sinnes des Christusglaubens der ersten Christen, das das erste Ziel dieser Arbeit ist, war es nötig, sich ein Bild von jenen Menschen zu machen, die die Träger des Urchristentums waren. Es war die Masse des ungebildeten, armen Volkes, des Proletariats von Jerusalem und der Kleinbauern des Landes, die durch die wachsende politische und wirtschaftliche Unterdrückung, durch die gesellschaftliche Verfemung und Verachtung in ebenso wachsendem Maße erfüllt waren von dem Drang und der Sehnsucht nach Änderung der bestehenden Verhältnisse, nach Anbruch einer für sie selbst glücklichen Zeit und von Haß- und Rachewünschen gegen die Herrschenden des eigenen und fremden Volkes. Wir sahen, wie verschieden die Äußerungsformen dieser Tendenzen waren, vom politischen Kampf gegen die Römer, über den Klassenkampf in Jerusalem, die irrealen Aufstandsversuche eines Theudas bis zur Bewegung Johannes des Täufers und der apokalyptischen Literatur. Von den realen politischen Handlungen bis zur phantastischen Schwärmerei waren alle Formen und Möglichkeiten vorhanden, hinter denen doch aber eine gleiche verursachende Kraft stand, der Haß und die Hoffnung der leidenden Masse beziehungsweise die Not und Ausweglosigkeit ihrer wirtschaftlichen Situation. Ob die eschatologische Erwartung mehr sozialen oder mehr politischen oder mehr religiösen Inhalt hatte, sie wird stärker mit dem wachsenden Druck und lebhafter, »je tiefer wir in die unliterarische Masse hinabsteigen, in den sogenannten *am-haarez*, in den Kreis derer, von denen die Gegenwart als Druck empfunden wurde, die darum alles, was sie wünschten, von der Zukunft erhoffen mußten« (M. Dibelius, 1911, S. 130).

Je aussichtsloser die Hoffnung auf eine reale Besserung wurde, desto mehr mußte die Hoffnung in den Phantasien Ausdruck finden. Der verzweifelte Endkampf der Zeloten gegen die Römer und die Bewegung Johannes des Täufers sind die beiden Extreme, die sich aber auf der gleichen Basis erheben: der Verzweiflung der untersten Schichten des Volkes. Psychologisch charakterisiert ist diese Schicht durch das Nebeneinander der Hoffnung auf eine Änderung ihrer Lage, analytisch gesprochen, auf einen guten Vater, der ihnen helfen werde, und wilden Haß gegen die Unterdrücker, der im Haß gegen den Kaiser, gegen die Pharisäer, gegen die Reichen und in den Phantasien vom strafenden Jüngsten Gericht seinen Ausdruck fand. Es handelt sich um eine ambivalente Einstellung: Diese Menschen liebten einen phantasierten guten Vater, der ihnen helfen und sie erlösen sollte, und sie haßten den bösen Vater, der sie unterdrückte, quälte und verachtete.

Dieser Schicht der armen, ungebildeten revolutionären Masse entstammt das Christentum als die historisch bedeutungsvollste, messianisch-revolutionäre Bewegung, neben den schon bisher geschilderten. So wie schon Johannes der Täufer wandte sich auch die urchristliche Lehre nicht an die Gebildeten und Besitzenden, sondern an die Armen, Gedrückten und Leidenden. Die kleinen Handwerker und Proletarier waren die Träger der neuen Verkündigung. (Vgl. R. Knopf, 1905; A. v. Harnack, 1908; 1923; 1923a; K. Kautsky, 1923.) Ein plastisches Bild von der sozialen Zusammensetzung der christlichen Gemeinde gibt der Christenfeind Celsus. Wenn er auch für eine etwas spätere Zeit in Anspruch zu nehmen ist, so gilt seine Schilderung um so mehr für die ersten christlichen Gemeinden:

»Wie wir sehen, wagen in den Privathäusern die Wollarbeiter, die Schuster und Walker, völlig ungebildete und ungeschliffene Leute, in Gegenwart ihrer durch Alter und Weisheit hervorragenden Herren den Mund nicht aufzutun, sobald sie sich aber ohne Zeugen mit jungen Leuten und solchen Weibspersonen allein wissen, die ebenso unverständig wie sie selbst, dann sind sie wunderbar beredt und weisen nach, daß man verpflichtet sei, ihnen zu folgen, nicht aber dem eigenen Vater und den Lehrern. Diese seien verrückte und aberwitzige Leute; in eigenen Vorurteilen befangen, seien sie nicht imstande, einen wahrhaft hohen und guten Gedanken zu fassen und zu verwirklichen. Sie allein wüßten, wie man leben müßte. Würden ihnen die jungen Leute folgen, so würden sie selig werden und das ganze Haus glücklich machen. Sehen sie dann, während sie so reden, einen Lehrer oder einen verständigen Mann oder den Vater selbst kommen, so geraten die Furchtsamen unter ihnen in die größte Angst, die Unverschämten aber reizen die jungen Leute auf, das Joch abzustreifen, indem sie ihnen zuflüstern, daß sie sie, solange sie bei ihrem Vater oder ihren Lehrern seien, etwas Gutes weder lehren könnten noch wollten, denn sie hätten keine Lust, sich der Torheit und Grausamkeit dieser ganz verdorbenen und in die Sünde tief verstrickten und gesunkenen Menschen auszusetzen, deren Verfolgung und Rache sie zu fürchten hätten. Wollten sie etwas Gutes lernen, so müßten sie Eltern und Lehrer verlassen und mit den Weibern und Spielkameraden in das Frauengemach oder in die Schusterei oder in die Walke kommen, um dort das Vollkommene zu vernehmen. Und mit solchen Worten setzten sie es wirklich durch« (zit. nach A. v. Harnack, 1923, S. 407).

Das Bild, das hier Celsus von den Trägern des Christentums entwirft, ist nicht nur charakteristisch für die soziale Position der ersten Christen, sondern auch für ihre psychische Situation, ihren Kampf und Haß gegen die väterliche Autorität.

Welches war der Inhalt der urchristlichen Verkündigung? [2]

Im Vordergrund steht die eschatologische Erwartung, Jesus predigt die Nähe des Gottesreiches. Er lehrt die Menschen, in seinen Handlungen schon den Beginn des neuen Reiches zu erblicken. Er sammelt die Menschen für dieses Reich und erblickt in der sich vermehrenden Gemeinde schon die Vorausnahme desselben. »Die Anweisungen Jesu an seine Jünger sind beherrscht von dem Gedanken, daß das Ende, dessen Tag und Stunde jedoch niemand wisse, nahe bevorstehe. Auch infolgedessen tritt die Mahnung, auf alle irdischen Güter zu verzichten, scharf hervor . . .

Die Vollendung des Gottesreiches werde erst eintreten, wenn er in Herrlichkeit auf des Himmels Wolken zum Gericht wiederkehren werde. Diese Wiederkunft in nächster Zeit hat Jesus

[2] Das Problem der Historizität Jesu braucht uns in diesem Zusammenhang nicht zu beschäftigen. Selbst wenn die urchristliche Verkündigung das Werk einer einzelnen Persönlichkeit gewesen wäre, so ist die Tatsache ihrer gesellschaftlichen Wirkung nur aus der Klasse, an die diese Verkündigung gerichtet war und von der sie aufgenommen wurde, zu verstehen, und nur das Verständnis von deren psychischer Situation ist für uns hier wichtig. Es ist dabei gleichgültig, ob sie sich eine reale Persönlichkeit, die ihren Wünschen entspricht, zum Führer wählt, oder das Bild eines Führers, wie sie ihn sich wünscht, phantasiert.

kurz vor seinem Tode angekündigt und seine Jünger bei seinem Scheiden damit getröstet, daß er sofort in die überweltliche Stellung bei Gott eintreten werde ... Bedingung für den Eintritt in das Gottesreich ist erstlich die völlige Änderung des Sinnes, in welcher der Mensch die Lust dieser Welt, den Mammondienst und die Sorge um das irdische Leben wegwirft und bereit ist, alle Güter, die er besitzt, dahinzugeben, um seine Seele zu retten, sodann gläubiges Vertrauen auf die Gnade Gottes, die er dem Demütigen und Armen gewährt, und darum herzliche Zuversicht zu Jesus, als dem von Gott zur Verwirklichung des Gottesreiches auf Erden Berufenen und Erwählten. Die Verkündigung richtet sich demgemäß an die Armen, die Leidtragenden, die nach der Gerechtigkeit Hungernden und Dürstenden ... und findet sie für den Eintritt und den Empfang der Güter des Gottesreiches besser vorbereitet, während sie den selbstzufriedenen Reichen und auf ihre Gerechtigkeit Stolzen, das Gericht der Verstockung und die Verdammnis in der ›Hölle‹ prophezeit« (A. v. Harnack, 1909, S. 76f. und 71ff.).

Der Ruf, das Himmelreich ist nahe herbeigekommen (Mt 10,7), war der Kern der ältesten Predigt. Er war es, der die Massen der Leidenden und Unterdrückten zu enthusiastischer Hoffnung erregte. Man war in Aufbruchstimmung. Man glaubte, daß die Zeit nicht mehr ausreichen werde, das Christentum bei allen Heiden vor Einbruch der neuen Zeit zu verbreiten. Waren die Hoffnungen anderer Gruppen derselben Schicht der unterdrückten Masse auf die mit eigener Kraft zu vollziehende politische und soziale Umwälzung gerichtet, so war in der frühen christlichen Gemeinde der Blick ganz auf das große Ereignis, den wunderbaren Anbruch eines wunderbaren Zeitalters gewendet. Der Inhalt der urchristlichen Verkündigung ist kein wirtschaftliches oder sozial-reformerisches Programm, sondern die beglückende Verheißung einer nahen Zukunft, in der die Armen reich, die Hungernden satt wären und die Unterdrückten zur Herrschaft gelangten. Diese Hoffnung wurde im ganz realen und materiellen Sinne verstanden. (Vgl. J. Weiß, 1919, S. 55.)

Die Stimmung dieser ersten enthusiastischen Christen tritt deutlich in Lk 6,20–25 (vgl. Mt 5,3–10) hervor:

»Wohl euch, ihr Armen, denn euch gehört das Reich Gottes.
Wohl euch, die ihr jetzt hungert; denn ihr werdet satt werden.
Wohl euch, die ihr jetzt weint; denn ihr werdet lachen.

Wohl euch, wenn euch die Menschen hassen und aus ihrer Gemeinschaft ausschließen, wenn sie euch beschimpfen und euren Namen verächtlich machen um des Menschensohnes willen.

Freut euch und tanzt, wenn das geschieht; denn euer Lohn im Himmel wird groß sein. Ebenso haben ihre Väter die Propheten behandelt.

Aber weh euch, die ihr reich seid; denn ihr seid bereits getröstet.

Weh euch, die ihr jetzt satt seid; denn ihr werdet hungern.

Weh euch, die ihr jetzt lacht; denn ihr werdet jammern und weinen.«

In diesen Äußerungen drückt sich nicht nur die ganze Sehnsucht und Erwartung der Unterdrückten und Armen auf eine neue und bessere, sie befriedigende Welt aus, sondern auch ihr ganzer Haß gegen die Autoritäten, die Reichen, Gelehrten und Mächtigen. Die gleiche Stimmung drückt die Geschichte vom armen Lazarus aus (Lk 16,19–31), oder der berühmte Ausspruch Jesu (Lk 18,24f.): »Wie schwer ist es für Leute, die viel besitzen, in das Reich Gottes zu kommen! Denn eher geht ein Kamel durch ein Nadelöhr, als daß ein Reicher in das Reich Gottes gelangt.« Der Haß gegen die Pharisäer und Zöllner zieht sich wie ein roter Faden durch die Evangelien, so daß er das Bild des Pharisäers im Sinne dieses Hasses noch Jahrtausende bei allen christlichen Völkern gestaltet hat. Hören wir noch den Haß gegen die Reichen, wie er sich im Brief des Jakobus (Mitte des zweiten Jahrhunderts) darbietet (Jak 5,1–7a.9b): »Ihr aber, ihr Reichen, weint nur und klagt über das Elend, das euch treffen wird! Euer Reichtum verfault, und eure Kleider werden von Motten zerfressen. Euer Gold und Silber verrostet; ihr Rost wird als Zeuge gegen euch auftreten und euer Fleisch verzehren wie Feuer. Noch in den letzten Tagen sammelt ihr Schätze. Aber der Lohn der Arbeiter, die eure Felder gemäht haben, der Lohn, den ihr ihnen vorenthalten habt, schreit, und ihre Rufe dringen zu den Ohren des Herrn der himmlischen Heere. Ihr habt auf Erden geschwelgt und gepraßt, noch am Schlachttag habt ihr euer Herz gemästet. Ihr habt den Gerechten verurteilt und umgebracht, er aber leistete euch keinen Widerstand. Darum, Brüder, haltet geduldig aus bis zur Ankunft des Herrn! . . . Seht, der Richter steht schon vor der Tür.« Dieser Haß, von dem Kautsky mit Recht sagt: »Kaum je hat der Klassenhaß des modernen Proletariats solche Formen erlangt wie der des christlichen« (K. Kautsky, 1923, S. 345), ist uns bekannt. Es ist der Haß des *am-haarez* gegen den Pharisäer, des Zeloten und Sikariers gegen das wohlhabende und mittlere Bürgertum, der leidenden und gequälten Stadt- und Landbevölkerung gegen die Herrschenden und Großen, wie er sich in den vorchristlichen Kämpfen und messianischen Schwärmereien ausgedrückt hatte.

Mit diesem Haß gegen die geistlichen und sozialen Autoritäten, dem Haß der Brüder gegen den Vater, hängt aufs engste ein wesentlicher Zug der sozialen und psychischen Struktur des Urchristentums zusammen: ihr demokratischer, brüderlicher Charakter. War die jüdische Gesellschaft jener Zeit charakterisiert durch einen alle gesellschaftlichen Beziehungen erfüllenden extremen Kastengeist, so ist die urchristliche Gemeinde eine freie Brüderschaft des armen Volkes, sie ist gleichgültig gegen Institutionen und Formeln. »Man sieht sich vor eine unlösbare Aufgabe gestellt, wenn man für die ersten hundert Jahre ein Bild der Verfassung zeichnen soll . . . Die Gesamtheit der Gemeinde ist verknüpft nur durch das gemeinsame Band des Glaubens und der Hoffnung und der Liebe.« (Wir müssen hinzufügen: und des Hasses.) »Nicht das Amt trägt die Person, sondern durchaus die Person das Amt . . . Fühlten sich die ersten Christen als Fremdlinge und Gäste auf Erden – wozu Institutionen von fester Dauer?« (H. v. Schubert, 1904). Eine besondere Rolle spielte in dieser urchristlichen Brüderschaft die gegenseitige wirtschaftliche Hilfe und Unterstützung, ein »Liebeskommunismus«, wie ihn Harnack nennt.

Wir sehen also: Träger des Christentums waren Menschen der armen, ungebildeten, unterdrückten Masse des jüdischen Volkes und später auch anderer Völker. An Stelle des immer unmöglicher werdenden Auswegs, ihre trostlose Lage mit realen Mitteln zu ändern, trat die phantasierte Erwartung, daß in nächster, kürzester Frist diese Änderungen eintreten werden, daß sie dann das bisher vermißte Glück, die bisher fehlende Befriedigung finden, die Reichen und Vornehmen aber das ihnen gebührende und gewünschte Unglück träfe. Die ersten Christen waren eine Brüderschaft gesellschaftlicher und wirtschaftlich gleich unterdrückter, von Hoffnung und Haß zusammengehaltener Enthusiasten. Das, was die Urchristen von den gegen die Römer kämpfenden Bauern und Proletariern unterschied, war nicht ihre psychische Grundhaltung. Die ersten Christen waren ebensowenig »demütig« und gottergeben, ebensowenig von der Notwendigkeit und Unveränderlichkeit ihres Schicksals überzeugt und ebensowenig vom Wunsche beseelt, von den Herrschenden geliebt zu werden, wie jene politischen und militärischen Kämpfer. Beide Gruppen haßten in gleicher Weise die herrschenden Väter, hofften in gleicher Stärke auf deren Sturz, den Anbruch ihrer eigenen Herrschaft und einer sie befriedigenden Zukunft. Der Unterschied liegt weder in den Voraussetzungen noch in Ziel und Richtung ihrer Wünsche, sondern nur in der Ebene, in der die Erfüllung der Wünsche versucht wird. Während die Zeloten und Sikarier in der Ebene der politischen Realität ihre Wünsche zu verwirklichen trachten, führt die völlige Aussichtslosigkeit einer Realisierung die Urchristen dazu, die gleichen Wünsche in der Phantasie zu gestalten. Der Ausdruck dieser Wunschphantasie war der urchristliche Glaube und speziell die urchristliche Phantasie von Jesus und seinem Verhältnis zum Vater-Gott.

Welches waren die Vorstellungen dieser ersten Christen von Jesus? »Der Inhalt des Glaubens der Jünger Jesu und die gemeinsame Verkündigung, welche sie untereinander verband, läßt sich in folgende Sätze zusammenfassen: Jesus von Nazareth ist der von den Propheten verheißene Messias. – Jesus, nach dem Tode durch göttliche Auferweckung zur Rechten Gottes erhöht, wird demnächst wiederkommen und das Reich sichtbar aufrichten. – Wer an Jesum als den Christ glaubt, in der Taufe die Sündenvergebung empfangen hat und in die Gemeinde aufgenommen ist, Gott als den Vater anruft, und in Kraft des Geistes Gottes nach den Geboten Jesu lebt, ist ein Heiliger Gottes und darf als solcher des ewigen Lebens und des Anteils am himmlischen Reich gewiß sein« (A. v. Harnack, 1909, S. 87f.). Jesus ist durch die Erhöhung Messias geworden. (Vgl. Apg 2,36.) Es ist dies die älteste Lehre über Christus, die wir haben, und daher von hohem Interesse, um so mehr, als sie später von anderen, weitergehenden Lehren verdrängt worden ist. Man nennt sie die adoptianische, weil hier ein Akt der Adoption angenommen wird. Adoption ist hier gebraucht im Gegensatz zur natürlichen Sohnschaft, die von Geburt an vorhanden ist. Es liegt also hier der Gedanke vor, daß Jesus nicht von Anfang an Messias oder, wie dafür auch gesagt werden kann, Sohn Gottes war, sondern daß er es erst geworden ist in einem bestimmten, scharf abgegrenzten Willensakt Gottes. Das drückt sich besonders darin aus, daß das Psalmwort »Mein

Sohn bist du, heute habe ich dich gezeugt« (Ps 2,7) auf den Augenblick der Erhöhung bezogen wird (Apg 13,33). Nach uralter semitischer Auffassung ist der König ein Sohn Gottes, sei es durch Abstammung oder wie hier durch Adoption am Tage der Thronbesteigung. Es ist also ganz aus orientalischem Geist gesagt, daß Jesus, als der zur Rechten Gottes Erhöhte, Sohn Gottes geworden ist. Dieser Gedanke klingt noch bei Paulus nach, obwohl bei ihm der Begriff des Sohnes Gottes schon einen anderen Sinn bekommen hatte. Röm 1,4 heißt es von dem Sohn Gottes, daß er »eingesetzt ist als Sohn Gottes in Macht seit der Auferstehung von den Toten«. Hier stoßen zwei verschiedene Formen der Vorstellung zusammen, der Sohn Gottes, der es von allem Anfang an war (Paulus), und Jesus, der nach der Auferstehung zum Sohne Gottes in Macht, d. h. zum königlichen Weltherrscher erhöht worden ist (Urgemeinde). Die harte Verbindung zwischen zwei Vorstellungen zeigt recht deutlich, daß hier zwei verschiedene Denkweisen aufeinandergetroffen sind; die ältere, aus der Urgemeinde stammende, ist nun auch ganz folgerichtig darin, daß sie Jesus vor der Erhöhung als einen Menschen bezeichnet: »Jesus, den Nazaräer, den Gott vor euch beglaubigt hat durch Machttaten, Wunder und Zeichen, die er durch ihn in eurer Mitte gewirkt hat« (Apg 2,22). Man beachte, daß nicht er, sondern Gott die Wunder durch ihn getan hat. Er war das Organ Gottes. Diese Vorstellung herrscht auch zum Teil noch in der evangelischen Überlieferung, wo zum Beispiel die Leute nach der Heilung des Gelähmten Gott preisen. (Vgl. Mk 2,12.) Insbesondere wird er als der Prophet bezeichnet, den Moses verheißen hat. »Einen Propheten wie mich wird der Herr, euer Gott, auch aus euren Brüdern erwecken« (Apg 3,22 nach Dtn 18,15.19; ebenso Apg 7,37.; vgl. J. Weiß, 1917, S. 85).

Wir sehen also, die Vorstellung, die die Urgemeinde von Jesus hatte, war die von einem Menschen, der von Gott auserwählt und von ihm zum Messias und zum Sohne Gottes erhoben worden ist. Dieser Christusglaube der Urgemeinde ähnelt in vielem den Vorstellungen des von Gott auserwählten Messias, der ein Reich der Gerechtigkeit und Liebe herbeiführt, wie sie in den jüdischen Volksmassen seit langem verbreitet waren. Nur in zwei Vorstellungen des neuen Glaubens liegen Momente, die etwas Spezifisches und Neues bedeuten: in der Tatsache seiner Erhöhung als Sohn Gottes, der zu seiner Rechten sitzt, und darin, daß dieser Messias nicht mehr der kraftvolle, siegreiche Held ist, sondern daß seine Bedeutung und Würde gerade in seinem Leiden, in seinem Kreuzestod liegt. Allerdings war der Gedanke eines sterbenden Messias oder auch Gottes nicht ganz ohne Vorläufer im Volksbewußtsein. Jesaia 53 spricht von diesem leidenden Knecht Gottes. Auch das 4. Buch Esra kennt einen sterbenden Messias, allerdings doch in einer wesentlich anderen Gestalt, denn er stirbt erst nach vierhundert Jahren und nach seinem Sieg. (Vgl. auch Ps 22 und Hos 6.) Eine ganz andere Quelle, durch die dem Volk die Vorstellung von einem sterbenden Gott geläufig gewesen sein mag, sind vorderorientalische Kulte und Mythen (Osiris, Attis und Adonis). »Das Schicksal des Menschen findet sein Urbild in der Passion eines Gottes, der auf Erden leidet, stirbt und wieder aufersteht. Dieser Gott wird an jener seligen Unsterblichkeit alle teilnehmen lassen, welche in den Mysterien sich mit ihm vereinigen oder gar mit ihm identifizieren« (F. Cumont, 1923, S. 1; vgl. J. Weiß, 1917, S. 70).

Vielleicht gab es auch jüdische Geheimtraditionen von einem sterbenden Gott oder sterbenden Messias, aber alle diese Vorläufer erklären doch nicht die ungeheure Wirkung, die plötzlich die Lehre vom gekreuzigten und leidenden Heiland auf die jüdische und bald auch heidnische Masse hatte.

In der Urgemeinde der Enthusiasmierten ist Jesus also ein Mensch, nach seinem Kreuzestod zu Gott erhoben, der in kurzer Zeit zurückkehren wird, um Gericht zu halten, die Leidenden glücklich zu machen und die Herrschenden zu bestrafen.

Wir haben jetzt soweit in die psychische Oberfläche der Träger des Urchristentums Einblick gewonnen, daß der Versuch des psychologischen Verständnisses dieser ersten christologischen Phantasien einsetzen kann. Die Menschen, die sich an dieser Phantasie berauschen, sind gequält, verzweifelt, voller Haß gegen jüdische und heidnische Unterdrücker, ohne Aussicht, eine bessere Zukunft real durchzusetzen. Da mußte eine Botschaft, die ihnen erlaubte, all das zu phantasieren, was die Realität ihnen versagte, faszinierend wirken.

War den Zeloten nichts anderes übriggeblieben als im aussichtslosen Kampf zu sterben, so konnten sie von dem gleichen Ziel träumen, ohne daß die Realität ihnen im Augenblick die Aussichtslosigkeit ihrer Wünsche beweisen konnte. Der christlichen Botschaft kam die Bedeutung zu, daß sie die Tendenzen der Hoffnung und Rache in der Phantasie, die Wirklichkeit ersetzend, befriedigte und daß sie so zwar nicht den Hunger stillte, aber eine nicht gering einzuschätzende Phantasiebefriedigung für die Unterdrückten brachte. [3]

Die psychoanalytische Untersuchung des Christusglaubens der Urgemeinde muß fragen: Was bedeutete die Phantasie vom sterbenden und dann zu Gott erhöhten Menschen den ersten Christen? Warum gewann diese Phantasie das Herz so vieler Tausender in kurzer Zeit? Welches waren ihre unbewußten Quellen, und welche Gefühlsbedüfnisse wurden durch sie befriedigt?

Zunächst das Wichtigste: Ein Mensch wird zu Gott erhoben, von ihm adoptiert. Hier liegt, wie Reik mit Recht bemerkt, der alte Mythos vom Sohnesputsch vor, also ein Ausdruck der Vater-Gott feindlichen Regungen. Wir verstehen jetzt, welche Bedeutung dieser Mythos für den Träger des Urchristentums haben mußte. Diese Menschen haßten ja glühend die Autoritäten, die ihnen im Leben mit »väterlicher« Macht entgegentraten. Die Priester, Gelehrten, Aristokraten, kurz alle Herrschenden, die

[3] Es muß hier eine Bemerkung über ein Problem eingeschaltet werden, das Gegenstand einer heftigen Polemik war, die Frage nämlich, inwieweit das Christentum als revolutionäre Klassenbewegung aufgefaßt werden kann. Kautsky hat in ›Vorläufer des neuen Sozialismus‹ (K. Kautsky, 1895) und später in ›Ursprung des Christentums‹ (K. Kautsky, 1923) den Standpunkt vertreten, daß das Christentum eine proletarische Klassenbewegung sei, daß seine Bedeutung aber im wesentlichen in seinem praktischen Wirken, d. h. in seiner karitativen Tätigkeit und nicht in seinen »frommen Schwärmereien« gelegen habe. Kautsky übersieht vollkommen, daß der klassenmäßige Ursprung einer Bewegung durchaus nicht dazu führen muß, daß auch im Bewußtsein der Menschen wirtschaftliche und soziale Motive eine besondere Rollen spielen. Seine Verachtung für die historische Bedeutung frommer Schwärmereien zeigt nur seinen völligen Mangel an Verständnis für die Tragweite der Phantasiebefriedigung innerhalb des sozialen Prozesses, und seine Interpretation des historischen Materialismus ist von solcher Banalität, daß es Tröltsch und Harnack leicht gemacht wird, den historischen Materialismus scheinbar zu widerlegen, indem sie, Kautsky folgend, in den Mittelpunkt der Fragestellung nicht das Problem der das Christentum bedingenden Klassenverhältnisse rücken, sondern das Problem, inwiefern diese Klassenverhältnisse auch im Bewußtsein und in der Ideologie der ersten Christen eine Rolle gespielt haben, beziehungsweise indem sie das Problem des sozialen und wirtschaftlichen Programms der ersten Christen als den Kernpunkt einer historisch-materialistischen Auffassung ansehen, statt des Problems der klassenmäßigen Bedingtheit gerade der »frommen Schwärmerei« und ihrer Funktion im Klassenkampfe, wie es hier versucht wird. Obwohl er am eigentlichen Problem vorbeigeht, sind doch die klassenmäßigen Grundlagen des Urchristentums so deutlich, daß der gewundene Versuch, vor allem Tröltschs in seinen ›Soziallehren der christlichen Kirchen und Gruppen‹ (1919) ihn wegzudisputieren und abzuschwächen, überdeutlich die politischen Tendenzen des Autors verrät.

sie vom Lebensgenuß ausschlossen und in ihrer Gefühlswelt die Rolle des strengen, verbietenden, drohenden und quälenden Vaters fortgesetzt haben, sie mußten auch diesen Gott hassen, der ein Verbündeter ihrer Unterdrücker war, der zuließ, daß sie litten und unterdrückt wurden. Sie wollen selbst herrschen, wollen selbst die Herren sein, und es erscheint ihnen doch aussichtslos, es in der Realität durchzusetzen und ihre jetzigen Herren mit Gewalt zu stürzen und zu vernichten. So befriedigen sie ihre Wünsche in einer Phantasie. Im Bewußtsein wagen sie es nicht, den väterlichen Gott zu schmähen. Der bewußte Haß gilt nur der herrschenden Schicht, nicht aber der erhöhten Vaterfigur, der göttlichen Person selber. Aber die unbewußte Feindseligkeit gegen den göttlichen Vater setzt sich in der Christusphantasie durch, indem sie einen Menschen an Gottes Seite setzen und zum Mitregenten Gott-Vaters machen. Dieser Mensch, der zu Gott wird und mit dem sie als Menschen sich identifizieren können, repräsentiert ihre eigenen Ödipuswünsche, ist Ausdruck ihrer unbewußten Feindseligkeit gegen Gott-Vater, denn wenn ein Mensch zu Gott werden kann, so ist Gott-Vater seiner väterlichen Vorzugsstellung des Einzigen und Unerreichbaren beraubt. Der Glaube an die Erhebung eines Menschen zu Gott ist also der Ausdruck der unbewußt in der Phantasie vollzogenen Beseitigung des göttlichen Vaters. Hier liegt die Bedeutung der Tatsache, daß der Glaube der Urgemeinde die adoptianische Lehre war, die Lehre von der Erhebung des Menschen zu Gott, denn gerade in dieser Lehre findet ja die Feindseligkeit gegen Gott ihren Ausdruck, während in der sich später immer mehr ausbreitenden und zur Herrschaft gelangenden Lehre von dem Jesus, der immer ein Gott war, sich die Eliminierung dieser feindseligen Wünsche gegen Gott ausdrückt, wovon später noch ausführlicher zu reden sein wird. Die Gläubigen identifizieren sich mit diesem Sohn und werden so in der Phantasie selbst Gott-Vater, und sie können sich mit ihm identifizieren, weil er ein leidender Mensch ist wie sie. Hier liegt der Grund für die faszinierende Wirkung des leidenden und zu Gott erhobenen Menschen auf die Masse, weil nur mit einem Leidenden sie sich selbst identifizieren konnten. So wie er waren ja Tausende vor ihnen selbst ans Kreuz geschlagen, gequält und gedemütigt worden. Wenn sie an den zu Gott erhobenen Gekreuzigten dachten, so war für ihr Unbewußtes dieser gekreuzigte Gott sie selbst. Die vorchristliche Apokalypse kannte einen siegreichen, starken Messias. Er war der Repräsentant der Wünsche und Phantasien einer zwar unterdrückten, aber bei weitem weniger leidenden und noch Siegeshoffnung tragenden Volksschicht. Die Schicht, aus der die Urgemeinde entstand und bei der das Christentum der ersten hundert bis hundertfünfzig Jahre große Erfolge hatte, konnte sich mit einem solchen starken, mächtigen Messias nicht identifizieren, ihr Messias konnte nur ein leidender, gekreuzigter sein. Es kommt aber noch ein anderes Moment hinzu. Die Gestalt des leidenden Heilands ist dreifach determiniert, einmal im eben besprochenen Sinn, zum andern aber dadurch, daß ein Stück der Todeswünsche gegen den Vater-Gott auf den Sohn verschoben wurde. In dem Mythos vom sterbenden Gott (Adonis, Attis, Osiris) war Gott selber der, dessen Tod man phantasierte. Im frühen Christusmythos wird der Vater im Sohn getroffen und getötet.

Endlich aber hat die Phantasie vom gekreuzigten Sohn noch eine dritte Funktion: Indem sich die gläubigen Enthusiasten, beseelt von Haß und Todeswünschen, bewußt gegen die herrschenden jüdischen und römischen Autoritäten, unbewußt gegen Gott-Vater, mit dem Gekreuzigten identifizieren, erleiden sie selber den Kreuzestod und büßen so für ihre Todeswünsche gegen den Vater. Jesus sühnt durch seinen Kreuzestod die Schuld aller, und die ersten Christen bedurften einer solchen Sühne in besonders hohem Maße, weil ein Urmotiv der menschlichen Seele, die Aggression und die Todeswünsche gegen den Vater auf Grund ihres Lebensschicksals in ihnen besonders lebendig war. (Vgl. S. Freud, 1912–13, S. 186–194.)

Der Schwerpunkt der urchristlichen Phantasie scheint uns aber – im Gegensatz zum späteren katholischen Glauben, wie noch zu zeigen sein wird – nicht in der masochistischen Sühne durch Selbstvernichtung, sondern in der Beseitigung des Vaters durch Identifizierung mit dem leidenden Jesus zu liegen.

Wir müssen zum vollen Verständnis des psychischen Hintergrundes des Christusglaubens daran denken, daß in jener Zeit das römische Imperium in wachsendem Maße erfüllt war vom Kaiserkult, der sich über alle nationalen Schranken hinweg durchsetzte. Er war psychologisch eng verwandt mit dem Monotheismus, der Glaube an einen gerechten, guten Vater, und wenn er von den herrschenden Schichten des Römischen Reiches propagiert wurde, so war das vom Standpunkt dieser Schicht verständlich und konsequent. Wenn man von heidnischer Seite das Christentum häufig als Atheismus bezeichnete, so hatte man darin in einem tieferen psychologischen Sinn recht, denn dieser Glaube an den leidenden, zum Gott erhobenen Menschen war die Phantasie einer leidenden, unterdrückten Klasse, die die Herrschenden, Gott, Kaiser, Vater, beseitigen und sich selbst an ihre Stelle setzen wollte. Wenn zu den Hauptbeschuldigungen der Heiden gegen die Christen auch die gehörte, sie begingen Ödipus-Verbrechen, so war diese Beschuldigung real eine sinnlose Verleumdung, aber das Unbewußte der Verleumder hatte den unbewußten Sinn des Christusmythos gut verstanden, seine Ödipuswünsche, seine versteckte Feindschaft gegen Gott-Vater, Kaiser, Autorität. (Auch die Beschuldigungen des Ritualmordes und der sexuellen Ausschweifungen finden die gleichen psychologischen Erklärungen.)

Es kommt zum Verständnis des Problems der späteren dogmatischen Entwicklung vor allem darauf an, das Charakteristische der urchristlichen Christologie zu verstehen, ihren adoptianischen Charakter. Daß ein Mensch zu Gott erhöht wird, das ist ein Ausdruck der unbewußten vaterfeindlichen Regung dieser Masse, das bot die Möglichkeit einer Identifizierung, und dem entsprach die Erwartung, daß bald das neue Zeitalter beginnen und die jetzt Leidenden und Unterdrückten zu Glücklichen und Herrschenden machen werde. Indem man sich mit Jesus, weil er der leidende Mensch war, identifizieren konnte und identifizierte, war die Möglichkeit einer Gemeindebildung ohne Autoritäten, Statuten und Bürokratie gegeben, geeint durch die Gemeinsamkeit der Identifizierung mit dem leidenden und zu Gott erhobenen Jesus. Der urchristliche adoptianische Glaube war geboren aus der Masse, war Ausdruck ihrer revolutionären Tendenzen, bot eine Befriedigung für ihre stärkste Sehnsucht, und hieraus erklärt sich, warum er mit so außerordentlicher Schnelligkeit zur Religion auch der heidnischen unterdrückten Massen (wenn auch bald nicht ihrer allein) wurde.

4
Die Wandlung des Christentums und das homo-ousianische Dogma

Die frühen Glaubensvorstellungen über Jesus wandeln sich. Aus dem zu Gott erhobenen Menschen wird der Sohn Gottes, der immer Gott war, vor aller Schöpfung existierte, eins mit Gott und doch von ihm zu unterscheiden. Hat diese Veränderung der Vorstellungen von Jesus ebenso ihren sozialpsychologischen Sinn, wie wir ihn für den frühen adoptianischen Glauben nachweisen konnten? Eine Antwort auf diese Frage wird uns hier wieder die Untersuchung der Menschen geben, die zweihundert bis dreihundert Jahre später dieses Dogma schufen und an es glaubten, das Verständnis ihrer realen Lebenssituation, die Kenntnis ihrer psychischen Oberfläche.

Die wichtigste Frage ist zunächst, wer sind die Christen im Laufe der ersten nachchristlichen Jahrhunderte? Bleibt das Christentum die Religion der leidenden jüdischen Enthusiasten Palästinas, oder wer tritt an ihre Stelle und neben sie?

Die erste große Veränderung in der Schar der Gläubigen trat ein, als die christliche Propagandatätigkeit sich an die Heiden wandte und in einem großen Siegeszug Anhänger unter ihnen fast im ganzen Römischen Reiche gewann. Diese nationale Veränderung unter den Anhängern des Christentums darf in ihrer Bedeutung gewiß nicht unterschätzt werden, aber sie spielte doch keine entscheidende Rolle, solange die soziale Zusammensetzung der christlichen Gemeinde sich nicht wesentlich veränderte, solange es weiter arme, gedrückte, ungebildete Menschen waren, erfüllt von gemeinsamem Leid, gemeinsamem Haß und gemeinsamer Hoffnung. »Das bekannte Urteil des Paulus über die korinthische Gemeinde gilt ohne Zweifel wie in der apostolischen Zeit so auch noch in der zweiten und dritten Generation für die weitaus meisten Gemeinden der Christenheit: ›Seht doch auf eure Berufung, Brüder! Da sind nicht viele Weise im irdischen Sinn, nicht viele Mächtige, nicht viele Vornehme, sondern das Törichte in der Welt hat Gott erwählt, um die Weisen zuschanden zu machen, und das Schwache in der Welt hat Gott erwählt, um das Starke zuschanden zu machen. Und das Niedrige in der Welt und das Verachtete hat Gott erwählt: das was nichts ist, um das, was etwas ist, zu vernichten.‹ (1. Kor 1,26–28)« (R. Knopf, 1905, S. 64f.). Aber wenn auch die überwiegende Mehrzahl der Anhänger, die Paulus im ersten Jahrhundert für das Christentum gewann, noch Leute der untersten Volksschicht, kleine Handwerker, Sklaven, Freigelassene waren, so beginnt doch schon langsam ein anderes soziales Element, Gebildete und Wohlhabende, in die Gemeinden einzudringen. Paulus selbst war ja der erste christliche Führer, der nicht mehr der proletarischen Schicht entstammte. Er war Sohn eines wohlhabenden römischen Bürgers, war Pharisäer gewesen, also einer der Intellektuellen, die die Christen verachteten und von ihnen gehaßt wurden. »Er war nicht ein der Staatsordnung fremd oder gehässig gegenüberstehender Proletarier, der kein Interesse an ihrem Bestand hat, der auf ihre Zertrümmerung hofft. Er stand den Mächtigen der Verwaltung und des Rechts von Hause aus zu nahe, hatte zu viel Erfahrung mit dem Segen der heiligen Ordnung gemacht, um nicht von dem ethischen Wert des Staates ganz anders überzeugt zu sein, als etwa ein Mitglied der heimischen Zelotenpartei, oder auch als seine pharisäischen Parteigenossen, die in der Römerherrschaft höchstens das geringere Übel sahen gegenüber den halbjüdischen Herodianern« (J. Weiß, 1917, S. 132).

Paulus hat mit seiner Propaganda zwar zweifellos in erster Linie die untersten Volksschichten ergriffen, aber sicherlich auch schon einzelne Wohlhabende und Gebildete, vor allem Kaufleute, die durch ihre Wanderungen und Reisen überhaupt für die Ausbreitung des Christentums von entscheidender Bedeutung geworden sind. (Vgl. R. Knopf, 1905, S. 70.) Aber bis weit ins zweite Jahrhundert hinein gehörte ein wesentliches Element in den Gemeinden den niederen Schichten an und bildete dort die große Mehrheit. Das beweisen einzelne Stellen aus der Quellenliteratur, der Zuschnitt der altchristlichen Ethik, einzelne Erbauungsschriften, die – wie der Jakobus-Brief oder die Johannes-Apokalypse – flammenden Haß gegen die Mächtigen und Reichen atmen, die kunstlose Form solcher Stücke jener Literatur, die Gesamtrichtung der Eschatologie, die alle zeigen, »daß die Gemeinden auch des nachapostolischen Zeitalters wesentlich aus Kreisen armer und oft auch unfreier Leute gebildet wurden«. [1]

[1] R. Knopf (1905), S. 70. – Den ethischen Rigorismus und die Feindseligkeit gegen das bürgerliche Leben zeigen noch die Anordnungen des heiligen Hippolyt c. 41 (zitiert bei A. v. Harnack, 1923, S. 300): »Es müssen die Berufstätigkeiten und die Geschäfte derer, die in die Kirche aufgenommen werden sollen,

Etwa von der Mitte des zweiten Jahrhunderts an beginnt das Christentum immer mehr Anhänger unter den mittleren und höheren Bevölkerungsschichten des römischen Imperiums zu gewinnen. Vor allem waren es die Frauen der vornehmen Stände und Kaufleute, die für die Propaganda sorgten, in deren Kreisen das Christentum sich ausbreitete und von wo es weiter in die Kreise der herrschenden Aristokratie allmählich eindrang. Am Ende des zweiten Jahrhunderts schon hatte das Christentum aufgehört nur die Religion von besitzlosen Handwerkern und Sklaven zu sein. Und als es unter Konstantin Staatsreligion wurde, da war es inzwischen die Religion weiter Kreise der im römischen Imperium herrschenden Klasse geworden. [2]

geprüft und ihre Natur und Art festgestellt werden. Wenn einer ein Kuppler ist, d. h. Huren Unterstand gibt, so soll er es lassen oder abgewiesen werden. Wenn einer ein Bildhauer oder Maler ist, soll ihm bedeutet werden, keine Idole zu machen. Sie sollen es lassen oder abgewiesen werden. Wenn einer ein Schauspieler ist, oder Vorstellungen im Theater gibt, soll er es lassen oder abgewiesen werden. Wenn einer Elementarlehrer ist, so ist es gut, diese Beschäftigung aufzugeben. Wenn er aber sein Handwerk versteht, mag sie ihm nachgesehen werden. Wer Gladiator ist oder Gladiatorenlehrmeister oder provisionsmäßiger Tierkämpfer oder angestellter Diener bei Gladiatorenspielen soll es lassen oder abgewiesen werden. Dem als Gendarm funktionierenden Soldaten ist das Töten zu untersagen. Wird es ihm befohlen, so darf er es doch nicht auf sich nehmen, auch darf er nicht schwören. Will er dem nicht folgen, so ist er abzuweisen. Wer das richterliche Schwert führt oder Bürgermeister ist, mit dem Purpur bekleidet, soll es lassen oder abgewiesen werden. Wenn ein Katechumen oder Getaufter Soldat werden will, soll er abgewiesen werden, denn er hat Gott verachtet. Die Hure, der Päderast, wer sich entmannt hat oder unausstehbare Dinge treibt, soll abgewiesen werden, denn er ist befleckt . . . Beschwörer, Astrologen, Wahrsager, Traumdeuter, ferner die, welche die Massen erregen oder die Kleiderfransen zerreißen – das sind die Bellisten oder die, welche Amulette machen, sollen es lassen oder abgewiesen werden. Die Sklavin und Konkubine, wenn sie ihre Kinder aufgezogen haben und nur mit ihrem Herrn in Verbindung stehen, sollen ›hören‹ dürfen. Steht es anders, so sind sie abzuweisen. Wer eine Konkubine hat, soll sie lassen und eine Gattin nach dem Gesetze freien, will er nicht, so ist er abzuweisen. Wenn wir hier etwas übersehen haben, so wird die Praxis euch belehren, denn wir alle haben den Heiligen Geist.«

[2] R. Knopf gibt am Beispiel der römischen Gemeinde ein Bild von der Entwicklung der sozialen Zusammensetzung der christlichen Gemeinde in den ersten drei Jahrhunderten. Wenn Paulus im Brief an die Philipper 4,22 »sonderlich die aber von des Kaisers Hause« grüßen läßt, so zeigt das, daß unter den Sklaven und Beamten des kaiserlichen Haushalts damals Christen zu finden sind. Die bei Tacitus (Anal. XV,44) erwähnten, von Nero gegen die Christen verhängten Todesstrafen, wie Einnähen in Felle, Hundehetze, Kreuzigung, lebende Fackel, die nur gegen *humiliores*, nicht gegen *honestiores* (Vornehme) gebraucht werden durften, zeigen, daß die Christen dieser Epoche noch im wesentlichen den nie-

Zweihundertfünfzig bis dreihundert Jahre nach der Entstehung des Christentums sind die Menschen, die diesem Glauben angehören, von ganz anderer Art. Es sind nicht mehr Juden mit dem für dieses Volk wie bei keinem andern heftigen Glauben an eine bald einsetzende messianische Zeit, sondern Griechen, Römer, Syrier, Gallier, kurz Angehörige aller Nationen des römi-

dersten Schichten angehörten, wenn sich auch einzelne Reiche und Vornehme ihnen schon zugesellt haben mögen. Wie sehr die Zusammensetzung im nachapostolischen Zeitalter sich geändert hat, zeigt eine von Knopf zitierte Stelle 1. Clemens 38,2: »Der Reiche soll dem Armen Hilfe bieten und der Arme soll Gott Dank sagen, daß er ihm jemand gegeben hat, durch den seinem Mangel abgeholfen werden kann.« Man merkt hier keine Spur von jener Animosität gegen die Reichen, die andere Schriftstücke durchweht. So kann man in einer Gemeinde sprechen, in der reichere und vornehmere Leute nicht allzuselten sind und auch ihre Pflichten den Armen gegenüber erfüllen (R. Knopf, 1905, S. 65). Aus der Tatsache, daß Domitian acht Monate vor seinem Tode (96) seinen Vetter, Konsul Titus Flavius, hinrichten ließ, dessen erste Frau in die Verbannung schickte, ihn wahrscheinlich, die Frau bestimmt, wegen Zugehörigkeit zum Christentum, zeigt, daß sogar schon am Ende des ersten Jahrhunderts das Christentum in Rom bis ins Kaiserhaus hinauf vorgedrungen war. Die wachsende Schar von reichen und vornehmen Christgläubigen schuf natürlich allerhand Spannungen und Differenzen in der Gemeinde. Zu solchen Differenzen war es schon früh in bezug darauf gekommen, ob christliche Herren ihre christlichen Sklaven freilassen sollten. Das zeigt uns die Ermahnung des Paulus an die Sklaven, sie dürften ihre Freilassung nicht verlangen. Nachdem aber im Laufe der Entwicklung das Christentum immer mehr zum Glauben der Herrschenden wurde, mußten diese Spannungen noch wachsen. »Die Reichen fraternisieren nicht allzusehr mit den Sklaven, Liberten und Proletariern, besonders nicht in der Öffentlichkeit. Die Armen dagegen sehen die Reichen als halb dem Teufel gehörend an« (R. Knopf, 1905, S. 81). Ein gutes Bild von der veränderten sozialen Zusammensetzung gibt Hermas (Hermas sim. IV,5): »Die viele Geschäfte haben, sündigen viel, weil sie stets von der Sorge um ihre Geschäfte getrieben werden und ihren Herrn Dienst gar nicht tun.« »Diese sind zwar zum Glauben gekommen, aber auch reich geworden und bei den Heiden zum Ansehen gelangt. Sie haben sich mit großer Überhebung umkleidet, haben die Wahrheit verlassen, und sie haben sich nicht mehr an die Gerechten gehalten, sondern mit den Heiden zusammengelebt.« (Hermas, sim. VIII,9. oder IX,20:) »Besonders die Reichen hielten sich schwer zu den Knechten Gottes, weil sie fürchteten, von ihnen mit etwas angegangen zu werden.« In offenkundiger Weise scheinen sich freilich Reiche und Vornehme, die Leute von Geblüt und Mitteln erst in den Zeiten nach den Antoninen der römischen Gemeinde angeschlossen zu haben, wie in einer bekannten Stelle bei Eusebius richtig angenommen wird, wo wir erfahren, daß zur Zeit des Comodus, »als man anfing, mild gegen die Christen zu werden und die Kirchen des ganzen Erdkreises Frieden hatten, viele von ihnen wie in Rom gar sehr durch Reichtum und Abkunft hervorleuchteten, sich gemeinsam ganze Häuser und ganze Geschlechter an ihr Heil anschlossen« (Euseb. Kg. V,21,1). Damit hatte in der Welthauptstadt das Christentum aufgehört, vorwiegend eine Religion der Armen und Sklaven zu sein. Seine Anziehungskraft äußerte sich von da ab in den verschiedenen Schichten des Besitzes und der Bildung.

schen Kaiserreiches. Wichtiger als diese nationale Verschiebung ist die soziale. Zwar bilden Sklaven und Handwerker und Lumpenproletarier, also die Masse der niederen Bevölkerungsschicht, auch weiterhin die Basis der Gemeinde, aber der Christusglaube ist gleichzeitig auch die Religion der vornehmen und herrschenden Klasse des römischen Weltreichs geworden.

Im Zusammenhang mit dieser Veränderung der sozialen Struktur der christlichen Gemeinde muß noch ein Blick auf die allgemeine wirtschaftliche und politische Situation des römischen Imperiums, die sich im gleichen Zeitraum grundlegend gewandelt hatte, geworfen werden. Die nationalen Unterschiede innerhalb des Weltreichs schwanden immer mehr. Auch der Fremdnationale konnte römischer Bürger werden (Edikt Caracallas 212). Der Kaiserkult bildete gleichzeitig ein einigendes und die nationalen Differenzen nivellierendes Band. Die wirtschaftliche Entwicklung ist charakterisiert durch einen Prozeß langsamer, aber fortschreitender Feudalisierung. »Die neuen Verhältnisse, wie sie sich seit dem Ende des dritten Jahrhunderts konsolidiert haben, kennen keine freie Arbeit mehr, sondern nur noch den Arbeitszwang in den erblich gewordenen Ständen, bei der Landbevölkerung, den Kolonien, wie bei den Handwerkern, den Zünften und ebenso bekanntlich bei den zu Hauptträgern der Steuerlast gewordenen Ratsherren. So ist der Kreislauf geschlossen. Die Entwicklung kommt auf den Punkt zurück, von dem sie ausgegangen war. Die mittelalterliche Weltordnung tritt zum zweitenmal die Herrschaft an« (E. Meyer, 1924, S. 81).

Der politische Ausdruck dieser ins Ständische, Naturalwirtschaftliche gehenden beziehungsweise niedergehenden Wirtschaft war die absolute Monarchie, wie sie von Diokletian und Konstantin geformt wurde. Es wurde ein hierarchisches System geschaffen mit unendlichen Abhängigkeiten und der Person des göttlichen Kaisers an der Spitze, dem die Masse im Kaiserkult ihre Verehrung und Liebe zollen sollte. Das römische Imperium wurde in verhältnismäßig kurzer Zeit zu einem feudalen Klassenstaat mit festgefügter Ordnung, in dem die untersten Schichten keinen Aufstieg zu erwarten hatten, weil der Stillstand beziehungsweise Rückgang der Produktivkräfte eine fortschrittliche Entwicklung unmöglich machte. Das gesellschaftliche System war stabilisiert und wurde von oben geregelt, und alles kam darauf an, dem einzelnen, der unten stand, das Sichabfinden mit seiner Situation zu erleichtern.

Dies war also in großen Zügen die Lage der Gesellschaft des römischen Imperiums vom Anfang des dritten Jahrhunderts an, und die Wandlung, die das Christentum und speziell die Vorstellung von Christus und seinem Verhältnis zu Gott-Vater von seiner Frühzeit an bis zu dieser Epoche durchgemacht hat, ist in erster Linie aus dieser sozialen und der von ihr bedingten psychischen Veränderung und der neuen soziologischen Funktion, die das Christentum übernehmen mußte, zu verstehen. Es heißt also den Kern der Dinge völlig übersehen, wenn man davon spricht, daß »das« Christentum sich verbreitet und die große Mehrheit der Bevölkerung des Römischen Reichs für seine Gedanken gewonnen habe. Es war vielmehr aus einer Religion eine andere geworden, nur daß die neue (katholische) Religion gute Gründe hatte, gerade diese Veränderung zu verschleiern.

Es soll zunächst dargestellt werden, welche Wandlung das Christentum in den ersten drei Jahrhunderten durchmachte und wie die neue Religion im Gegensatz zur alten aussah.

Beginnen wir mit dem Wichtigsten: Die eschatologischen Erwartungen, die das Zentrum des Glaubens und der Hoffnung der Urgemeinde dargestellt hatten, schwanden mehr und mehr. Der Kern der Missionspredigt der Urgemeinde war: »Das Reich ist nahe.« Man hatte sich darauf vorbereitet, hatte erwartet, es selbst noch zu erleben, und bezweifelt, ob es in der Kürze der Zeit noch gelingen würde, der Mehrzahl der Heiden vor dem Anbruch des neuen Reiches die christliche Lehre zu verkünden. Noch Paulus' Glaube ist von eschatologischen Hoffnungen erfüllt, aber der Termin beginnt sich bei ihm schon zu verschieben und in die Ferne zu rücken. Für ihn ist durch die Erhöhung des Messias die Endvollendung gesichert, und der letzte Kampf, der noch erfolgen muß, verliert gegenüber dem schon Geschehenen an Bedeutung. Aber mehr und mehr schwindet in der weiteren Entwicklung der Glaube an die unmittelbare Aufrichtung des Reiches. Wir gewahren, ohne daß ein plötzlicher Sprung festzustellen wäre, das allmähliche »Ausströmen eines ursprünglichen Elementes, des enthusiastisch-apokalyptischen, d. h. des sicheren Bewußtseins von dem unmittelbaren Besitze des göttlichen Geistes und der die Gegenwart besiegenden Zukunftshoffnungen«. [3]

[3] A. v. Harnack, 1909, S. 55f. Harnack weist nachdrücklich darauf hin, wie ursprünglich vom Zweck der Erscheinung Christi oder vom religiösen Heilsgut zwei einander verbundene Ansichten herrschen. »Das Heilsgut war nämlich

Waren beide Auffassungen, die eschatologische und die spirituelle, in der Anfangszeit des Christentums noch miteinander verbunden gewesen, wobei allerdings der Hauptakzent auf die eschatologische fiel, so fallen sie allmählich auseinander. Die eschatologische Hoffnung tritt mehr und mehr zurück, der Schwerpunkt des christlichen Glaubens rückte von der Hoffnung auf die zukünftige Ankunft Christi ab und »mußte dann notwendigerweise auf die erste Ankunft fallen, kraft welcher das Heil für die Menschen und die Menschen für das Heil bereitet seien« (A. v. Harnack, 1909, S. 148). Der Prozeß des Ausströmens des urchristlichen Enthusiasmus und dessen Unterdrückung, durch welche das zweite Jahrhundert des Christentums charakterisiert ist, findet schon in diesem Jahrhundert seine Vollendung. Zwar hat es damals wie durch die ganze spätere Geschichte des Christentums (von den Montanisten bis zu den Wiedertäufern) stets Versuche gegeben, den alten christlichen Enthusiasmus, die eschatologische Erwartung zu erneuern, Versuche, die von solchen Schichten ausgingen, die in ihrer wirtschaftlichen, gesellschaftlichen und psychischen Situation, als Unterdrückte und nach Freiheit Strebende, den ersten Christen glichen. Aber die Kirche wurde mit diesen revolutionären Versuchen fertig, seitdem sie im Laufe des zweiten Jahrhunderts den ersten entscheidenden Sieg davongetragen hatte. Von dieser Zeit an lag der Schwerpunkt nicht in dem Rufe: »das Reich ist nahe«, in der Erwartung, es werde binnen kurzem zum Ausbruch des Gerichts und zur Wiederkehr Jesu kommen, der Blick der Christen war nicht mehr auf die Zukunft, nicht mehr auf die Geschichte, nicht mehr auf die Zeit, sondern er war rückwärts gewendet. Das Entscheidende war schon geschehen. Die Erscheinung Jesu hatte das Wunder schon bedeutet. Die wirkliche geschichtliche Welt brauchte sich nicht mehr zu ändern, äußerlich konnte alles bleiben, wie es war, Staat, Gesellschaft, Recht, Wirtschaft, denn das Heil war ein Innerliches,

einerseits aufgefaßt als Anteil an dem demnächst erscheinenden herrlichen Reiche Christi und dieser sicheren Aussicht gegenüber gilt alles andere als ein vorläufiges. Anderseits wird aber auf die Bedingungen und die durch Christus bewirkten Veranstaltungen Gottes reflektiert, die die Menschen erst befähigen, zunächst Anteil zu erwerben respektive seiner sicher zu werden. Hier ist es die Sündenvergebung, die Gerechtigkeit, der Glaube, die Erkenntnis usw., die in Betracht kommen, und diese Güter können selbst als das Heilsgut gelten, sofern sie das Leben im Reiche Christi, oder genauer, das ewige Leben zur sicheren Folge haben« (a. a. O., S. 148).

Geistiges, Unhistorisches, Individuelles geworden, garantiert durch den Glauben an Jesus. Die Hoffnung auf die reale historische Erlösung ist ersetzt durch den Glauben an die schon vollzogene geistige, individuelle. An die Stelle des historischen Interesses ist das kosmologische Interesse getreten. Hand in Hand damit geht das Verblassen der ethischen Forderungen. Das erste Jahrhundert des Christentums war charakterisiert durch rigorose ethische Postulate, durch den Glauben, daß die christliche Gemeinde vor allem ein Bund zu einem heiligen Leben sei. An die Stelle dieses praktischen ethischen Rigorismus tritt das durch die Kirche gespendete Gnadenmittel. Im engsten Zusammenhang mit dem Verzicht auf die ursprüngliche strenge ethische Praxis steht die wachsende Annäherung der Christen an den Staat. »Das zweite Jahrhundert des Bestehens christlicher Gemeinde zeigt bereits auf allen Linien eine Entwicklung, die sich dem Staate und der Gesellschaft entgegenbewegt« (A. v. Harnack, 1923a, S. 239). Und auch die gelegentlichen Verfolgungen der Christen durch den Staat änderten an der wachsenden Annäherung der Christen an den Staat nicht das geringste. Wohl gab es hier und da Versuche, die alte, dem Staat und bürgerlichen Leben feindselige rigoristische Ethik durchzusetzen. »Allein die große Mehrzahl der Christen und vor allem die leitenden Bischöfe entschieden sich anders. Es genügt, Gott im Herzen zu haben und ihn dann zu bekennen, wenn ein offenes Bekenntnis vor der Obrigkeit unvermeidlich ist. Es genügt, den wirklichen Götzendienst zu fliehen, im übrigen darf der Christ in jedem ehrlichen Beruf bleiben, darf in demselben sich auch äußerlich mit dem Götzendienst berühren und soll klug und vorsichtig handeln, so daß er weder sich selbst befleckt, noch eine Befleckung über sich und andere heraufbeschwört. Diese Haltung nahm die Kirche seit Anfang des dritten Jahrhunderts überall an. Der Staat gewann dadurch zahlreiche ruhige, pflichttreue und gewissenhafte Bürger, die, weit entfernt, ihm Schwierigkeit zu machen, vielmehr die Ordnung und den Frieden in der Gesellschaft stützten ... Somit entwickelte sich die Kirche, indem sie ihre streng ablehnende Haltung gegenüber der ›Welt‹ aufgab, zu einer staatserhaltenden und staatsverbessernden Macht. Darf man eine moderne Erscheinung zum Vergleich herbeiziehen, die weltflüchtigen Fanatiker, die auf den himmlischen Zukunftsstaat warteten, wurden zu Revisionisten der bestehenden Lebensordnung« (a. a. O., S. 143).

Diese ganz grundlegende Wandlung des Christentums von der Religion der Unterdrückten zur Religion der Herrschenden und der von ihnen gegängelten Masse, von der Erwartung auf den bevorstehenden Anbruch des Gerichts und des neuen Zeitalters zum Glauben an die schon vollzogene Erlösung, vom Postulat eines reinen sittlichen Lebens zur Gewissensbefriedigung durch die kirchlichen Gnadenmittel, von der Feindseligkeit gegen den verhaßten Staat zum innigen Pakt mit ihm, steht im engsten Zusammenhang mit der nun noch zu nennenden letzten großen Veränderung: Das Christentum, das die Religion einer Gemeinschaft gleicher Brüder war, ohne Hierarchie und Bürokratie, wird zur Kirche, zum Spiegelbild der absolutistischen Monarchie des römischen Imperiums. Fehlte im ersten christlichen Jahrhundert noch ganz eine fest umgrenzte äußere Autorität in den Gemeinden, die dementsprechend auf Selbständigkeit und Freiheit des einzelnen Christen in bezug auf Glaubensdinge aufgebaut waren, so ist das zweite Jahrhundert schon charakterisiert durch die allmähliche Ausbildung eines kirchlichen Verbandes mit autoritativen Führern und dementsprechend durch die Etablierung einer kirchlich-wissenschaftlichen Glaubenslehre, der sich der einzelne Christ zu unterwerfen hatte. Ursprünglich war es nicht die Kirche, sondern Gott allein, der Sünden vergeben konnte. Später: *»Extra ecclesiam nulla salus«*, die Kirche allein schützt vor der selbstsicheren Unseligkeit. Sie wird als Institution kraft ihrer Ausstattung heilig, die moralische Anstalt, die für das Heil erzieht. Diese Funktion ist an den Priester gebunden, speziell an den Episkopat, »der in seiner Einheit die Rechtmäßigkeit der Kirche garantiert und die Kompetenz der Sündenvergebung erhalten hat« (Cypr. ep. 69,11). »Erst durch den neuen Kirchenbegriff ... hat die Scheidung von Klerikern und Laien grundlegende religiöse Bedeutung erhalten. Die Gewalt, welche die Priester und Bischöfe ausübten, ist durch ihn fixiert und geheiligt worden« (A. v. Harnack, 1909, S. 454f.). Diese Umwandlung der freien Brüdergemeinde in eine hierarchische Organisation zeigt deutlich, welche psychische Veränderung vor sich gegangen ist. Waren die ersten Christen erfüllt von Haß und Verachtung für die gebildeten Reichen und Herrschenden, kurz für alle Autoritäten, so waren die Christen vom dritten Jahrhundert an erfüllt von Verehrung, Liebe und Anhänglichkeit an die neuen Autoritäten, die Priester.

So wie sich das Christentum in jeder Hinsicht in den ersten

drei Jahrhunderten seines Bestehens gewandelt und eine neue, der ursprünglichen entgegengesetzte Religion geworden war, so auch in Hinsicht auf den Glauben und die Vorstellung von Jesus. Im frühen Christentum herrschte die adoptianische Lehre, d.h. der Glaube, daß der Mensch Jesus zu Gott erhoben worden sei. Die Auffassung vom Wesen Jesu geht mit der fortschreitenden Entwicklung der Kirche immer mehr zum pneumatischen Standpunkt über. Nicht ein Mensch wird zu Gott erhoben, sondern ein Gott läßt sich zu den Menschen herab. Das ist die Grundlage der neuen Christusvorstellung, bis sie dann in der vom Nizänischen Konzil angenommenen Lehre des Athanasius ihren Höhepunkt findet: Jesus, der Sohn Gottes, aus dem Vater vor allen Weltzeiten geboren, eines Wesens mit dem Vater. Die arianische Ansicht, daß Jesus und Gott-Vater zwar wesensgleich, aber nicht wesenseins (identisch) seien, wird abgelehnt zugunsten der logisch widersinnigen These, daß zwei Wesen, Gott und sein Sohn, doch nur eines seien, also der These von einer Zweiheit, die gleichzeitig Einheit ist. Welches ist der Sinn dieser Veränderung in der Vorstellung von Jesus und seinem Verhältnis zu Gott-Vater, und in welchem Zusammenhang steht die Wandlung des Dogmas mit der Wandlung der ganzen Religion?

Das frühe Christentum war autoritäts- und staatsfeindlich. Es befriedigte in der Phantasie die revolutionären, vaterfeindlichen Wünsche der untersten unterdrückten Schichten. Das Christentum, das dreihundert Jahre später zur offiziellen Religion des römischen Imperiums erhoben wurde, hat eine völlig andere soziale Funktion. Es soll eine Religion der Führer und der Geführten zugleich sein, der herrschenden Klasse und der von ihr Beherrschten. Das Christentum erfüllt die Funktion, die Kaiser- und Mithraskult nicht annähernd so gut erfüllen konnten, die große Masse in das absolutistische System des römischen Imperiums einzuordnen. Die revolutionäre Situation, wie sie bis in das zweite Jahrhundert nach Christus geherrscht hatte, war verschwunden. Es tritt der wirtschaftliche Rückgang ein. Das Mittelalter begann sich zu entwickeln. Die wirtschaftliche Situation führte zu einem System von sozialen Bindungen und Abhängigkeiten, das politisch im System des römisch-byzantinischen Absolutismus gipfelte. Das neue Christentum stand unter der Führung der herrschenden Klasse. Das neue Jesusdogma war von ihr und ihren intellektuellen Vertretern, nicht von der Masse geschaffen und formuliert.

Das Entscheidende war die Wandlung von der Vorstellung des zu Gott erhobenen Menschen zu der von dem zum Menschen gewordenen Gott.

Indem die neue Vorstellung von dem Sohne, der zwar ein zweites Wesen neben Gott, aber doch eins mit ihm ist, die Spannung zwischen Gott und seinem Sohn in eine Harmonie verwandelt, indem sie die Vorstellung vermied, daß ein Mensch Gott werden könne, eliminierte sie den vaterfeindlichen, revolutionären Charakter der alten Formel. Das in der alten Formel enthaltene Ödipus-Verbrechen, die Beseitigung des Vaters dadurch, daß sich der Sohn an seine Stelle setzt, wird im neuen Christentum ausgemerzt. Der Vater bleibt in seiner Stellung unangetastet, und kein Mensch, sondern sein eingeborener und vor aller Schöpfung existierender Sohn rückt neben ihn. Jesus wird selber Gott, ohne Gott zu stürzen, weil er immer schon ein Bestandteil Gottes war. Bis hierher verstehen wir aber nur das Negative, warum Jesus nicht mehr der zu Gott erhobene, an die Seite des Vaters gesetzte Mensch sein darf. Dem Bedürfnis nach Anerkennung des Vaters, nach passiver Unterordnung unter ihn, hätte aber auch der große Konkurrent des Christentums, der Kaiserkult, genügt. Warum siegte nicht er, sondern das Christentum als Staatsreligion des römischen Imperiums? Weil das Christentum eine Qualität hatte, die es für die soziale Funktion, die es erfüllen sollte, überlegen machte. Das war der Glaube an den gekreuzigten Sohn Gottes. Mit ihm konnten sich auch weiterhin die leidenden und gedrückten Massen identifizieren. Aber die Phantasiebefriedigung war nun eine andere geworden. Die Masse identifiziert sich mit dem Gekreuzigten nun nicht mehr, um in der Phantasie die Entthronung des Vaters vorzunehmen, sondern um dessen Liebe und Gnade zu genießen. Daß der Mensch Gott wird, war Ausdruck der aggressiven, aktiven vaterfeindlichen Tendenzen. Daß Gott zum Mensch ward, wurde Ausdruck der zärtlichen passiven Bindung an den Vater. Die Masse fand ihre Befriedigung daran, daß ihr Repräsentant, der gekreuzigte Jesus, gleichsam im Rang erhöht war, ein präexistenter Gott selber. So wie man nicht mehr auf eine bald eintretende geschichtliche Veränderung wartete, sondern glaubte, daß die Erlösung schon geschehen, das Erhoffte schon eingetreten sei, so hatte man auf die vaterfeindliche Phantasie verzichtet und statt deren eine andere, die harmonisierende des vom Vater freiwillig neben sich gesetzten Sohnes geschaffen. Hier liegt der Kern der Bedeutung des logischen Widersinns des Trinitätsdogmas. [4]

Der logische Widersinn ist der Ausdruck eines soziologischen, d. h. der Veränderung der sozialen Funktion des Christentums. Aus einer Religion von Empörern und Revolutionären wurde eine Religion der herrschenden Klasse, bestimmt, die Masse zu gängeln und zu führen. Indem man aber den alten revolutionären Repräsentanten beibehielt, befriedigte man auf eine neue Weise die Gefühlsbedürfnisse der Masse. An Stelle einer aktiven Vaterfeindschaft war die Formel der passiven Unterordnung getreten. Man braucht den Vater nicht zu beseitigen, denn der Sohn war ja schon von Anfang an mit Gott gleich, eben weil ihn der Vater selbst aus sich heraus entlassen hatte. In dieser Tatsache der Möglichkeit der Identifizierung mit einem leidenden, aber doch von Anfang an im Himmel weilenden Gott und der gleichzeitigen Eliminierung der vaterfeindlichen Tendenzen dieses Repräsentanten liegt der Grund für den Sieg des Christentums über den Kaiserkultus. Und dieser veränderten Einstellung entsprach auch die oben schon dargestellte Veränderung der Einstellung zu den real existierenden Vaterfiguren, den Priestern, dem Kaiser und den Herrschenden überhaupt.

Die psychische Situation der katholischen Masse des vierten Jahrhunderts unterschied sich von der der Urchristen darin, daß der Haß gegen die Herrschenden und damit auch gegen den Vater-Gott nicht mehr bewußt beziehungsweise relativ bewußtseinsnahe war, daß die Menschen ihre revolutionäre Haltung aufgegeben hatten. Der Grund hierfür liegt in der Veränderung der gesellschaftlichen Realität, d. h. also ihres Lebensschicksals. Jede Hoffnung auf den Sturz der Herrschenden und den Sieg der eigenen Klasse war so aussichtslos, daß es – vom psychischen Standpunkt aus gesehen – unzweckmäßig und unökonomisch gewesen wäre, in der Haltung des Hasses zu verharren. Wenn es aussichtslos war, den Vater zu stürzen, dann war es der bessere seelische Ausweg, sich ihm zu fügen, ihn zu lieben und sich von ihm lieben zu lassen. Diese Verände-

[4] Wir können das dritte Glied, den Heiligen Geist, außer acht lassen. Das Trinitätsdogma war ursprünglich ein Binitätsdogma und entstand aus der Kompilation zweier Formeln desselben. Es drückt die Dreiheit von Vater (Heiliger Geist), Mutter (Gott-Vater) und Kind (Jesus) aus. Über Gott-Vater und Mutter siehe weiter unten.

rung der seelischen Einstellung war das notwendige Ergebnis der endgültigen Niederlage der unterdrückten Klasse.

Aber die Aggression konnte ja nicht verschwunden sein. Sie konnte auch nicht geringer geworden sein, denn ihre reale Ursache, die Bedrückung durch die Herrschenden, war weder beseitigt noch gemindert. Wo war sie geblieben? Sie wurde von den Objekten, den Vätern, zurückgewandt gegen die eigene Person. Die Identifizierung mit dem leidenden, gekreuzigten Jesus bot hierzu die großartige Möglichkeit. Im katholischen Dogma ruht nicht mehr der Schwerpunkt wie im urchristlichen auf dem Sturz des Vaters, sondern auf der Selbstvernichtung des Sohnes. Man hat die ursprünglich wesentlich gegen den Vater gerichtete Aggression gegen die eigene Person gewandt und ihr damit eine für die gesellschaftliche Stabilität ungefährliche Abfuhr geschaffen.

Das war aber nur möglich im Zusammenhang mit einer anderen Veränderung. Für die ersten Christen waren die Herrschenden und Reichen die Schlechten, die für ihre Schlechtigkeit den verdienten Lohn ernten würden. Gewiß waren auch die ersten Christen nicht ohne Schuldgefühl wegen ihrer vaterfeindlichen Tendenzen, und gewiß hatte die Identifizierung mit dem leidenden Jesus auch schon für sie die Funktion einer Sühne für die eigene Aggression, aber zweifellos lag der Schwerpunkt bei ihnen nicht im Schuldgefühl und der masochistisch sühnenden Reaktion. Bei der katholischen Masse war es anders geworden. Für sie sind nicht mehr die Herrschenden schuld an der Trostlosigkeit und dem Leid des Lebens, sondern die Leidenden selber. Sie selber müssen sich Vorwürfe machen, wenn es ihnen schlecht geht, nur durch eine ständige Sühne, durch eigenes Leid können sie ihre Schuld wieder gutmachen und die Liebe und Verzeihung Gottes und seiner irdischen Repräsentanten gewinnen. Indem man leidet, sich selbst entmannt, findet man einen Ausweg aus dem drückenden Schuldgefühl und hat eine Chance, Verzeihung und Liebe zu erhalten. (Vgl. S. Freud, 1930a, S. 494–496.) Diesen Prozeß der Verwandlung der Vorwürfe gegen Gott und die Herrschenden in Selbstvorwürfe hat die katholische Kirche in meisterhafter Weise zu beschleunigen und zu stärken verstanden. Sie steigerte das Schuldgefühl der Masse bis zu einem kaum noch erträglichen Maximum und erreichte damit ein doppeltes: Einmal, daß sie die Vorwürfe und Aggression gegen die herrschende Klasse von dieser gegen die Personen der leidenden Masse zurückwenden half, und zweitens, daß sie sich dieser leidenden Masse als guter und liebender Vater darbot, indem ihre Priester für das von ihnen selber gezüchtete Schuldgefühl Verzeihung und Entsühnung gewährten. Sie züchtete künstlich die psychische Verfassung, von der sie beziehungsweise die herrschende Klasse einen doppelten Vorteil zog: die Ablenkung der Aggression der Masse und die Sicherung ihrer Abhängigkeit, Dankbarkeit und Liebe.

Die Phantasie vom leidenden Jesus hatte aber für die Herrschenden nicht nur diese soziale, sondern zugleich auch eine wichtige psychische Funktion. Sie entlastete sie von den Schuldgefühlen, die sie der Not und des Leidens der von ihr unterdrückten und ausgebeuteten Masse wegen hatten. Sie konnten in Identifizierung mit dem leidenden Jesus selbst Buße tun und sich mit dem Gedanken trösten, daß ja Gottes eingeborener Sohn selber freiwillig gelitten hatte, daß also das Leiden der Masse eine Gnade Gottes für diese selbst sei und keine Ursache für die Herrschenden, sich dieses Leidens wegen Vorwürfe zu machen.

Die Wandlung des Christusdogmas wie der ganzen christlichen Religion entsprach nur der soziologischen Funktion der Religion überhaupt, die gesellschaftliche Stabilität unter Wahrung der Interessen der herrschenden Klasse aufrechtzuerhalten. Für die ersten Christen war es ein beglückender und befriedigender Traum, davon zu phantasieren, daß die gehaßten Autoritäten bald stürzen und sie selber, die jetzt Armen und Leidenden, zur Herrschaft und zum Glück gelangen würden. Nach der endgültigen Niederlage und nachdem sich alle diese Hoffnungen als aussichtslos erwiesen hatten, werden die Massen befriedigt von einer Phantasie, in der die Schuld an allem Leid bei ihnen selber liegt, in der sie aber diese Schuld durch eigenes Leid sühnen können und in der sie Aussicht haben, dann von einem guten Vater geliebt zu werden, so wie er sich als liebender Vater dadurch erwiesen hatte, daß er in Gestalt des Sohnes einmal leidender Mensch geworden war. Was dann noch an Wünschen für ein glückliches und nicht nur entschuldetes Leben übrigblieb, wurde in der Phantasie von einem glücklichen Jenseits befriedigt, einem Jenseits, welches das von den ersten Christen erhoffte historische glückliche Diesseits ersetzen sollte.

Wir haben mit der bisher erörterten Deutung der homo-ousianischen Formel noch nicht deren einzigen und letzten unbewußten Sinn getroffen. Die analytische Erfahrung läßt uns erwarten, daß hinter dem logischen Widersinn der Formel, daß zwei gleich eins sind, noch ein ganz spezifischer unbewußter Sinn stecken muß, dem dieses Dogma seine Bedeutung und faszinierende Wirkung verdankt. Dieser tiefste, unbewußte Sinn der homo-ousianischen Lehre wird sofort deutlich, wenn man an eine ganz einfache Tatsache denkt, wenn man sich vergegenwärtigt, daß es eine einzige reale Situation gibt, in der die Identitätsformel nicht widersinnig ist, sondern für die sie zutrifft: die Situation des Kindes im Mutterleib. Mutter und Kind sind dann zwei Wesen und doch zugleich nur eins.

Wir sind hier beim Kern der Wandlung in der Vorstellung vom Verhältnis Jesu zu Gott-Vater angelangt. Nicht nur der Sohn hat sich verändert, sondern auch der Vater. Der strenge, mächtige Vater ist zur bergenden und schützenden Mutter geworden, der einst aufrührerische, dann leidende und passive Sohn zum kleinen Kinde. Unter der Maske des väterlichen Judengottes, der gerade im Kampf mit den vorderorientalischen mütterlichen Gottheiten zur Herrschaft gekommen war, taucht wieder die Gottesgestalt der Großen Mutter auf und wird zur beherrschenden Figur des mittelalterlichen Christentums.

Die Bedeutung, die die mütterliche Gottheit für das katholische Christentum vom vierten Jahrhundert an zu spielen beginnt, wird, abgesehen vom eben erwähnten unbewußten Sinn der Homo-ousie-Formel, in zwei Tatsachen deutlich: in der Rolle, die die Kirche als solche zu spielen beginnt, und im Kultus der Maria. (Vgl. A. J. Storfer, 1913.) Es wurde oben gezeigt, daß dem frühen Christentum die Idee einer Kirche noch ganz fremd war. Erst im Laufe der Entwicklung kommt es allmählich zur Herausbildung einer hierarchischen Organisation, die Kirche selbst wird eine heilige Institution und mehr als nur die Summe ihrer Mitglieder. Die Kirche vermittelt das Heil, die Gläubigen sind ihre Kinder, sie ist die Große Mutter, bei der allein es Geborgenheit und Seligkeit gibt.

Noch deutlicher ist das Wiederaufleben der Figur der mütterlichen Gottheit im Kultus der Maria. Die Figur der Maria ist die aus dem Vater-Gott herausgesprengte, verselbständigte mütterliche Gottheit; in ihr wird der mütterliche Charakter, der unbewußt dem Vater-Gott beigelegt wurde (wenngleich er nicht ganz zur Mutter-Gottheit wurde, sondern auch noch Vaterqualitäten beibehielt) bewußt und unvermischt erlebt und dargestellt.

Noch in der Darstellung, die das Neue Testament von Maria

gibt, wird sie in nichts über die Sphäre der hilfsbedürftigen Menschen hinausgehoben. Mit der Entwicklung der Christologie werden auch die Begriffe von ihr immer höher. Je mehr die Figur des geschichtlichen, menschlichen Jesus zugunsten des präexistenten Sohnes Gottes zurücktrat, desto mehr wurde Maria selber vergottet. Während nach dem Neuen Testament Maria in der Ehe mit Joseph noch Kinder gebar, bekämpfte Epiphanius (um 400 n. Chr.) jene Ansicht schon als ketzerisch und frivol. Im Nestorianischen Streit wird 431 gegen Nestorius entschieden, daß Maria nicht nur die Christus-Mutter, sondern auch die Gottes-Mutter ist, und vom Ende des vierten Jahrhunderts an beginnt man ihr einen eigenen Kultus zu widmen und Gebete an sie zu richten. Zur gleichen Zeit etwa beginnt auch die Darstellung der Maria in der bildenden Kunst eine große und immer wachsende Rolle zu spielen. Die folgenden Jahrhunderte lassen die Bedeutung der Mutter Gottes nur immer noch mehr wachsen. Ihre Verehrung wird mit jedem Jahrhundert überschwenglicher und allgemeiner. Altäre werden ihr errichtet und ihre Bilder aufgestellt. Aus der Begnadigten wird die Gnadenreiche, die Gnadenspenderin mit einer Milde, wie man sie selbst Christus nicht zutraute. [5] Maria mit dem Kinde wird zum Sinnbild des katholischen Mittelalters.

Die ganze Bedeutung der kollektiven Phantasie von der stillenden Madonna wird erst durch die Ergebnisse psychoanalytischer klinischer Forschungen deutlich. Sándor Radó hat in seiner Arbeit über das ›Problem der Melancholie‹ (S. Radó, 1927) auf die außerordentliche Bedeutung hingewiesen, die die Verhungerungsangst einerseits und anderseits die Glückseligkeit oraler Befriedigung im Seelenleben des einzelnen spielt. »Die Qualen des Hungers werden zur seelischen Vorstufe der späteren ›Strafen‹ und über die Schule der Strafen hindurch zum Urmechanismus der Selbstbestrafung, die dann in der Melancholie zu einer so verhängnisvollen Bedeutung gelangt. Hinter der maßlosen Verarmungsangst des Melancholikers ist ja auch

[5] Es wurde verschiedentlich auf den Zusammenhang der Marienverehrung mit der Verehrung der heidnischen Muttergöttinnen hingewiesen. Ein besonders deutliches Beispiel sind die Kollyridianerinnen, die als Priesterinnen der Maria an einem ihr geweihten Tage Kuchen in feierlicher Prozession herumführten, ähnlich dem von Jeremias erwähnten Kultus der kanaanitischen Königin des Himmels. Vgl. G. Rösch, 1888, S. 278f., der jene Brotkuchen als Phallussymbol deutet und die von den Kollyridianerinnen verehrte Maria als identisch mit der orientalisch-phönizischen Astarte ansieht (siehe Realenzyklopädie Band XII).

nur die Angst vor dem Verhungern (also am körperlichen Besitzstand verarmen) verborgen, mit der die Vitalität eines normalen Ichrestes auf die lebensbedrohliche, melancholische Sühneaktion reagiert. Das Trinken an der Brust aber bleibt das strahlende Vorbild der unausbleiblichen, verzeihenden Liebeszuwendung. Es ist gewiß kein Zufall, daß die stillende Madonna mit dem Kind zum Sinnbild einer mächtigen Religion und durch ihre Vermittlung zu dem einer ganzen Epoche unserer abendländischen Kultur geworden ist. Ich meine, die Zurückführung des Sinnzusammenhanges Schuld-Sühne-Verzeihung auf die frühinfantile Erlebnisreihe Wut-Hunger-Trinken an der Burst erklärt uns das Rätsel, warum die Hoffnung auf Absolution und Liebe die vielleicht mächtigste Bildung ist, die wir in den höheren Schichten des menschlichen Seelenlebens antreffen« (a. a. O., S. 445f.). Die Untersuchung Radós macht den Zusammenhang zwischen der Phantasie vom leidenden Jesus und der vom Jesuskinde an der Mutterbrust erst ganz verständlich. Beide Phantasien sind Ausdruck des Wunsches nach Verzeihung und Sühne. In der Phantasie vom gekreuzigten Jesus wird die Verzeihung erlangt durch passive, sich selbst kasteiende Unterwerfung unter den Vater, in der Phantasie vom Jesuskinde an der Brust der Madonna fehlt das masochistische Moment, an die Stelle des Vaters ist die Mutter getreten, die, indem sie das Kind stillt, Verzeihung und Sühne gewährt. Dasselbe beglückende Gefühl liegt im unbewußten Sinn des homo-ousianischen Dogmas, der Phantasie von dem im Mutterleib geborgenen Kinde.

In dieser Phantasie der großen verzeihenden Mutter liegt der Höhepunkt der Befriedigung, die das katholische Christentum der Phantasie der Massen zu bieten hatte. Je mehr die Massen litten, je mehr ihre reale Situation der des leidenden Jesus glich, desto mehr konnte und mußte in der Phantasie neben die Figur des leidenden Jesus die des seligen Säuglings treten, desto mehr aber mußten die Menschen zu einer passiven infantilen Haltung regredieren. Diese Haltung schloß die aktive Empörung gegen die Herrschenden aus, sie war die seelische Verfassung, wie sie dem Menschen der ständisch aufgebauten mittelalterlichen Gesellschaft entsprach, der sich in einer oralen Abhängigkeit von den Herrschenden befand und erwartete, von ihnen sein Nahrungsminimum zu erhalten, und für den das Hungern ein Beweis seiner Sünde war.

5
Die Wandlungen des Dogmas bis zum Nizänischen Konzil

Wir haben bisher den Wandel der Vorstellungen von Christus und seinem Verhältnis zu Gott-Vater in ihrem Anfangs- und Endpunkt, dem urchristlichen Glauben und dem Nizänischen Dogma verfolgt und aufzuzeigen versucht, welches die Motive für die dogmatischen Veränderungen waren. Diese Entwicklung hat aber viele Zwischenstufen gehabt, die durch die verschiedenen bis zum Nizänischen Konzil erfolgenden Dogmenformeln charakterisiert sind, und diese dogmatische Entwicklung verläuft ebenso in Gegensätzen und ist ebenso nur dialektisch zu verstehen wie die allmähliche Entwicklung des Christentums von einer revolutionären in eine staatsbejahende Religion. Den Nachweis zu erbringen, daß die einzelnen Stationen der dogmatischen Entwicklung jenen der sozialen und psychischen Veränderung der Christen entsprechen, d. h., daß die verschiedenen dogmatischen Formulierungen jeweils einer ganz bestimmten Schicht und ihren Bedürfnissen entsprechen, so wie dieser Nachweis für den Anfangs- und vorläufigen Endpunkt der dogmatischen Entwicklung zu führen versucht worden ist, ist Aufgabe einer besonderen Arbeit. Die Grundzüge sollen jedoch hier angedeutet werden.

Das zweite christliche Jahrhundert, d. h. das Christentum, das bereits mit dem »Revisionismus« begonnen hat, ist charakterisiert durch einen Zweifrontenkrieg, wie er sich aus der von uns oben ausführlich geschilderten Situation mit Notwendigkeit ergab: Es mußten einerseits die revolutionären Tendenzen, die an den verschiedensten Stellen immer noch mit einiger Gewalt aufflackerten, unterdrückt werden, anderseits aber auch solche Tendenzen, die die Verweltlichung und »Verbürgerlichung« allzu schnell vornehmen wollten, schneller als es die soziale Entwicklung zuließ. Nur ein langsamer, allmählicher Weg konnte die Masse von der Hoffnung auf einen revolutionären Jesus zum Glauben an einen staatsbejahenden führen. Der stärkste Ausdruck der alten urchristlichen Tendenzen war der Montanismus. Der Montanismus, ursprünglich das gewaltsame Unternehmen eines phrygischen Propheten Montanus in der zweiten Hälfte des zweiten Jahrhunderts, war die Reaktion gegen die Verweltlichung des Christentums und suchte den altchristlichen Enthusiasmus wieder herzustellen. Montanus wollte die Christen aus ihren bürgerlichen Verhältnissen herausführen und mit seinen Anhängern ein neues, weltabgeschiedenes Gemeinwesen gründen, das sich auf das Herabfahren des »oberen Jerusalems« vorbereiten sollte. Der Montanismus war ein Aufflackern der urchristlichen Stimmung, aber der Wandlungsprozeß des Christentums war schon so weit fortgeschritten, daß diese revolutionäre Strömung von seinen offiziellen Autoritäten als Ketzerei bekämpft wurde und diese sich zum Büttel des römischen Staates machten. (Das Verhalten Luthers zu den aufständischen Bauern und den Wiedertäufern enthält manche Vergleichspunkte.)

Die Gnostiker dagegen, die intellektuellen Vertreter des wohlhabenden hellenistischen Bürgertums, drängten auf einen »akuten Verlauf des Prozesses«, »der in der Kirche schon früher begonnen und im katholischen System eine langsame und gewisse Verwirklichung gefunden hatte« (A. v. Harnack, 1909, S. 63). Der Gnostizismus, nach Harnack der Versuch einer »akuten Verweltlichung« des Christentums, antizipiert eine Entwicklung, die hundertfünfzig Jahre länger dauern mußte, und deshalb wurde er zu jenem Zeitpunkt ebenso von der offiziellen Kirche bekämpft wie der Montanismus; aber nur eine undialektische Auffassung kann übersehen, daß der Kampf der Kirche gegen den Montanismus und gegen den Gnostizismus einen ganz verschiedenen Charakter trug: Der Montanismus wurde bekämpft, weil er eine bereits überwundene und für die nun das Christentum führenden Herren gefährliche Stimmung wieder aufflackern ließ, der Gnostizismus, weil er das Gewünschte allzu schnell und plötzlich durchsetzen wollte, weil er das Geheimnis der kommenden christlichen Entwicklung rascher aussprach, als es das Bewußtsein der Massen schon ertragen konnte. Die gnostischen Glaubensvorstellungen, speziell die christologischen und eschatologischen, entsprechen ganz den Erwartungen, die wir nach der bisher geführten Untersuchung über den sozialpsychologischen Hintergrund der dogmatischen Entwicklung an sie stellen müssen. Es wundert uns nicht, daß der Gnostizismus die gesamte urchristliche Eschatologie und speziell die Wiederkunft Christi und Auferstehung des Fleisches leugnet und von der Zukunft nur die Befreiung des Geistes von der sinnlichen Hülle erwartet. Dieser völlige Verzicht auf die Eschatologie, die sich im Katholizismus hundertfünfzig Jahre später durchgesetzt hat, war damals noch verfrüht, und eschatologische Vorstellungen wurden von den Apologeten, die im übrigen sich schon viel weiter von der urchristlichen Auffassung entfernt hatten, als ein »archaischer« (Harnack), aber damals zur Befriedigung der Masse notwendiger Rest, noch ideologisch aufrechterhalten. Mit dem Verzicht auf die Eschatologie, d. h. auf die Hoffnung auf eine sich real, historisch vollziehende Befreiung und Erlösung der Menschen, hängt eng eine andere Lehre des Gnostizismus zusammen: die von der Verschiedenheit des höchsten Gottes vom Weltschöpfer und die Behauptung, »daß die gegenwärtige Welt aus einem Sündenfall, respektive aus einem widergöttlichen Unternehmen entstanden, und daher das Produkt eines bösen oder mittleren oder schwachen Wesens sei« (A. v. Harnack, 1909, S. 74). Der Sinn dieser These ist klar: Wenn die Schöpfung, d. h. die historische Welt, wie sie ihren Ausdruck im gesellschaftlichen und politischen Leben findet, von Anfang an schlecht ist, wenn sie von einem mittleren oder schwächlichen Gott geschaffen ist, dann kann sie ja gar nicht erlöst werden, dann müssen ja die urchristlich-eschatologischen Hoffnungen falsch und unbegründet sein, und dies gerade ist es, was jene den Gnostizismus produzierende Gesellschaftsschicht beweisen wollte und mußte. Sie verzichtet auf die reale, kollektive Veränderung und Erlösung der Menschheit und stellt dafür ein individuelles Ideal der Erkenntnis auf, wobei sie die Menschen in religiöser und geistiger Hinsicht ebenso in feste und gegebene Klassen und Kasten einteilt, wie sie das in gesellschaftlicher und wirtschaftlicher Hinsicht als gut und gottgegeben ansah. Sie teilt die Menschen ein in Pneumatiker, die die höchste Seligkeit genießen, Psychiker, die nur einer minderen teilhaftig werden, und Hyliker, die ganz dem Untergang verfallen sind, was einen Verzicht auf kollektive Erlösung und eine Bejahung der klassenmäßigen Schichtung der Gesellschaft bedeutet, wie sie der Katholizismus in seiner späteren Trennung zwischen Laien und Priestern beziehungsweise dem Leben der gemeinen Masse und dem Mönchsleben durchgeführt hat.

Welches war nun die Vorstellung dieser Gnostiker von Jesus und seinem Verhältnis zu Gott-Vater. Sie lehrten, »daß man in Jesus Christus ... den himmlischen Äon Christus und die menschliche Erscheinung desselben stark unterscheiden und jeder ›Natur‹ ein *›distincte agere‹* beilegen müsse beziehungsweise die Theorie des Doketismus. Von den Gnostikern nahmen die einen, wie Basilides, überhaupt keine wirkliche Vereinigung zwischen Christus und dem Menschen Jesus an, den sie übrigens für einen Menschen hielten; vielmehr sei die Vereinigung eine ganz vorübergehende gewesen: Der Mensch Jesus habe nur eine Zeitlang die gleichgültige Basis für den Äon Christus gebildet; dieser habe sich bereits vor der Kreuzigung von dem Menschen Jesus wieder getrennt. Die anderen, wie ein Teil der Valentinianer ... und der Marcionschüler Apelles lehrten, daß der Leib Jesu ein himmlisches beziehungsweise ein psychisches Gebilde gewesen und nur scheinbar dem Schoß der Maria entstammte (d. h. nur durch ihn hindurchgegangen) sei. Die Dritten endlich, wie Satornil (ähnlich Marcion) erklärten, daß die ganze sichtbare Erscheinung Christi Phantasma gewesen sei, und stellten konsequent die Geburt Christi in Abrede« (A. v. Harnack, 1909, S. 74f.).

Was ist der Sinn dieser Vorstellungen? Das Entscheidende ist, daß die ursprüngliche christliche Vorstellung, daß ein wirklicher Mensch zum Gott wird, deren vaterfeindlichen und revolutionären Charakter wir nachgewiesen haben, eliminiert wird. Die verschiedenen gnostischen Richtungen sind nur Ausdruck der verschiedenen Möglichkeiten dieser Eliminierung. Allen ist gemeinsam zu leugnen, daß Christus ein wirklicher Mensch gewesen sei, und damit die Unantastbarkeit des Vater-Gottes zu behaupten. Auch der Zusammenhang mit den Erlösungsvorstellungen ist klar. So wenig wie diese von Natur aus schlechte Welt eine gute werden kann, so wenig konnte ein wirklicher Mensch ein Gott werden, d. h. so wenig ist an der bestehenden gesellschaftlichen Situation etwas zu ändern. Es ist ein Mißverständnis zu glauben, daß die These der Gnostiker, daß der alttestamentische Schöpfergott nicht der höchste, sondern ein minderwertiger Gott, ein Ausdruck besonders vaterfeindlicher Tendenzen sei. Sie mußten ja eben gerade deshalb die Minderwertigkeit des Schöpfergottes behaupten, um die These von der Unwandelbarkeit der Welt und der menschlichen Gesellschaft zu beweisen, und diese Behauptung war deshalb für sie kein Ausdruck vaterfeindlicher Regungen, weil es sich für sie ja – im Gegensatz zu den ersten Christen – um den ihnen fremden Judengott Jahwe handelt, den zu respektieren für diese Griechen kein Anlaß und den zu entthronen für sie keinen besonderen Aufwand an vaterfeindlichen Regungen nötig machte oder voraussetzte.

Die katholische Kirche, die den Montanismus als schädlichen Rest, den Gnostizismus als voreilige Antizipierung des Kommenden bekämpfte, ging schrittweise, aber stetig ihren Weg bis zur endgültigen Erreichung ihres Zieles im vierten Jahrhundert. Die Apologeten sind die theoretischen Schrittmacher dieser Entwicklung. Sie schaffen Dogmen – dieser Begriff im technischen Sinne wurde zuerst von ihnen angewendet –, in denen die veränderte Einstellung zu Gott und Gesellschaft zum Ausdruck kam. Allerdings nicht so radikal wie es im Gnostizismus der Fall war: So wurde schon oben darauf hingewiesen, daß sie an den eschatologischen Vorstellungen festhielten und damit noch eine Brücke mit dem Urchristentum aufrechterhielten. Ihre Lehre von Jesus und seinem Verhältnis zu Gott-Vater aber ist dem gnostischen Standpunkt eng verwandt und enthält den Kern des Nizänischen Dogmas. Sie wenden sich an die Gebildeten und versuchen, ihnen das Christentum als höchste Philosophie darzustellen. »Sie haben damit das Christentum rational gemacht und es auf eine Formel gebracht, die dem *common sense* aller ernst Denkenden und Vernünftigen des Zeitalters (d.h. der herrschenden und besitzenden Schicht, E.F.) entsprach.« (A.v. Harnack, 1909, S. 113)

Wenn die Apologeten auch nicht lehren, daß die Materie etwas Schlechtes ist, so haben sie dennoch Gott nicht zum direkten Urheber der Welt gemacht, sondern die göttliche Vernunft personifiziert und zwischen Gott und Welt geschoben. Eine These, die, wenn auch weniger radikal als die entsprechende gnostische, doch dieselbe, oben dargestellte, gegen die historische Erlösung gerichtete Tendenz hat. Der Logos, von Gott zum Zwecke der Schöpfung aus sich herausgesetzt und durch einen freiwilligen Akt gezeugt, ist für sie der Sohn Gottes. Er ist einerseits nicht von Gott abgetrennt, sondern das Ergebnis der Selbstentfaltung Gottes. Anderseits ist er Gott und Herr, seine Persönlichkeit hat einen Anfang genommen, ist Kreatur Gott gegenüber, aber die Subordination liegt nicht in seinem Wesen, sondern in der Organisation.

Diese Logoschristologie der Apologeten ist im Kern identisch mit dem Nizänischen Dogma. Die adoptianische, vaterfeindliche These von dem Menschen, der Gott geworden ist, ist beseitigt, und Jesus ist der präexistente eingeborene Sohn Gottes, eines Wesens mit ihm und doch ein zweiter neben ihm. Die Deutung, die wir für dieses Kernstück des Nizänischen Dogmas gegeben haben, gilt also im wesentlichen schon für die Logoschristologie, die eben damit zum entscheidenden Wegbereiter des neuen katholischen Christentums geworden ist.

»Die Einbürgerung der Logoschristologie in den Glauben der

Kirche ... bedeutete die Umwandlung des Glaubens in eine Glaubenslehre mit griechisch-philosophischem Gepräge; sie schob die alten eschatologischen Vorstellungen zurück, ja verdrängte sie; sie setzte hinter den Christus der Geschichte einen begrifflichen Christus, ein Prinzip, und wandelte den geschichtlichen in eine ›Erscheinung‹; sie wies den Christen auf ›Naturen‹ und auf naturhafte Größen, statt auf die Person und das Sittliche; sie gab dem Glauben der Christen definitiv die Richtung auf die Kontemplation von Ideen und Lehrsätzen und bereitete damit das mönchische Leben einerseits, das bevormundete Christentum der unvollkommenen, tätigen Laien anderseits vor; sie legitimierte hundert Fragen der Kosmologie und der Weltwissenschaft als kirchliche und verlangte bei Verlust der Seligkeit eine bestimmte Antwort; sie führte dazu, daß man statt Glauben vielmehr Glauben an den Glauben predigte und verkümmerte die Religion, indem sie sie scheinbar erweiterte. Aber indem sie den Bund mit der Weltwissenschaft perfekt machte, gestaltete sie das Christentum zur Welt-, freilich auch zur Allerweltsreligion und bereitete die Tat Konstantins vor« (A. v. Harnack, 1909, S. 154f.).

In der Logoschristologie ist somit der Kern des endgültigen christlich-katholischen Dogmas geschaffen. Ihre Anerkennung und Einbürgerung geht aber nicht ohne einen heftigen Kampf gegen Glaubensvorstellungen vor sich, die ihr widersprachen und hinter denen sich die letzten Reste der urchristlichen Anschauung und urchristlichen Stimmung verbargen. Man hat diese Vorstellung als Monarchianismus bezeichnet (zuerst Tertullian); man kann innerhalb des Monarchianismus zwei Richtungen unterscheiden: die adoptianische und die modalistische. Der adoptianische Monarchianismus ging von der menschlichen Person Jesus aus, die zum Gott wurde. Der modalistische hielt Jesus nur für eine Erscheinung Gott-Vaters und nicht für einen Gott neben ihm. Monarchianisch sind beide Richtungen deshalb, weil sie die Monarchie Gottes behaupten, die eine, indem ein Mensch von göttlichem Geist erfüllt ist, aber Gott als einziger unangetastet bleibt, die andere, indem der Sohnes-Gott nur eine Erscheinungsform des Vater-Gottes ist und auch so wiederum die Monarchie Gottes aufrechterhalten wird. Sosehr sich scheinbar die beiden Ausläufer des Monarchianismus widersprechen, so wenig bestand in Wirklichkeit ein schroffer Gegensatz. Harnack weist darauf hin, daß beide scheinbar so entgegengesetzten Ansichten vielfach ineinander übergehen, und die psychoanalytische Deutung macht uns die innere Verwandtschaft beider monarchianischen Richtungen völlig verständlich. Es wurde oben ausführlich darüber gesprochen, daß der unbewußte Sinn der adoptianischen Vorstellung der Wunsch nach Beseitigung des Vater-Gottes ist; wenn ein Mensch Gott werden kann und zur Rechten Gottes thront, so ist in Wirklichkeit damit Gott entthront. Dieselbe vaterfeindliche Tendenz ist aber auch im modalistischen Dogma deutlich; wenn Jesus nur eine Erscheinungsform Gottes war, so ist ja Gott-Vater selber gekreuzigt worden, hat gelitten und ist gestorben (man bezeichnete diese Ansicht geradezu als Patripassianismus). In dieser modalistischen Auffassung ist eine deutliche Verwandtschaft mit den alten vorderorientalischen Mythen vom sterbenden Gott (Attis, Adonis, Osiris) erkennbar, von deren unbewußt Vater-Gott feindlichem Sinn schon gesprochen wurde.

Es ist also gerade umgekehrt, wie eine die psychische Situation der das Dogma tragenden Menschen vernachlässigende Deutung annehmen würde: Der Monarchianismus, der adoptianische wie der modalistische, bedeutet in Wirklichkeit nicht eine gesteigerte Verehrung Gottes, sondern das Gegenteil, den Wunsch nach seiner Beseitigung, der sich in der Vergöttlichung eines Menschen oder in der Kreuzigung Gottes selber ausdrückt. Nach allem bisher Gesagten ist es auch völlig verständlich, wenn Harnack als eine der wesentlichen Gemeinsamkeiten beider modalistischen Richtungen die Tatsache betont, daß beide die heilsgeschichtliche Auffassung der Person Christi gegenüber der naturgeschichtlichen vertreten. Wir haben ja gesehen, daß die heilsgeschichtliche Auffassung, d.h. die Vorstellung vom wiederkehrenden, ein neues Reich gründenden Jesus ein wesentliches Stück des urchristlichen, revolutionären, vaterfeindlichen Glaubens war, und wir sind also nicht überrascht, diese Auffassung auch bei den beiden monarchianischen Richtungen zu finden, deren Verwandtschaft mit der urchristlichen Lehre wir aufgezeigt haben. Wir sind auch nicht darüber überrascht, wenn Tertullian und Origines bezeugen, daß die Masse des christlichen Volkes monarchianisch denke, und verstehen, daß der Kampf gegen den Monarchianismus beider Richtungen ein wesentlicher Ausdruck des Kampfes gegen die in der Masse noch wurzelnden Vater-Gott- und staatsfeindlichen Tendenzen war.

Wir übergehen die einzelnen Schattierungen innerhalb der

dogmatischen Entwicklung und kommen zur großen Auseinandersetzung, die auf dem Nizänischen Konzil einen vorläufigen Abschluß fand: zum Streit zwischen Arius und Athanasius. Arius lehrt, daß Gott der einzige ist, neben dem es keinen anderen gibt, und daß sein Sohn eine seinem Wesen nach selbständige, dem Vater völlig verschiedene Größe ist. Er hat weder ein Wesen mit dem Vater noch die gleiche Naturbeschaffenheit, er ist nicht wahrhaftiger Gott und er hat göttliche Eigenschaften nur als erworbene und nur teilweise; weil er nicht ewig ist, ist auch seine Erkenntnis nicht vollkommen. Ihm gebührt daher nicht die gleiche Ehre wie dem Vater. Aber er ist vor der Weltzeit als Werkzeug zur Schöpfung der übrigen Kreaturen von Gott aus seinem Willen als selbständiges Wesen geschaffen. Athanasius stellt den Sohn als zu Gott gehörig der Welt gegenüber. Er ist gezeugt aus dem Wesen Gottes, d. h. er hat vollkommen Teil an der ganzen Natur des Vaters, hat ein und dasselbe Wesen mit dem Vater gemein und bildet mit ihm eine strenge Einheit.

Unschwer erkennen wir hinter dem Gegensatz zwischen Arius und Athanasius den alten Streit zwischen der monarchianistischen Auffassung und der Logoschristologie der Apologeten (wenn auch Athanasius im einzelnen die alte Logoslehre durch neue Formulierungen ersetzt), den Kampf also zwischen der Vater-Gott feindlichen, revolutionären Strömung und der »revisionistischen« Vater-Gott- und staatsbejahenden, auf kollektive und historische Befreiung verzichtenden Strömung, die im vierten Jahrhundert, als das Christentum die offizielle Religion des römischen Imperiums wird, endgültig gesiegt hat. Arius, ein Schüler Lucians, der seinerseits ein Schüler Pauls von Samosata, eines der hervorragendsten Vertreter des Adoptianismus, war, vertrat den Adoptianismus nicht mehr in seiner reinen ursprünglichen Form, sondern schon untermischt mit Elementen der Logoschristologie. Das konnte auch nicht anders sein, denn die Entwicklung des Christentums in der Richtung vom urchristlichen Enthusiasmus weg auf die katholische Kirche hin hatte schon solche Fortschritte gemacht, daß der alte Gegensatz nur noch in der Sprache, gleichsam auf dem Territorium der kirchlichen Anschauungen ausgekämpft werden konnte. Wenn der Streit zwischen Athanasius und Arius sich scheinbar um eine kleine Differenz (ob Gott und sein Sohn wesenseins oder wesensgleich seien, *homo-ousios* oder *homoiousios*) drehte, so war die Kleinheit dieser Differenz eben die

Folge des schon fast völligen Sieges über die urchristlichen Tendenzen, aber hinter diesem Kampf steckt nichts anderes als der Kampf zwischen den vaterfeindlichen revolutionären Tendenzen und den vaterfreundlichen reaktionären. Das arianische Dogma war eine der letzten Zuckungen der urchristlichen Bewegung; der Sieg des Athanasius war die Besiegelung der Niederlage der Religion und der Hoffnungen der kleinen Bauern, Handwerker und Proletarier Palästinas.

Wir haben nun in großen Zügen zu zeigen versucht, wie die einzelnen Etappen der dogmatischen Entwicklung charakterisiert sind durch die gesamte Richtung der Entwicklung vom urchristlichen Glauben bis zum Nizänischen Dogma. Es wäre eine reizvolle Aufgabe, die wir uns an dieser Stelle versagen müssen, ähnlich, wie wir das oben für die Anfangs- und Endsituation getan haben, auch die reale Lebenssituation der Gruppen, die hinter den einzelnen Etappen der dogmatischen Entwicklung standen beziehungsweise sie vertraten, aufzuzeigen – also auch etwa die Frage zu untersuchen, warum gerade neun Zehntel des Orients und die Germanen am Arianismus hingen. So viel aber glauben wir gezeigt zu haben, daß auch die einzelnen Etappen der dogmatischen Entwicklung so wie Anfangs- und Endpunkt aus der Veränderung der realen Situation der Gesellschaft beziehungsweise der Christen zu verstehen ist.

6
Ein anderer Deutungsversuch

Welches sind die methodischen und die sich daraus ergebenden inhaltlichen Differenzen zwischen dieser Arbeit und Theodor Reiks Arbeit ›Dogma und Zwangsidee‹, die den gleichen Gegenstand behandelt?

Reik geht folgendermaßen methodisch vor: Gegenstand seiner Untersuchungen ist das Dogma und speziell das christologische Dogma. Indem er sich »bemüht, die Parallele zwischen Religion und Zwangsneurose fortzuführen und den Zusammenhang beider Erscheinungen an einzelnen Beispielen zu zeigen, [will er] besonders an einem repräsentativen Beispiel darzulegen versuchen, daß das religiöse Dogma in der Entwicklungsgeschichte der Menschheit der neurotischen Zwangsidee entspricht, mit anderen Worten, daß es der bedeutsamste Ausdruck des Zwangsdenkens der Völker ist. [Er will] ferner zeigen, daß die psychischen Vorgänge, welche zur Konstituierung und Entwicklung des Dogmas führen, durchaus den seelischen Mechanismen des Zwangsdenkens folgen, daß dieselben Motive hier wie dort vorherrschen [und ferner], daß in der Dogmenbildung dieselben Abwehrtechniken benützt werden wie in den Zwangsvorgängen beim einzelnen« (Th. Reik, 1927, S. 249 und 280).

Welches ist der Weg, auf dem Reik zu seiner These von der grundsätzlichen Analogie zwischen Zwangsidee und Dogma kommt?

Zunächst erwartet er ja auf Grund seiner Vorstellung von der Analogie zwischen Religion und Zwangsneurose diese Übereinstimmung in allen Einzelheiten beider Phänomene, also auch zwischen dem religiösen Denken und dem Zwangsdenken, zu finden. Er wendet sich dann der dogmatischen Entwicklung zu und sieht, wie sie sich in der Linie eines dauernden Streitens um kleine Abweichungen vollzieht, und es liegt nun nahe, diese auffallende Ähnlichkeit zwischen der dogmatischen Entwicklung und dem Zwangsdenken als Beweis für die Identität beider Erscheinungen anzusehen und so das Unbekannte durch das Bekannte zu erklären, d. h. die Dogmenbildung als nach denselben Gesetzen erfolgend zu verstehen, nach denen das zwangsneurotische Denken vor sich geht. Die Annahme einer inneren Verwandtschaft beider Phänomene wird noch dadurch verstärkt, daß gerade beim Christusdogma das Verhältnis zu Gott-Vater beziehungsweise die Tatsache der Ambivalenz eine auffallende und besondere Rolle spielt.

In der methodischen Einstellung Reiks stecken einige Voraussetzungen, die von ihm nicht explizit genannt werden, deren Hervorhebung zur Kritik seiner Methode aber notwendig ist. Die wichtigste ist die folgende: Weil sich die Religion, in diesem Fall das Christentum, als eine Einheit auffaßt und darstellt, wird auch auf ein einheitliches Subjekt als Träger dieser Religion zurückgeschlossen und die Masse so behandelt, als wäre sie ein Mensch, ein Individuum. So wie die organizistische Soziologie die Gesellschaft als lebendiges Wesen aufgefaßt hat und die einzelnen Gruppen innerhalb der Gesellschaft als die verschiedenen Teile eines Organismus verstand, also von den Augen, der Haut, dem Kopf usw. der Gesellschaft gesprochen hat, hat Reik eine solche organizistische Auffassung – nicht im anatomischen, sondern im psychologischen Sinne. Zu dieser Vorstellung kommt aber noch eine weitere hinzu: Er versucht nicht, die Massen, deren Einheitlichkeit er voraussetzt, in ihrer realen Lebenssituation zu untersuchen (diese Untersuchung würde allerdings rasch die Unrichtigkeit der These von ihrer Einheitlichkeit erweisen), sondern er bleibt bei den Ideen und Ideologien stehen, die von den Massen produziert werden, ohne sich wesentlich um deren reale Träger, die lebendigen Menschen und ihre psychische Situation im Konkreten zu kümmern. Er läßt nicht die Ideologien verstehen als Produkte von Menschen, sondern er rekonstruiert die Menschen aus den Ideologien. Seine Methode ist infolgedessen in unserem Fall eine reine dogmengeschichtliche und nicht, wie es andernfalls wäre, ebensosehr eine religions- und sozialgeschichtliche. So ist sie nicht nur verwandt mit der organizistischen Soziologie, sondern ebensosehr mit einer extremen ideengeschichtlich orientierten Religionsforschung, zu deren Überwindung man Ansätze sogar schon bei manchen Vertretern der theologischen Forschungsrichtung vorfindet (z. B. bei A. v. Harnack). Reik verfällt in seiner Methode gerade dem extremen theologischen Standpunkt, den er im Inhaltlichen bewußt und explizit so stark bekämpft und ablehnt. Dieser kirchliche Standpunkt behauptet ja gerade die Einheit der Religion, ja der Katholizismus sogar ihre Unwandelbarkeit, und wenn man das Christentum analysiert, als wäre es ein lebendiges Individuum, so befindet man sich tatsächlich methodisch am nächsten diesem katholisch-orthodoxen Standpunkt. Die Gemeinsamkeit beider Standpunkte ist am tiefsten begründet in der Auffassung der Unveränderlichkeit und Nichtentwicklung des Menschen in der Geschichte. Durch diese metaphysische Voraussetzung, die Reik mit der katholischen Kirche teilt, wird die innere Verwandtschaft seiner Methode mit der kirchlichen hergestellt.

Die oben besprochene methodische Differenz ist gerade für die Untersuchung des christlichen Dogmas von besonderer Bedeutung, weil es für den Begriff der Ambivalenz, der im Mittelpunkt der Reikschen Arbeit steht, von entscheidender Bedeutung ist, ob die Voraussetzung eines einheitlichen Subjektes, über die aber erst nach der bei Reik fehlenden Untersuchung der realen psychischen, sozialen und wirtschaftlichen Situation, der »psychischen Oberfläche« der Gruppe entschieden werden kann, zutrifft oder nicht. Diese Arbeit hat zu zeigen versucht, daß diese Voraussetzung für das Christentum jener Epoche falsch ist. Wenn das so ist, so würde die Anwendung des Begriffs der Ambivalenz im Sinne Reiks natürlich auch hinfällig werden. Von einer Ambivalenz kann ja nur da gesprochen werden, wo es sich um den Konflikt von Triebregungen innerhalb *eines* Individuums oder einer Gruppe relativ gleichartiger Individuen handelt. Wenn ein Mensch einen anderen gleichzeitig liebt und haßt, kann von einer Ambivalenz die Rede sein. Wenn aber von zwei Menschen der eine einen dritten liebt, der andere ihn haßt, so sind sie Gegner; man kann analysieren, warum der eine liebt und der andere haßt (wobei sich herausstellen mag, daß bei jedem auch noch ein Stück der jeweils entgegengesetzten Triebregung aufzufinden ist), aber es wäre verwirrend, von einer »Ambivalenz« der von diesen beiden Personen gebildeten Gruppe zu reden. Wenn wir innerhalb einer Gruppe auf das gleichzeitige Vorhandensein entgegengesetzter Impulse treffen, so kann erst das Eindringen in die reale Situation dieser Gruppe zeigen, ob hinter ihrer relativen Einheitlichkeit sich nicht verschiedene Untergruppen mit verschiedenen psychischen Situationen bekämpfen und sich die scheinbare Ambivalenz als ein einfacher Kampf verschiedener Untergruppen entpuppt. Ein Beispiel soll das illustrieren: Nehmen wir an, in einigen hundert oder tausend Jahren würde ein psychoanalytischer Forscher, der nach der Reikschen Methode vorgeht, beim Studium der politischen Geschichte Deutschlands nach der Revolution von 1918 auf den Flaggenstreit stoßen. Er würde feststellen, daß es im deutschen Volk solche gab, die schwarz-weiß-rot als Flagge wollten, andere, die schwarz-rot-gold forderten, wieder andere, die rot verlangten, und daß es dann zu einer Einigung kam, bei der man eine Flagge schwarz-rot-gold und eine andere schwarz-weiß-rot mit einer schwarz-rot-goldenen Ecke zu machen beschloß. Der von uns eben phantasierte Analytiker würde zunächst die Rationalisierungen durchschauen, wie etwa die, daß man schwarz-weiß-rot behalten müsse, weil diese Farben auf dem Meer besser sichtbar seien als schwarz-rot-gold, er würde darstellen, welche Bedeutung in diesem Streit die Einstellung zum Vater (Monarchie oder Republik) hat, und er würde in diesem Flaggenstreit dann weiter eine Analogie zum Denken zwangsneurotischer Kranker entdecken. Er würde Beispiele anführen können, wo gerade der Zweifel, welche Farbe die richtige sei (Reiks Beispiel von dem Patienten, der über die weiße oder schwarze Krawatte grübelt, würde hierher vorzüglich passen), getragen ist vom Konflikt der ambivalenten Triebregungen, kurz, er würde in dem Hin und Her über die Farbe der Flagge und in dem schließlichen Flaggenkompromiß ein dem Zwangsdenken analoges und von denselben Ursachen bedingtes Phänomen erblicken. Niemand, der die realen Verhältnisse überschaut (und auch der spätere Forscher, soweit er seine Aufmerksamkeit nicht in erster Linie den konkurrierenden Flaggenlosungen, sondern den dahinterstehenden Menschen zuwenden wird) wird bezweifeln, daß der Analogieschluß falsch wäre. Es ist vielmehr klar, daß es ganz verschiedene Gruppen mit verschiedenen rationalen und affektiven Interessen sind, die miteinander im Kampf liegen, daß der Kampf um die Flagge ein Kampf zwischen seelisch und wirtschaftlich verschieden eingestellten Gruppen ist, daß es sich um alles andere als um einen »Ambivalenzkonflikt« handelt und daß der Kompromiß nicht der Ausgang eines Ambivalenzkonfliktes ist, sondern der rationale Ausgleich verschiedener Ansprüche der miteinander ringenden Gruppen.

Welche inhaltlichen Differenzen ergeben sich aus der methodischen Differenz? Es stellt sich heraus, daß sowohl in der Deutung des Inhalts des Christusdogmas die verschiedenen Methoden teilweise zu entgegengesetzten Auffassungen führen, als auch, daß wir in der psychologischen Bewertung des Dogmas als solchem nicht zu den Ergebnissen von Reik kommen können.

Der Ausgangspunkt, die Deutung des urchristlichen Glaubens als Ausdruck der vaterfeindlichen Tendenz, ist gemeinsam.

In der Deutung der weiteren dogmatischen Entwicklung aber kommen wir gerade zum umgekehrten Ergebnis wie Reik. Reik faßt den Gnostizismus als eine Richtung auf, in der sich die rebellischen Regungen, welche die Sohnesreligion des Christentums trugen, bis zum Extrem, bis zur Degradierung des Vater-Gottes ausgeprägt haben. Wir haben oben zu zeigen versucht, daß der Gnostizismus gerade umgekehrt die vaterfeindlichen, revolutionären Tendenzen des Christentums ausgemerzt hat. Der Irrtum Reiks scheint uns darin begründet, daß er, seiner Methode entsprechend, nur die gnostische Formel von der Absetzung des jüdischen Vater-Gottes beachtet, anstatt den Gnostizismus im ganzen zu untersuchen, in dessen System jener jahwefeindlichen Formel eine ganz andere Bedeutung zukommt. Zu ebenso entgegengesetzten Resultaten führt die Deutung der weiteren dogmatischen Entwicklung. Reik sieht in der Lehre von der Präexistenz Jesu den Sieg und die Durchsetzung der ursprünglichen vaterfeindlichen Tendenz. Wir glaubten gerade im Gegensatz dazu zeigen zu können, daß in der Idee der Präexistenz Jesu die ursprünglich vaterfeindliche Tendenz (ein Mensch wird zu Gott) durch eine entgegengesetzte harmonisierende ersetzt ist. Wir sehen, daß die psychoanalytische Deutung hier zu zwei ganz entgegengesetzen Auffassungen vom unbewußten Sinn der verschiedenen dogmatischen Formulierungen führt. Dieser Gegenseatz beruht sicherlich nicht auf irgendeiner Differenz in den psychoanalytischen Voraussetzungen als solchen. Er beruht allein auf der Differenz in der Methode der Anwendung der Psychoanalyse auf sozialpsychologische Erscheinungen. Die Ergebnisse, zu denen wir kommen, scheinen uns deshalb richtig zu sein, weil sie nicht wie bei Reik aus der Deutung der isolierten und verabsolutierten religiösen Formel stammen, sondern aus der Untersuchung dieser Formel in ihrem Zusammenhang mit der realen Lebenssituation der sie tragenden Menschen.

Nicht geringer ist der sich aus der gleichen methodischen Differenz ergebende Gegensatz in der Auffassung der psychologischen Bedeutung des Dogmas an sich. Reik sieht im Dogma den bedeutendsten Ausdruck des Zwangsdenkens der Völker und will zeigen, »daß die psychischen Vorgänge, welche zur Konstituierung und Entwicklung des Dogmas führen, durchaus den seelischen Mechanismen des Zwangsdenkens folgen, daß dieselben Motive hier wie dort vorherrschen« (Th. Reik, 1927, S. 280). Die Entwicklung des Dogmas sieht er bedingt durch die

Ambivalenz zum Vater. Die vaterfeindlichen Strebungen finden für ihn ihren ersten Höhepunkt im Gnostizismus, die Apologeten versuchen eine Abwehr, in der Logoschristologie kommt das unbewußte Ziel der Ersetzung Gott-Vaters durch Christus am deutlichsten zum Ausdruck, doch wird die völlige Durchsetzung der unbewußten Triebregungen durch starke Abwehrkräfte verhindert. Ebenso wie in der Zwangsneurose bald die eine, bald die andere von zwei entgegengesetzen Tendenzen die Oberhand gewinnt, so scheint es Reik auch in der dogmatischen Entwicklung zu sein, deren Ablauf für ihn durch die Gesetzmäßigkeit der Aktions- und Reaktionserscheinungen in einem psychischen Subjekt begründet liegt. Wir haben oben ausführlich darauf hingewiesen, wo der Irrtum Reiks liegt. Er übersieht vollkommen, daß das psychologische Subjekt hier nicht ein Mensch ist, aber auch noch nicht einmal eine Gruppe von relativ einheitlicher und gleichbleibender seelischer Struktur, sondern daß es sich in der christlichen Entwicklung um ganz verschiedene Gruppen handelt mit verschiedenen realen und psychischen Interessen, daß die verschiedenen Dogmen eben Ausdruck jener gegensätzlichen Interessen sind und daß der Sieg eines Dogmas nicht der Ausgnag eines innerpsychischen Konfliktes analog dem in einem Individuum ist, sondern der Ausgang einer historischen Entwicklung, die infolge ganz bestimmter äußerer Umstände (der Stagnation und dem Rückgang der Produktivkräfte und den damit verbundenen sozialen und politischen Erscheinungen) zum Siege einer Richtung und zur Niederlage einer anderen, der vaterfeindlich-revolutionären, führt.

Reik stellt das Dogma als Ausdruck des Zwangsdenkens neben den Ritus als Ausdruck des Zwangshandelns der Völker. Gewiß ist es richtig, daß im christlichen Dogma wie in manchen anderen Dogmen die Ambivalenz zum Vater eine große Rolle spielt, aber das beweist ja keineswegs, daß es sich bei den dogmatischen Phantasien um ein Zwangsdenken handelt, und wir haben ja gerade zu zeigen versucht, wie das Hin und Her in der dogmatischen Entwicklung, das auf den ersten Blick an ein Zwangsdenken erinnert, eine ganz andere Aufklärung findet. Das Dogma ist weitgehend von realen, politischen und sozialen Motiven bedingt. Es dient als eine Art Fahne; seine Anerkennung ist die Zugehörigkeitserklärung zu einer bestimmten Gruppe, und von hierher ist es verständlich, daß Religionen, die in ihrem Bestand durch außerreligiöse Momente genügend konsolidiert sind, wie etwa das Judentum durch das ethnische, auf eine Dogmatik im katholischen Sinn fast völlig verzichten können. (Vgl. E. Fromm, 1922a, S. 24ff.)

Aber selbstverständlich ist diese reale organisatorische Funktion des Dogmas nicht seine einzige, und es ist ja gerade in dieser Arbeit versucht worden zu zeigen, welche soziale Bedeutung ihm dadurch zukommt, daß es Gefühlsansprüche der Masse in der Phantasie befriedigt und an die Stelle realer Befriedigung tritt. Wenn solche Befriedigungsphantasien in die Form eines Dogmas gepreßt werden und von der Masse unter Berufung auf die Autorität der Wissenden und Herrschenden verlangt wird, an dieses Dogma zu glauben, so scheint uns, wenn wir schon das Dogma mit individuellen Erscheinungen vergleichen wollen, das entsprechendste Analogon der suggestive Befehl eines Suggestors zu sein. Das Dogma würden wir dann nicht bezeichnen als den hervorragendsten Ausdruck des Zwangsdenkens der Menschen, sondern als den einer grandiosen Massenphantasie, die durch die Vertreter der herrschenden Klasse suggeriert und durch die gegenseitige Identifizierung der Gläubigen subjektiv als Realität erlebt wird. Das Dogma soll auf das Unbewußte wirken, und hierin liegt der Grund, warum es sekundär im Sinn einer Rationalisierung bearbeitet wird. Nur dadurch, daß dem Bewußtsein die eigentlichen Tendenzen des Dogmas verhüllt bleiben, ist diese starke Wirkung aufs Unbewußte möglich, und hierin liegt es begründet, daß ein völliges Verständnis eines Dogmas – und alle Ideologien, die die Masse zum Glauben an sie verpflichten wollen, wie die der Pflicht gegenüber dem Vaterland, der Sittlichkeit, Kultur und ähnliches, sind Dogmen in diesem sozialpsychologischen Sinn – nur unter Berücksichtigung der psychoanalytischen Deutung seines unbewußten, auf die Tiefen des Gefühlslebens bezogenen Sinnes möglich ist.

7
Zusammenfassung

Fassen wir kurz zusammen, was unsere Untersuchung über den psychologischen Sinn der Wandlung der Jesusvorstellung ergeben hat.

Der urchristliche Glaube vom leidenden Menschen, der zum Gott wird, hatte seine zentrale Bedeutung in den darin enthaltenen Wünschen, den Vater-Gott beziehungsweise seine irdischen Repräsentanten zu stürzen und zu töten. Die Figur des leidenden Jesus war in erster Linie aus dem Identifizierungsbedürfnis der leidenden Masse entstanden und nur sekundär durch das Bedürfnis nach Sühne für das Verbrechen der Aggression gegen den Vater bestimmt. Die Träger dieses Glaubens waren Menschen, die auf Grund ihres Schicksals erfüllt waren vom Haß gegen die Herrschenden und von Hoffnung auf eigenes Glück. Die Veränderung der wirtschaftlichen Situation und der sozialen Zusammensetzung der christlichen Gemeinde, kurz die Veränderung des Lebensschicksals, verändert die psychische Verfassung der Christgläubigen. Das Dogma wandelt sich; aus dem zum Gott gewordenen Menschen wird der Mensch gewordene Gott. Nicht mehr der Vater soll gestürzt werden und nicht die Herrschenden sind schuld, sondern die Leidenden: Die Aggression wird nicht mehr gegen jene, sondern gegen die eigene Person der Leidenden gewandt; die Befriedigung liegt in der Verzeihung und Liebe, die der Vater dem sich unterwerfenden Sohne gewährt, und gleichzeitig in der königlichen, väterlichen Stellung, die der leidende Jesus, der ein Repräsentant der Masse bleibt, einnimmt. Er ist selber Gott geworden, ohne Gott zu stürzen, weil er immer schon Gott war. Dahinter liegt eine noch tiefere Regression verborgen, die im homo-ousianischen Dogma ihren Ausdruck findet: Der väterliche Gott, dessen Verzeihung nur durch eigenes Leid zu erlangen ist, verwandelt sich in die gnadenreiche Mutter, die das Kind ernährt, es in ihrem Schoße birgt und dadurch Verzeihung gewährt. Rein psychologisch beschrieben ist die Wandlung, die hier vor sich geht, die von einer vaterfeindlichen Einstellung zu einer passiv-masochistisch-gefügigen und endlich zu der des von der Mutter geliebten Säuglings. Ginge diese Entwicklung in einem Individuum vor sich, so wäre sie der Ausdruck einer seelischen Erkrankung. Sie vollzieht sich aber in Jahrhunderten, betrifft nicht die Totalität der seelischen Struktur des einzelnen, sondern nur einen allen gemeinsamen Sektor und ist nicht Ausdruck einer krankhaften Störung, sondern im Gegenteil der Anpassung an die gegebene reale gesellschaftliche Situation. Für die Massen, für die noch ein Rest von Aussicht auf den Sturz der herrschenden Klasse bestand, war die urchristliche Phantasie ebenso entsprechend und befriedigend wie für die mittelalterliche Masse das katholische Dogma. Die Ursache für die Wandlung liegt in der Veränderung der wirtschaftlichen Situation beziehungsweise dem Rückgang der Produktivkräfte und ihren gesellschaftlichen Konsequenzen. Die Vertreter der herrschenden Klasse griffen in diesen Prozeß verstärkend und beschleunigend ein, indem sie der Masse solche Phantasien suggerierten, die ihr (Phantasie-)Befriedigung gewährten und die ihre Aggression in gesellschaftlich ungefährliche Bahnen lenkten.

Der Katholizismus bedeutete die verhüllte Rückkehr zur Religion der Großen Mutter, als deren Besieger Jahwe auf den Plan getreten war. Erst der Protestantismus greift wieder auf den Vater-Gott zurück [1], er steht am Beginn einer gesellschaftlichen Epoche, die eine aktive Haltung der Massen zuläßt, im Gegensatz zur passiv-infantilen des Mittelalters. (Vgl. J. G. Frazer, 1928, S. 520ff.; A. J. Storfer, 1913.)

[1] Luther persönlich ist charakterisiert durch seine ambivalente Einstellung zum Vater; die teils liebende, teils feindselige Auseinandersetzung mit ihm und Vaterfiguren macht den Kernpunkt seiner psychischen Situation aus.

Der gegenwärtige Zustand des Menschen (1955c)

Als die mittelalterliche Welt zerstört war, schien der westliche Mensch der endgültigen Erfüllung seiner kühnsten Träume und Visionen entgegenzugehen. Er befreite sich von der Autorität einer totalitären Kirche, von der Last des traditionellen Denkens, von den geographischen Begrenzungen unseres erst zur Hälfte entdeckten Erdballs. Er schuf eine neue Wissenschaft, die schließlich bisher ungeahnte Produktivkräfte entfaltete und die materielle Welt völlig verwandelte. Er schuf politische Systeme, die Gewähr für eine freie und schöpferische Entwicklung des Individuums zu bieten schienen; er verkürzte die Arbeitszeit in solchem Ausmaß, daß der westliche Mensch so viele Mußestunden genießen kann, wie es seine Vorfahren sich kaum erträumt hatten.

Wo aber stehen wir heute? Die Gefahr eines alles zerstörenden Krieges lastet auf der Menschheit, eine Bedrohung, der die Regierungen mit ihren zögernden Versuchen, ihr zu entgehen, keineswegs entgegenwirken. Aber selbst wenn die Politiker nüchtern genug sein sollten, einen Krieg zu verhindern, so sind wir doch weit entfernt davon, die Hoffnungen des sechzehnten, siebzehnten und achtzehnten Jahrhunderts erfüllt zu sehen.

Der Charakter des Menschen ist von den Erfordernissen der Welt geformt worden, die er mit seinen eigenen Händen schuf. Im achtzehnten und neunzehnten Jahrhundert hatte der Gesellschafts-Charakter der Mittelklasse stark ausbeuterische und hortende Züge. Dieser Charakter war bestimmt durch das Bestreben, andere auszubeuten und die Gewinne zu sparen, um weiteren Profit daraus zu ziehen. Im zwanzigsten Jahrhundert zeigen die Charakterzüge des Menschen eine beträchtliche Passivität und eine Identifikation mit Werten, die sich am Markt orientieren. Der Mensch unserer Tage verhält sich den größten Teil seiner Freizeit hindurch passiv. Er ist ein ewiger Konsument; er »nimmt« alkoholische Getränke, Speisen, Zigaretten, Vorträge, Ansichten, Bücher, Filme »zu sich«; alles wird konsumiert, alles geschluckt. Die Welt ist ein großes Objekt für seinen Appetit: eine große Flasche, ein großer Apfel, eine große Brust. Der Mensch ist zum Säugling geworden, ewig voller Erwartung – und ewig enttäuscht.

Soweit der moderne Mensch nicht Konsument ist, ist er Käufer und Verkäufer. Den Mittelpunkt unseres Wirtschaftssystems bildet der Markt, der den Wert aller Waren bestimmt und den Anteil jedes einzelnen am Sozialprodukt reguliert. Weder Gewalt noch Tradition, wie in früheren Geschichtsperioden, noch Betrug oder Täuschung beherrschen die wirtschaftlichen Prozesse. Der Mensch ist frei, zu produzieren und zu verkaufen; der Markttag ist der Gerichtstag über den Erfolg seiner Bemühungen. Nicht nur Waren werden auf dem Markt angeboten und verkauft; die Arbeit ist zur Ware geworden, die auf dem Arbeitsmarkt unter den gleichen Bedingungen des Wettbewerbs verkauft wird. Aber das Marktsystem reicht über den wirtschaftlichen Bereich von Waren und Arbeit hinaus. Der Mensch hat sich selbst in eine Ware verwandelt und faßt sein Leben als Kapital auf, das gewinnbringend investiert werden muß; wenn ihm das gelingt, ist er »erfolgreich«, und sein Leben hat Sinn; wenn nicht, ist er ein »Versager«. Sein »Wert« liegt in seiner Verkäuflichkeit, nicht in den menschlichen Fähigkeiten der Liebe, der Vernunft oder der künstlerischen Kreativität. So hängt sein Selbstwertgefühl von äußeren Faktoren ab – von seinem Erfolg, von dem Urteil der anderen. Daher ist er von diesen abhängig und sucht Sicherheit in der Konformität – niemals mehr als zwei Schritt von der Herde entfernt. Doch der Charakter des modernen Menschen wird nicht allein vom Markt bestimmt. Ein anderer Faktor, der eng mit dem Markt zusammenhängt, ist die Art und Weise der industriellen Produktion. Die Unternehmen werden immer größer; die Zahl der in ihnen beschäftigten Arbeiter und Angestellten wächst beständig; Eigentum und Management sind getrennt. Die Industrieriesen werden von einer Berufsbürokratie gelenkt, der es hauptsächlich um das reibungslose Funktionieren und die Ausdehnung ihres Unternehmens geht, weniger um persönliche Profitgier an sich.

Welchen Menschen braucht unsere Gesellschaft zum reibungslosen Funktionieren? Sie braucht Menschen, die in großen Gruppen zusammenarbeiten, die mehr und mehr konsumieren wollen, deren Geschmack genormt, leicht zu beeinflussen und vorherzusagen ist. Sie braucht Menschen, die sich frei und unabhängig fühlen und glauben, keiner Autorität, keinem Prinzip und keinem Gewissen unterworfen zu sein – die aber dennoch bereit sind, Befehle auszuführen, zu tun, was man von ihnen erwartet, und sich reibungslos in die gesellschaftliche

Maschinerie einfügen. Sie braucht Menschen, die ohne Gewalt gelenkt, ohne Führer geführt, ohne Ziele angetrieben werden können, mit der einen Ausnahme: nie untätig zu sein, immer zu funktionieren und weiterzustreben. Die moderne Industrialisierung hat diesen Menschen geschaffen – den Automaten, den entfremdeten Menschen. Er ist entfremdet in dem Sinn, daß ihm sein Handeln und seine eigenen Kräfte fremd geworden sind; sie stehen über ihm und gegen ihn und beherrschen ihn, statt daß er sie beherrscht. Seine Lebenskräfte haben sich in Dinge und Institutionen verwandelt und sind zu Götzen geworden. Er erlebt sie nicht mehr als Ergebnis seiner eigenen Anstrengungen, sondern als etwas von ihm Getrenntes, das er anbetet und dem er sich unterwirft. Der entfremdete Mensch kniet nieder vor dem Werk seiner eigenen Hände. Seine Götzen verkörpern seine eigenen Lebenskräfte in einer entfremdeten Form. Der Mensch erfährt sich nicht mehr als den tätigen Schöpfer seiner eigenen Kräfte und Reichtümer, sondern als ein verarmtes »Ding«, abhängig von anderen Dingen außerhalb seiner, auf die er seine Lebenssubstanz projiziert hat.

Seine sozialen Strebungen hat er auf den Staat übertragen. Als Staatsbürger ist er sogar bereit, sein Leben für den Mitmenschen zu opfern; als privates Individuum ist er beherrscht von selbstsüchtiger Sorge um sich selbst. Weil er den Staat zur Verkörperung seiner sozialen Strebungen gemacht hat, betet er ihn und seine Symbole an. Er überträgt sein Machtgefühl, seine Klugheit und seinen Mut auf Führer und betet diese Führer als Idole an. Als Arbeiter, Angestellter oder Manager ist der moderne Mensch seiner Arbeit entfremdet. Der Arbeiter ist zum Rad im Wirtschaftsgetriebe geworden, das sich nach den Anweisungen von Automaten und Managern dreht. Er hat keinen Anteil an der Planung des Arbeitsvorganges, keinen Anteil an seinem Ergebnis, selten sieht er das fertige Produkt. Der Manager hingegen beschäftigt sich mit dem fertigen Produkt, doch ist er ihm als etwas Konkretem, Nützlichem entfremdet. Sein Ziel ist, das Kapital, das andere investiert haben, gewinnbringend anzuwenden; die Ware verkörpert lediglich das Kapital, als konkreter Gebrauchswert bedeutet sie ihm nichts. Der Manager ist zum Bürokraten geworden, der Dinge, Zahlen und menschliche Wesen nur als Objekte seiner Tätigkeit handhabt. Die Manipulation von Menschen wird als human relations bezeichnet, während der Manager es doch mit allerunmenschlichsten Beziehungen zu tun hat, nämlich solchen zwischen Automaten, die zu Abstraktionen geworden sind.

Unser Konsum ist ebenfalls entfremdet. Er wird weit mehr durch Werbeslogans als durch unsere wirklichen Bedürfnisse, unseren Gaumen, unsere Augen oder Ohren bestimmt.

Die Sinnlosigkeit und Entfremdung der Arbeit führen zur Sehnsucht nach vollkommener Untätigkeit. Der Mensch haßt sein Arbeitsleben, weil er sich in ihm gefangen und betrogen fühlt. Sein Ideal wird die absolute Untätigkeit, in der er keine Bewegung machen muß und alles nach dem Kodak-Slogan abläuft: »Sie drücken auf den Knopf, wir besorgen den Rest.« Diese Tendenz wird durch den Konsum verstärkt, der zur Ausweitung des Marktes nötig ist, und das führt zu einem Prinzip, das Huxley sehr eindrucksvoll in seiner ›Brave New World‹ (1946) geschildert hat. Einer der Slogans, von dem jeder von Kindheit an beeinflußt worden ist, lautet: »Verschiebe ein Vergnügen nie auf morgen, wenn du es heute haben kannst.« Wenn ich die Befriedigung meines Wunsches nicht aufschiebe (und man hat mir beigebracht, nur zu wünschen, was ich bekommen kann), habe ich keine Konflikte, keine Zweifel; keine Entscheidung muß getroffen werden, nie bin ich mit mir allein, weil ich immer beschäftigt bin – entweder mit Arbeit oder mit dem Vergnügen. Ich habe kein Bedürfnis, meiner selbst bewußt zu werden, denn ich bin ständig mit Konsumieren beschäftigt. Ich bin ein System von Begierden und Befriedigungen; ich muß arbeiten, um meine Wünsche erfüllen zu können – und diese Wünsche werden von der Wirtschaftsmaschinerie immerzu wachgehalten und gelenkt.

Wir nehmen für uns in Anspruch, die Ziele der jüdisch-christlichen Tradition ernst zu nehmen: die Liebe zu Gott und unserem Nächsten. Man sagt uns sogar, daß wir in einer verheißungsvollen Zeit religiöser Renaissance lebten. Nichts liegt der Wahrheit ferner. Wir bedienen uns der Symbole, die einer echten religiösen Tradition angehören, und verwandeln sie in Formeln, die den Zwecken des entfremdeten Menschen dienen. Die Religion ist zur leeren Hülle geworden; sie hat sich in eine Selbsthilfevorrichtung zur Steigerung des Erfolgs verwandelt. Gott wird zum Geschäftspartner. Pfarrer Peales ›The Power of Positive Thinking‹ löst Dale Carnegies Bestseller ›How to Make Friends and Influence Poeple‹ ab.

Liebe zum Menschen ist ebenfalls ein seltenes Phänomen. Automaten lieben nun einmal nicht. Entfremdete Menschen sind sich gleichgültig. Was die Liebesexperten und die Eheberater anpreisen, ist eine Team-Beziehung zwischen zwei Personen, die einander mit der richtigen Technik manipulieren und deren Liebe im wesentlichen ein Egoismus zu zweit ist – ein Schutz vor dem sonst unerträglichen Alleinsein.

Was können wir von der Zukunft erwarten? Wenn wir solche Überlegungen ignorieren, die nur Ergebnis unserer Wünsche sind, so werden wir, fürchte ich, zulassen, daß die Diskrepanz zwischen technischer Intelligenz und Vernunft die Welt in einen Atomkrieg stürzt. Ein solcher Krieg wird höchstwahrscheinlich mit der Zerstörung der industriellen Zivilisation enden und die Welt auf einen primitiven agrarischen Stand zurückfallen lassen. Sollte die Zerstörung nicht so vollständig sein, wie viele Fachleute glauben, so wird der Sieger vor der Notwendigkeit stehen, die ganze Welt zu ordnen und zu beherrschen. Dies könnte nur ein zentralistischer Staat leisten, der sich auf Gewalt stützt, und es wäre ziemlich gleichgültig, ob der Regierungssitz Moskau oder Washington hieße.

Leider verheißt auch die Verhinderung eines Krieges keine erfreuliche Zukunft. In der Entwicklung des Kapitalismus wie des Kommunismus, wie wir sie für die nächsten fünfzig oder hundert Jahre vermuten, wird der Prozeß menschlicher Entfremdung weitergehen. Beide Systeme entwickeln sich zu Managergesellschaften, deren Mitglieder gut genährt und gut gekleidet sind, deren Wünsche erfüllt werden und die keine unerfüllbaren Wünsche haben. Die Menschen werden immer mehr zu Automaten; sie erzeugen Maschinen, die wie Menschen, und Menschen, die wie Maschinen handeln; ihre Vernunft nimmt ab, während ihre Intelligenz zunimmt, und so kommt es zu der gefährlichen Situation, in der der Mensch mit der größten materiellen Macht ausgestattet ist, ohne die Weisheit, den richtigen Gebrauch davon zu machen.

Trotz wachsender Produktion und Bequemlichkeit verliert der Mensch immer mehr sein Selbstgefühl; er hält sein Leben für sinnlos, wenn dieses Gefühl auch weitgehend unbewußt ist. Das Problem des neunzehnten Jahrhunderts hieß: *Gott ist tot,* das Problem des zwanzigsten Jahrhunderts: *Der Mensch ist tot.* Im neunzehnten Jahrhundert bedeutete Unmenschlichkeit Grausamkeit; im zwanzigsten Jahrhundert bedeutet sie schizoide Selbstentfremdung. Die Gefahr der Vergangenheit war, daß Menschen zu Sklaven wurden. Die Gefahr der Zukunft ist, daß sie Roboter werden. Bezeichnenderweise rebellieren Roboter nicht. Menschen, die zu Robotern geworden sind, können nicht leben und vernünftig bleiben; sie werden zu »Golems« und werden ihre Welt und sich selbst zerstören, weil sie die Öde eines sinnlosen Lebens nicht ertragen können.

Was ist die Alternative zu Krieg und automatisiertem Leben? Die beste Antwort läge in der Umkehrung von Emmersons Satz: »Die Dinge sitzen im Sattel und reiten die Menschheit« – »Setzt die Menschheit in den Sattel, damit sie die Dinge reiten kann!« Das heißt, der Mensch muß die Entfremdung überwinden, die ihn zum impotenten und irrationalen Götzenanbeter macht. Im psychologischen Bereich bedeutet das, daß er sein marktorientiertes und passives Verhalten überwinden und einen reifen und produktiven Weg einschlagen muß. Er muß sein Selbstgefühl zurückgewinnen, er muß zur Liebe fähig werden und seine Arbeit zu einer sinnvollen, konkreten Tätigkeit machen. Er muß sich von der materialistischen Orientierung freimachen und sich auf eine Stufe erheben, auf der nur geistige Werte – Liebe, Wahrheit und Gerechtigkeit – wirklich zählen. Aber jeder Versuch, nur einen Lebensbereich, den menschlichen oder den geistigen zu ändern, ist zum Scheitern verurteilt. Fortschritt in nur einem Bereich verhindert umfassenden Fortschritt in allen Bereichen. Das Evangelium, das sich nur mit der Erlösung der Seele befaßt, führte zur Entstehung der römisch-katholischen Kirche; die Französische Revolution, in der es ausschließlich um politische Verbesserung ging, führte zu Robespierre und Napoleon; der Sozialismnus, soweit er lediglich die wirtschaftliche Umwälzung zum Ziel hatte, führte zum Stalinismus.

Bei der Anwendung des Prinzips der gleichzeitigen Veränderung aller Lebensbereiche müssen wir die wirtschaftlichen und politischen Wandlungen bedenken, die zur Überwindung der psychischen Entfremdung nötig sind. Wir dürfen die technischen Errungenschaften der maschinellen Produktion und der Automation nicht aufgeben. Wir müssen aber Arbeit und Staat so dezentralisieren, daß sie menschliche Proportionen annehmen, und dürfen Zentralisierung nur so weit zulassen, wie sie für die Erfordernisse der Industrie nötig ist. Auf wirtschaftlichem Gebiet brauchen wir eine industrielle Demokratie, einen demokratischen Sozialismus, der gekennzeichnet ist durch die Mitbestimmung aller, die in einem Unternehmen arbeiten, mit dem Ziel ihrer aktiven und verantwortlichen Beteiligung. Neue Formen solcher Beteiligung könnten gefunden werden. Auf politischem Gebiet kann eine wirkliche Demokratie durch Bildung unzähliger kleiner Gruppen errichtet werden, die gut unterrichtet sind und ernsthaft diskutieren; ihre Entscheidungen müßten in einem neuen »Unterhaus« zusammengefaßt werden. Die kulturelle Renaissance muß Arbeitserziehung für die jungen Menschen, Erwachsenenbildung und ein neues System der Volkskunst und des weltlichen Brauchtums verbinden.

Wie der primitive Mensch den Naturgewalten hilflos ausgeliefert war, so ist der moderne Mensch den gesellschaftlichen und wirtschaftlichen Gewalten ausgeliefert, die er selbst geschaffen hat. Er betet das Werk seiner eigenen Hände an, er verbeugt sich vor den neuen Idolen, und doch schwört er im Namen Gottes, der ihm befahl, alle Götzen zu vernichten. Der Mensch kann sich vor den Folgen seines Wahnsinns nur schützen, indem er eine gesunde und vernünftige *(sane)* Gesellschaft bildet, die den Bedürfnissen des Menschen entspricht – Bedürfnissen, die in den wesentlichen Bedingungen seiner Existenz ihren Ursprung haben. Er muß eine Gesellschaft bilden, in der der Mensch dem Menschen mit Liebe begegnet und mehr in Brüderlichkeit und Solidarität verwurzelt ist als in Blut und Boden, eine Gesellschaft, die ihm die Möglichkeit gibt, kreativ die Natur zu transzendieren, und nicht durch Zerstören, eine Gesellschaft, in der jeder sein Selbstgefühl findet als Subjekt seiner Kräfte und nicht als Konformist, in der ein System der Orientierung und der Hingabe besteht, das von ihm nicht verlangt, die Wirklichkeit zu entstellen und Idole anzubeten.

Der Aufbau einer solchen Gesellschaft stellt den nächsten Schritt dar; er bedeutet das Ende der »menschenähnlichen« Geschichte, in der der Mensch noch nicht völlig menschlich geworden ist. Er bedeutet nicht das »Ende der Tage«, die »Vollendung«, den Zustand vollkommener Harmonie, in der es keine Konflikte und Probleme mehr gibt. Es ist im Gegenteil gerade das Schicksal des Menschen, daß sein Dasein erfüllt ist von Widersprüchen und daß er sich mit ihnen auseinandersetzen muß, ohne sie jemals lösen zu können. Wenn er das primitive Stadium des Menschenopfers überwunden hat – sei es nun in der rituellen Form der Azteken oder in der säkularen Form des Krieges –, wenn er sein Verhältnis zur Natur vernünftig statt blindlings zu gestalten vermag, wenn die Dinge wirklich seine Diener statt seine Götzen geworden sind, dann wird er vor den wahrhaft menschlichen Konflikten und Problemen stehen; er wird wagemutig, kühn, erfinderisch, fähig zu leiden und sich zu freuen sein müssen, aber seine Kräfte werden im Dienst des Lebens stehen, nicht im Dienst des Todes. Die neue Phase der menschlichen Geschichte wird, wenn sie eintreten sollte, ein Neubeginn sein, kein Ende.

Geschlecht und Charakter (1943b)

Die These von den angeborenen Unterschieden zwischen den beiden Geschlechtern, die zwangsläufig zu grundsätzlichen Unterschieden in Charakter und Schicksal führen müssen, ist sehr alt. Das Alte Testament macht zur Eigenart und zum Fluch der Frau, daß es sie nach dem Mann verlangt und er über sie herrschen wird, während vom Mann gesagt wird, daß er unter Mühsal vom Ackerboden essen wird (Gen 3,16f.). Aber der biblische Bericht enthält auch die umgekehrte These: Der Mensch wurde als Ebenbild Gottes geschaffen, und nur zur Strafe für den Sündenfall von Mann und Frau – hinsichtlich ihrer moralischen Verantwortung waren sie gleichgestellt! – wurden sie mit dem Fluch des Konflikts und ewiger Verschiedenheit belegt. Beide Ansichten, die der grundlegenden Verschiedenheit und die ihrer grundlegenden Gleichartigkeit wurden durch die Jahrhunderte hindurch wiederholt – ein Zeitalter oder eine philosophische Schule betonte die eine, ein anderes die entgegengesetzte These. Das Problem gewann zunehmende Bedeutung in den philosophischen und politischen Diskussionen des achtzehnten und neunzehnten Jahrhunderts. Vertreter der Aufklärungsphilosophie vertraten den Standpunkt, daß es keine angeborenen Unterschiede zwischen den Geschlechtern gebe *(»l'âme n'a pas de sexe«);* alle zu beobachtenden Unterschiede seien durch Unterschiede in der Erziehung bedingt und seien – wie man heute sagen würde – kulturelle Unterschiede. Romantische Philosophen des frühen neunzehnten Jahrhunderts betonten hingegen das genaue Gegenteil. Sie analysierten die Charakterunterschiede zwischen Mann und Frau und erklärten, die fundamentalen Unterschiede seien das Ergebnis angeborener biologischer und physiologischer Unterschiede. Sie behaupteten, diese Charakterunterschiede gebe es in jeder vorstellbaren Kultur.

Ohne Rücksicht auf den Wert ihrer Argumente – jene der Romantiker waren oft sehr tiefgreifend – hatten beide einen politischen Inhalt. Die Philosophen der Aufklärung, vor allem die Franzosen, wollten eine Lanze brechen für die soziale und in gewissem Maß auch für die politische Gleichheit von Mann und Frau. Sie führten das Fehlen angeborener Unterschiede als Argument für ihre Sache an. Die Romantiker, die politisch reaktionär waren, benutzten ihre Analyse des »Wesens« der menschlichen Natur als Beweis für die Notwendigkeit der politischen und sozialen Ungleichheit. Zwar schrieben sie »der Frau« sehr bewundernswerte Eigenschaften zu, bestanden aber darauf, daß ihre Charaktermerkmale sie ungeeignet zur Teilnahme am sozialen und politischen Leben auf gleicher Stufe mit dem Mann machten.

Der politische Kampf um die Gleichberechtigung der Frau endete nicht im neunzehnten Jahrhundert und ebensowenig die theoretische Diskussion über den angeborenen oder kulturellen Charakter ihrer Verschiedenheit. In der modernen Psychologie wurde Freud der freimütigste Vertreter der Sache der Romantiker. Während bei diesen die Beweisführung in eine philosophische Sprache gekleidet war, stützte sich Freud auf die wissenschaftliche Beobachtung der Patienten während der psychoanalytischen Behandlung. Er nahm an, daß der anatomische Unterschied der Geschlechter die Ursache unveränderlicher Charakterunterschiede sei. »Die Anatomie ist das Schicksal«, sagt Freud (1924 d, S. 400), einen Ausspruch Napoleons abwandelnd, von der Frau. Er ging davon aus, daß das kleine Mädchen bei der Entdeckung, daß ihm das männliche Geschlechtsorgan fehlt, zutiefst bestürzt und beeindruckt sei, daß es fühle, es fehle ihm etwas Wesentliches, daß es die Männer um das beneide, was das Schicksal ihm versagte, daß es im normalen Verlauf der Entwicklung versuche, sein Minderwertigkeits- und Neidgefühl zu überwinden, indem es das männliche Glied durch andere Dinge ersetze: durch Mann, Kinder oder Besitztümer. Bei neurotischer Entwicklung gelinge es ihr nicht, solche Ersatzbefriedigungen zu finden. Sie bleibe neidisch auf alle Männer, gebe ihren Wunsch, ein Mann zu sein, nicht auf, werde homosexuell, hasse die Männer oder suche gewisse kulturell erlaubte Kompensationen. Aber auch bei normaler Entwicklung verschwinde das Tragische am Schicksal der Frau niemals völlig; sie sei verdammt durch den Wunsch nach etwas, das ihr das ganze Leben unerreichbar bleibe.

Obwohl orthodoxe Psychoanalytiker diese Theorie Freuds als einen Eckpfeiler ihres psychologischen Systems beibehielten, bestritt eine Gruppe von Psychoanalytikern, die sich an der Kulturwissenschaft orientierten, Freuds Erkenntnis. Sie deckten die klinischen und theoretischen Irrtümer in Freuds Gedankengängen auf, indem sie erklärten, daß zu den charakterologischen Folgen, die er biologisch erklärt hatte, kulturelle und persönliche Erfahrungen geführt hätten. Die Ansichten dieser Gruppe von Psychoanalytikern sind von den Forschungsergebnissen der Anthropologen bestätigt worden.

Trotzdem besteht eine gewisse Gefahr, daß einige Anhänger jener fortschrittlichen anthropologischen und psychoanalytischen Theorien ins Gegenteil verfallen und die Bedeutung biologischer Unterschiede für die Bildung der Charakterstruktur völlig leugnen. Sie mögen darin von denselben Motiven geleitet sein wie die Vertreter der französischen Aufklärung. Da die Gegner der Gleichheit der Frau das Argument der angeborenen Unterschiede vertreten, mag ein Beweis notwendig erscheinen, daß alle Unterschiede, die empirisch beobachtet werden können, auf kulturelle Ursachen zurückgehen.

Es sollte nicht übersehen werden, daß in dieser ganzen Kontroverse eine wichtige philosophische Frage enthalten ist. Die Tendenz, alle charakterologischen Unterschiede der Geschlechter zu leugnen, kann durch die stillschweigende Annahme einer Prämisse der anti-egalitären Philosophie verursacht sein: Um Gleichheit zu fordern, muß man beweisen, daß es keine anderen charakterologischen Unterschiede der Geschlechter gibt als jene, die unmittelbar durch bestehende gesellschaftliche Bedingungen verursacht werden. Die ganze Diskussion ist verworren, weil die einen von Unterschieden sprechen, während die Reaktionären in Wirklichkeit Unzulänglichkeiten meinen – genauer gesagt, jene Unzulänglichkeiten, die es unmöglich machen, volle Gleichheit mit der herrschenden Gruppe zu erreichen. So wurde die angeblich beschränkte Intelligenz der Frau, ihre mangelnde Fähigkeit zur Organisation und Abstraktion oder zu einem kritischen Urteil vorgebracht, um die volle Gleichstellung mit dem Mann auszuschließen. Eine Richtung behauptete, die Frau besitze Intuition, Liebe usw., doch mache diese Fähigkeit sie für ihre Aufgabe in der modernen Gesellschaft nicht geeigneter. Dasselbe wird oft von Minoritäten wie den Negern und den Juden behauptet. So wurde der Psychologe oder Anthropologe dazu gedrängt, den Beweis zu erbringen, daß zwischen Geschlechts- oder Rassengruppen keine grundlegenden Unterschiede bestehen, die irgend etwas mit der Ermöglichung voller Gleichheit zu tun haben. In dieser Lage neigt der liberale Denker dazu, das Vorhandensein irgendwelcher Unterschiede zu verkleinern.

Obgleich die Liberalen bewiesen, daß es keine Unterschiede gibt, die eine politische, wirtschaftliche und soziale Ungleichheit rechtfertigen, ließen sie sich doch in eine strategisch ungünstige Defensive drängen. Wenn man es als erwiesen ansieht, daß es keine sozial nachteiligen Unterschiede gibt, so muß man deshalb noch nicht annehmen, es gebe überhaupt keine Unterschiede. Die Frage muß dann vielmehr lauten: Welcher Gebrauch wird von bestehenden oder mutmaßlichen Unterschieden gemacht und welchen Zwecken dienen sie? Selbst wenn man zugibt, daß Frauen im Vergleich zu Männern gewisse charakterologische Unterschiede aufweisen – was bedeutet dies?

Es ist die These dieses Essays, daß gewisse biologische Unterschiede charakterologische Unterschiede zur Folge haben; diese Unterschiede sind vermischt mit solchen, die unmittelbar durch soziale Faktoren entstehen: Letztere sind sehr viel stärker in ihrer Wirkung und können biologisch verwurzelte Unterschiede entweder verstärken, auslöschen oder umkehren; und schließlich stellen charakterologische Unterschiede zwischen den Geschlechtern, soweit sie nicht unmittelbar von der Kultur bestimmt sind, niemals Wertunterschiede dar. Mit anderen Worten: Die Charaktertypen des Mannes und der Frau in der westlichen Kultur werden bestimmt durch ihre jeweiligen sozialen Rollen; es bestehen jedoch Charakternuancen, die aus Geschlechtsunterschieden herrühren. Diese Nuancen sind unbedeutend im Vergleich mit den gesellschaftlich bedingten Unterschieden, dürfen aber nicht außer acht gelassen werden.

Dem reaktionären Denken liegt meist stillschweigend die Annahme zugrunde, Gleichheit setze das Fehlen von Unterschieden zwischen Personen oder gesellschaftlichen Gruppen voraus. Da aber solche Unterschiede bei allen Dingen bestehen, die eine Rolle im Leben spielen, so lautet ihre Folgerung, daß es keine Gleichheit geben könne. Wenn umgekehrt die Liberalen dazu neigen, große Unterschiede in den geistigen und physischen Fähigkeiten sowie bei den zufällig vorteilhaften oder hinderlichen Persönlichkeitsmerkmalen zu leugnen, so geben sie damit in den Augen des Durchschnittsmenschen ihren Gegnern nur recht. Der Begriff der Gleichheit, wie er sich in der jüdisch-christlichen und in der modernen fortschrittlichen Tradition herausbildete, bedeutet, daß alle Menschen gleich sind in jenen grundlegenden menschlichen Fähigkeiten, die die Voraussetzung für den Genuß der Freiheit und des Glücks sind. Er besagt weiterhin, daß infolge dieser grundlegenden Gleichheit kein Mensch zum Mittel für die Zwecke anderer Menschen, keine Gruppe zum Mittel für die Zwecke einer anderen Gruppe gemacht werden darf. Jeder Mensch ist ein Universum für sich und nur sein eigener Zweck. Sein Ziel ist die Verwirklichung seines Seins, einschließlich jener Eigenarten, die für ihn charakteristisch sind und ihn von den anderen unterscheiden. Daher ist Gleichheit die Grundlage für die volle Entfaltung der Unterschiede; aus ihr folgt die Entfaltung der Individualität. Obgleich es eine Reihe von biologischen Unterschieden gibt, die man im Hinblick auf ihre Bedeutung für Charakterunterschiede bei Mann und Frau untersuchen könnte, soll es hier hauptsächlich um einen Unterschied gehen. Es ist also nicht die Absicht, das gesamte Problem der Charakterunterschiede der Geschlechter zu untersuchen, sondern nur die allgemeine These zu illustrieren. Wir werden uns hauptsächlich mit der unterschiedlichen Rolle von Mann und Frau im Geschlechtsverkehr befassen und zeigen, daß dieser Unterschied gewisse charakterologische Konsequenzen hat, die den aus dem Unterschied der sozialen Rollen erwachsenden Hauptunterschieden lediglich die Färbung geben.

Um sich sexuell betätigen zu können, muß der Mann eine Erektion haben und imstande sein, sie während des Geschlechtsverkehrs bis zum Orgasmus beizubehalten. Zur Befriedigung der Frau muß er imstande sein, die Erektion ausreichend lange auszudehnen, damit bei ihr ein Orgasmus stattfindet. Der Mann muß also, um die Frau sexuell zu befriedigen, *beweisen,* daß er eine Erektion haben und sie beibehalten kann. Die Frau muß ihrerseits nichts beweisen, um den Mann sexuell zu befriedigen. Sicherlich kann ihre Erregung die Lust des Mannes steigern. Begleitende physische Veränderungen in ihren Sexualorganen können ihm den Geschlechtsverkehr erleichtern. Da aber rein sexuelle Reaktionen in Betracht gezogen werden sollen – nicht subtile psychische Reaktionen differenzierter Persönlichkeiten, bleibt die Tatsache bestehen, daß der Mann eine Erektion haben muß, um die Frau zu befriedigen; die Frau muß nichts haben als eine gewisse Bereitschaft, um den Mann zu befriedigen. Wenn man von Bereitschaft spricht, so ist es wichtig zu bemerken, daß die Fähigkeit der Frau zur sexuellen Befriedigung des Mannes von ihrem Willen abhängt; es handelt sich um eine bewußte Entscheidung, die sie treffen kann, wann immer sie will. Die Fähigkeit des Mannes hingegen ist keinesfalls eine bloße Funktion seines Willens. Sexuelles Begehren und Erektion können gegen seinen Willen eintreten; er kann impotent sein, obwohl er leidenschaftlich das Gegenteil wünscht. Darüber hinaus ist eine Unfähigkeit des Mannes zum Geschlechtsverkehr eine Tatsache, die sich nicht verbergen läßt. Das Fehlen einer völligen oder teilweisen Reaktion auf seiten der Frau, ihr »Versagen«, ist, obwohl für den Mann häufig erkennbar, keinesfalls in einem vergleichbaren Maß offensichtlich; es läßt einen beträchtlichen Grad an Täuschung zu. Wenn eine Frau einwilligt, kann der Mann sicher sein, Befriedigung zu finden, wann immer er sie begehrt. Die Situation der Frau ist dagegen völlig anders; ihr leidenschaftliches Begehren führt nicht zur Befriedigung, wenn sie der Mann nicht so stark begehrt, daß sich bei ihm eine Erektion einstellt. Und sogar während des Geschlechtsaktes ist die volle Befriedigung der Frau von der Fähigkeit des Mannes, den Orgasmus bei ihr auszulösen, abhängig. Der Mann muß also etwas beweisen, um den Partner zu befriedigen, die Frau nicht.

Aus diesem Unterschied ihrer jeweiligen sexuellen Rolle ergibt sich ein Unterschied in den spezifischen Ängsten, die mit der Sexualfunktion verbunden sind. Die Ängste treten jeweils an dem Punkt auf, an dem der Mann und die Frau verwundbar sind. Die Position des Mannes ist verwundbar, weil er etwas beweisen muß, d. h. weil er möglicherweise auch versagen kann. Für ihn hat der Liebesakt stets den Beigeschmack eines Tests, einer Prüfung. Seine spezifische Angst ist die vor dem »Versagen«. Der extremste Fall ist die Kastrationsangst – die Angst davor, organisch und damit für immer unfähig zur Ausübung des Geschlechtsverkehrs zu werden. Die Verwundbarkeit der Frau liegt dagegen in ihrer Abhängigkeit vom Mann; das mit ihrer Sexualfunktion verbundene Unsicherheitselement liegt nicht im Versagen, sondern darin, »alleingelassen«, frustriert zu werden, keine ausreichende Kontrolle über den Vorgang zu haben, der zur sexuellen Befriedigung führt. Es überrascht daher nicht, daß die Ängste des Mannes und die der Frau sich auf verschiedene Bereiche beziehen – die des Mannes betreffen sein Ich, seine Geltung, seinen Wert in den Augen der Frau; die der Frau betreffen ihre sexuelle Lust und Befriedigung. (Eine ähnliche Unterscheidung, die sich ausschließlich auf die Unterschiede in den sexuellen Ängsten von Kindern bezieht, wurde von Karen Horney [1932] getroffen.)

Die Frage mag kommen: Sind diese Ängste nicht nur für neurotische Persönlichkeiten charakteristisch? Ist sich der normale Mann nicht seiner Potenz sicher? Ist sich die normale Frau nicht ihres Partners sicher? Haben wir hier nicht den äußerst nervösen und sexuell unsicheren modernen Menschen vor uns? Sind nicht der »Höhlenmann« und die »Höhlenfrau« in ihrer »primitiven« und unverdorbenen Sexualität frei von solchen Zweifeln und Ängsten?

Auf den ersten Blick mag es so scheinen. Der Mann, der ständig um seine Potenz besorgt ist, stellt einen bestimmten Typ der neurotischen Persönlichkeit dar, ebenso die Frau, die ständig fürchtet, unbefriedigt zu bleiben oder unter ihrer Abhängigkeit leidet. Aber wie so häufig ist der Unterschied zwischen »neurotisch« und »normal« auch hier eher graduell und eine Frage des Bewußtwerdens als eine wesentliche Qualität. Was beim Neurotiker als bewußte und ständige Angst zutage tritt, ist beim sogenannten normalen Menschen eine relativ unbemerkte und quantitativ leichte Angst. Darüber hinaus rufen gewisse Zwischenfälle, die beim Neurotiker mit Sicherheit zu Ängsten führen, bei normalen Individuen keine Angst hervor. Der normale Mann stellt seine Potenz nicht in Zweifel. Die normale Frau befürchtet nicht, von dem Mann, den sie zum sexuellen Partner gewählt hat, frustriert zu werden. Die Wahl des Mannes, zu dem sie sexuelles »Vertrauen« haben kann, ist ein wesentlicher Teil ihres gesunden Sexualtriebs. Aber dies ändert nichts daran, daß der Mann *möglicherweise* versagt, niemals aber die Frau. Die Frau ist abhängig vom Begehren des Mannes, der Mann ist nicht abhängig vom Begehren der Frau.

Es gibt aber noch ein anderes Element, das bei der Feststellung von Ängsten und von *verschiedenen* Ängsten beim normalen Mann und bei der normalen Frau von Bedeutung ist.

Der Unterschied der Geschlechter ist die Grundlage gewesen für die früheste und elementarste Teilung der Menschheit in getrennte Gruppen. Mann und Frau brauchen einander zur Erhaltung der Art und der Familie ebenso wie zur Befriedigung ihrer sexuellen Bedürfnisse. Aber in jeder Situation, in der zwei verschiedene Gruppen einander brauchen, treten nicht nur Elemente der Harmonie, der Zusammenarbeit und der gegenseitigen Befriedigung auf, sondern auch solche des Kampfes und der Disharmonie.

Die sexuelle Beziehung zwischen den Geschlechtern kann kaum frei von der Möglichkeit von Antagonismus und Feindseligkeit sein. Mann und Frau haben neben der Fähigkeit, einander zu lieben, eine ähnliche Fähigkeit zu hassen. In jeder Beziehung zwischen Mann und Frau ist das Element des Antagonismus latent gegenwärtig, und aus dieser Möglichkeit muß von

Zeit zu Zeit Angst erwachsen. Der geliebte Mensch kann zum Feind werden, und dann sind die verwundbaren Stellen des Mannes und der Frau bedroht.

Die Form der Bedrohung und der Angst ist jedoch bei Mann und Frau verschieden. Wenn die Hauptangst des Mannes darin liegt, daß er versagen und seine Aufgabe nicht erfüllen könnte, so ist der Wunsch nach Ansehen der Antrieb, der ihn vor dieser Angst bewahren soll. Der Mann ist tief von dem Verlangen durchdrungen, ständig sich selbst, der geliebten Frau und allen anderen Frauen und Männern zu beweisen, daß er jede Erwartung erfüllen kann. Durch Konkurrenz auf allen anderen Lebensgebieten, auf denen Willenskraft, physische Stärke und Intelligenz zum Erfolg gefordert sind, sucht er immer wieder Schutz gegen die Angst vor sexuellem Versagen. In engem Zusammenhang mit diesem Verlangen nach Geltung steht seine Rivalität zu anderen Männern. Da er Angst vor einem möglichen Versagen hat, möchte er gern unter Beweis stellen, daß er besser ist als jeder andere Mann. Der Don Juan tut dies unmittelbar im sexuellen Bereich, der Durchschnittsmensch mittelbar, indem er mehr Feinde tötet, mehr Wild jagt, mehr Geld verdient oder auf andere Weise erfolgreicher ist als seine männlichen Konkurrenten.

Das gegenwärtige Gesellschafts- und Wirtschaftssystem beruht auf den Prinzipien der Konkurrenz und des Erfolges – Ideologien preisen seinen Wert. Durch diese und durch andere Umstände ist die Gier nach Prestige und Konkurrenz tief im Durchschnittsmenschen der westlichen Kultur verwurzelt. Selbst wenn es keine Unterschiede in den sexuellen Rollen gäbe, so würde dieses Verlangen bei Mann und Frau aufgrund gesellschaftlicher Faktoren bestehen. Die Gewalt dieser gesellschaftlichen Gegebenheiten ist so stark, daß es zweifelhaft erscheinen mag, ob aufgrund der hier genannten sexuellen Faktoren beim Mann, quantitativ gesehen, mehr Verlangen nach Geltung besteht als bei der Frau. Am wichtigsten ist jedoch nicht der Grad, in dem die Rivalität durch sexuelle Ursachen gesteigert wird, sondern vielmehr die Notwendigkeit, das Vorhandensein von anderen als gesellschaftlichen Faktoren bei der Entwicklung der Rivalität anzuerkennen.

Das männliche Geltungsstreben wirft einiges Licht auf die spezifische Art der männlichen Eitelkeit. Allgemein wird behauptet, Frauen seien eitler als Männer. Obgleich das Gegenteil der Fall sein könnte, kommt es nicht auf den Unterschied in der

Quantität, sondern in der Qualität der Eitelkeit an. Das wesentliche Merkmal der Eitelkeit des Mannes ist die Prahlerei, was für ein »Kerl« er sei. Er handelt, als ob er in einer ständigen Prüfungssituation leben würde. Der Mann möchte zum Ausdruck bringen, daß er keine Angst vor dem Versagen hat. Diese Eitelkeit scheint seine ganze Aktivität zu färben. Es gibt wahrscheinlich keine männliche Leistung – vom Liebesakt bis zu den kühnsten Leistungen im Kampf und im Denken, die nicht ein wenig von dieser typisch männlichen Eitelkeit geprägt wäre.

Ein weiterer Aspekt des männlichen Geltungsstrebens ist seine Angst, lächerlich gemacht zu werden, besonders von einer Frau. Selbst ein Feigling kann zum Helden werden, wenn er befürchtet, von einer Frau lächerlich gemacht zu werden, und die Angst des Mannes, sein Leben zu verlieren, ist weniger groß als seine Angst vor Lächerlichkeit. Das ist typisch für die Vorstellung vom männlichen Heldenmut, der keineswegs größer ist als der Heldenmut, zu dem eine Frau fähig ist, der sich aber in seiner Färbung durch die männliche Art von Eteilkeit unterscheidet.

Eine weitere Folge der unsicheren Lage des Mannes gegenüber der Frau und seiner Angst vor Lächerlichkeit ist sein potentieller Haß gegen sie. Dieser Haß trägt zu einem Streben bei, das auch eine Verteidigungsfunktion erfüllt: die Frau zu beherrschen, Gewalt über sie zu haben, damit sie sich schwach und minderwertig fühlt. Wenn ihm das gelingt, braucht er sie nicht zu fürchten. Wenn sie Angst vor ihm hat – Angst, getötet, geschlagen oder ausgehungert zu werden –, dann kann sie ihn nicht lächerlich machen. Macht über eine Person hängt weder von der Intensität der eigenen Leidenschaft noch davon ab, daß die eigene sexuelle und emotionale Leistungsfähigkeit funktioniert. Macht beruht auf Faktoren, die so sicher aufrechterhalten werden können, daß niemals ein Zweifel an den einzelnen Fähigkeiten auftritt. Übrigens ist die Zusicherung der Macht über die Frau der Trost, den der patriarchalisch voreingenommene biblische Mythos dem Mann spendet, selbst während Gott ihn verflucht.

Kehren wir zurück zum Problem der Eitelkeit. Die Eitelkeit der Frau ist ihrer Art nach von der des Mannes verschieden. Männliche Eitelkeit will zeigen, was man kann und daß man niemals versagt; weibliche Eitelkeit zeigt sich hauptsächlich im Bedürfnis, anziehend zu wirken und sich selbst zu beweisen, daß man anziehend wirkt. Gewiß muß auch der Mann für die

Frau sexuell attraktiv sein, wenn er sie gewinnen will – in einer Kultur, in der Geschmack und Gefühle, die bei der sexuellen Anziehung eine Rolle spielen, differenziert sind. Es gibt aber andere Wege für den Mann, eine Frau zu gewinnen und sie dahin zu bringen, seine Sexualpartnerin zu sein: nackte physische Gewalt oder, wirksamer noch, soziale Macht und Reichtum. Die Möglichkeit seiner sexuellen Befriedigung hängt also nicht allein von seiner sexuellen Anziehungskraft ab. Die sexuelle Befriedigung der Frau dagegen ist vollkommen abhängig von ihrer Anziehungskraft. Weder Gewalt noch Versprechungen können einen Mann sexuell potent machen. Der Versuch der Frau, anziehend zu wirken, wird durch ihre sexuelle Rolle erzwungen, und ihre Eitelkeit oder Sorge um ihre Anziehungskraft ergeben sich daraus.

Die Angst der Frau vor Abhängigkeit, vor Versagen, vor einer Rolle, die sie zum Warten zwingt, führt sie häufig zu einem Wunsch, den Freud stark betont hat: zu dem Wunsch, den männlichen Penis zu besitzen. (Vgl. C. Thompson, 1942.) Dieser Wunsch der Frau hat seine Wurzel jedoch nicht primär in dem Gefühl, es fehle ihr etwas und sie sei dem Mann wegen dieses Mangels unterlegen. Obwohl es in vielen Fällen andere Gründe zum Penisneid gibt, entspringt er oft dem Bedürfnis, nicht abhängig, nicht in der Aktivität beschränkt, nicht der Gefahr der Frustration ausgeliefert zu sein. Wie einem Wunsch des Mannes, eine Frau zu sein, ein Verlangen zugrunde liegen kann, von der Bürde des Tests befreit zu sein, so kann das Verlangen der Frau nach dem Penis dem Wunsch entspringen, ihre Abhängigkeit zu überwinden. Außer als Symbol der Unabhängigkeit dient der Penis in gewissen Fällen nicht selten auch sadistisch-aggressiven Tendenzen, als eine Waffe, um andere Männer und Frauen verletzen zu können. (Für die weibliche Homosexualität scheint eine Kombination von Aktivsein-Wollen – im Gegensatz zur sonst »abwartenden«, abhängigen Rolle – mit einer eindeutig destruktiven Tendenz besonders typisch zu sein.)

Wenn der Mann als Hauptwaffe gegen die Frau seine physische und gesellschaftliche Macht hat, dann ist die Hauptwaffe der Frau ihre Fähigkeit, den Mann lächerlich zu machen. Am radikalsten kann sie das, indem sie ihn impotent macht. Es gibt dazu viele Methoden, grobe und feine. Sie reichen von der ausgesprochenen oder unausgesprochenen Erwartung seines Versagens bis zur Frigidität und jener Art von Scheidenkrämpfen, die den Verkehr physisch unmöglich machen. Der Wunsch, den Mann zu kastrieren, scheint nicht die allesbedeutende Rolle zu spielen, die Freud ihr zuschrieb. Sicher ist Kastration eine Möglichkeit, den Mann impotent zu machen, und sie tritt häufig dort auf, wo sich destruktive und sadistische Tendenzen abzeichnen. Aber das Hauptziel der Feindseligkeit der Frau scheint nicht die physische, sondern die funktionelle Schädigung zu sein, die Beeinträchtigung der Fähigkeit, die Vereinigung zu vollziehen. Die spezifische Feindseligkeit des Mannes ist es, durch physische Gewalt, durch politische oder wirtschaftliche Macht zu *überwältigen*; die der Frau, durch Lächerlich- und Verächtlichmachen seine Fähigkeiten zu *untergraben*.

Frauen können Kinder gebären, Männer nicht. Es ist für Freuds patriarchalische Einstellung bezeichnend, daß er annahm, die Frau beneide den Mann um sein Geschlechtsorgan, aber kaum daran dachte, daß der Mann die Frau um die Fähigkeit, Kinder zu gebären, beneiden könnte. Dieser einseitigen Sicht liegt nicht nur die männliche Prämisse zugrunde, daß der Mann der Frau überlegen sei, sondern auch die Einstellung einer hochindustrialisierten Zivilisation, in der natürliche Produktivität nicht sehr hoch bewertet wird. In früheren Perioden der Geschichte, in denen das Leben wesentlich von der Produktivität der Natur und nicht der Technik abhing, muß der Umstand, daß die Frau diese Gabe mit dem Boden und mit weiblichen Tieren teilt, überaus beeindruckend gewesen sein. Solange man ausschließlich Natur in Betracht zieht, ist der Mann nicht produktiv. In einer Kultur, in der der Hauptakzent auf der natürlichen Produktivität lag, könnte sich der Mann der Frau unterlegen fühlen, vor allem, weil seine Rolle bei der Zeugung des Kindes nicht klar verstanden wurde. Mit Sicherheit kann angenommen werden, daß der Mann die Frau wegen dieser Fähigkeit, die ihm fehlte, bewunderte, daß sie ihm Scheu einflößte und er sie beneidete. Er konnte nichts hervorbringen; er konnte nur Tiere töten, um sie zu essen, oder Feinde töten, um sicher zu leben oder ihre Kraft auf magische Weise in sich aufzunehmen.

Ohne die Stellung dieser Faktoren in reinen Agrargesellschaften zu erörtern, wollen wir die Auswirkungen einiger wichtiger geschichtlicher Veränderungen kurz streifen. Eine der bedeutendsten Auswirkungen war die zunehmende Verwendung technischer Produktionsformen. Mehr und mehr setzte man den Verstand ein, um die verschiedenen Mittel zum Leben zu verbessern und zu vermehren, die ursprünglich allein von den Gaben der Natur abhängig gewesen waren. Obwohl die Frau ursprünglich eine Fähigkeit besaß, die sie dem Manne überlegen machte, und dieser den Mangel ursprünglich durch den Gebrauch seines Talents zur Zerstörung ausglich, benutzte der Mann später seine Intelligenz als Basis der technischen Produktivität. Dies war in den früheren Stadien eng mit Magie verbunden; später produzierte der Mann dank der Macht seines Denkens materielle Dinge, und diese Fähigkeit zu technischer Produktion hat nunmehr den Verlaß auf natürliche Produktion überflügelt.

Wir werden dieses Thema nicht weiterentwickeln und verweisen nur auf die Schriften von Bachofen, Morgan und Briffault, deren anthropologisches Material, das sie hervorragend analysiert haben, vielleicht nicht ihre Thesen beweist, aber stark für die Existenz gewisser Kulturen in verschiedenen Phasen der Frühzeit spricht, in denen die Mutter im Mittelpunkt der sozialen Organisation stand und sich die religiösen Vorstellungen um Muttergottheiten drehten, die die Zeugungskraft der Natur symbolisierten. (Vgl. F. Fromm-Reichmann, 1940.)

Ein Beispiel mag genügen. Der babylonische Schöpfungsmythos beginnt mit der Existenz einer Muttergottheit, Tiamat, die über das Universum herrscht. Ihre Herrschaft wird aber durch ihre männlichen Söhne bedroht, die ihren Sturz planen. Als Führer in diesem Kampf suchen sie einen, der ihr an Stärke gleichkommt. Sie einigen sich schließlich auf Marduk; doch ehe sie ihn endgültig wählen, verlangen sie von ihm eine Prüfung. Worin besteht diese Prüfung? Er muß »mit der Gewalt seines Mundes« ein Kleid verschwinden und mit einem Wort wiedererscheinen lassen. Der erwählte Führer zerstört das Kleid mit einem Wort, und mit einem Wort erschafft er es wieder. Seine Führerschaft ist bestätigt. Er besiegt die Muttergottheit und erschafft aus ihrem Leib Himmel und Erde.

Was ist der Sinn der Prüfung? Wenn der männliche Gott der Göttin an Stärke gleichkommen will, muß er die Eigenschaft besitzen, die sie überlegen macht – die Macht, etwas zu erschaffen. Die Prüfung soll beweisen, daß er diese Macht ebenso besitzt wie die charakteristische männliche Macht zu zerstören, mit der der Mann ursprünglich die Natur veränderte. Zuerst zerstört er einen Gegenstand, um ihn dann wiederzuerschaffen; aber er tut es mit seinem Wort, nicht wie die Frau mit dem Leib. An die Stelle der natürlichen Produktivität tritt die Magie von Gedanken- und Wortvorgängen.

Der biblische Schöpfungsmythos beginnt dort, wo der babylonische Mythos endet. Nahezu alle Spuren der Oberherrschaft einer weiblichen Gottheit sind nunmehr ausgeschieden. Die Schöpfung beginnt mit Gottes geheimnisvoller Kraft, der geheimnisvollen Kraft der Schöpfung durch das Wort. Das Thema der Schöpfung durch den Mann wird wiederholt; im Gegensatz zu den Tatsachen wird der Mann nicht durch die Frau geboren, sondern die Frau wird aus dem Manne geschaffen. (Vgl. den griechischen Mythos, daß Athene aus dem Haupt des Zeus entsprang, und die Deutung dieses Mythos sowie die Überreste der matriarchalischen Religion in der griechischen Mythologie bei Johann Jakob Bachofen und Rudolf Otto.) Der biblische Mythos ist ein Triumphgesang über die besiegte Frau; er leugnet, daß die Frau den Mann gebiert und verkehrt die natürlichen Beziehungen ins Gegenteil. Im Fluch Gottes wird die Oberherrschaft des Mannes bekräftigt. Die Gebärfunktion der Frau wird anerkannt, soll aber Schmerzen bringen. Der Mann soll arbeiten, d. h. produzieren; so tritt er an die Stelle der ursprünglichen Produktivität der Frau, auch wenn diese sich noch so sehr unter Schweiß und Schmerzen vollzieht.

Wir haben uns ausführlicher mit dem Phänomen matriarchalischer Überreste in der Religionsgeschichte befaßt, um einen Punkt, der in diesem Zusammenhang von Bedeutung ist, zu veranschaulichen: die Befähigung der Frau zur natürlichen Produktivität, die dem Manne fehlt, und die Unfruchtbarkeit des Mannes in dieser Hinsicht. In gewissen Perioden der Geschichte war diese Überlegenheit der Frau deutlich fühlbar; später lag alle Betonung auf der magischen und technischen Produktivität des Mannes. Trotzdem scheint dieser Unterschied unbewußt auch heute noch seinen Sinn nicht ganz verloren zu haben; irgendwo verspürt der Mann eine Scheu vor der Frau wegen dieser Fähigkeit, die er nicht besitzt. Er beneidet und fürchtet sie darum. Irgendwo in seinem Charakter ist das Bedürfnis nach einem beständigen Ausgleich dieses Mangels, irgendwo in der Frau das Gefühl der Überlegenheit wegen seiner Unfruchtbarkeit.

Bisher haben wir von gewissen charakterologischen Unterschieden zwischen Mann und Frau gesprochen, die sich aus Geschlechtsunterschieden ergeben. Soll das bedeuten, daß Züge wie übersteigerte Abhängigkeit auf der einen, Rivalität und Geltungsstreben auf der anderen Seite hauptsächlich durch Geschlechtsunterschiede verursacht werden? Weisen »die« Frau und »der« Mann solche Züge auf, daß wir es mit einer homosexuellen Komponente erklären müssen, wenn wir bei einem Menschen Züge finden, die für das andere Geschlecht charakteristisch sind?

Derartige Schlüsse lassen sich nicht ziehen. Die Geschlechtsunterschiede geben der Persönlichkeit des Mannes und der Frau gewöhnlich nur ihre Färbung. Diese Färbung ist der Tonart vergleichbar, in der eine Melodie geschrieben ist, nicht der Melodie selbst. Darüber hinaus betrifft sie nur den durchschnittlichen Mann und die durchschnittliche Frau und ist bei jedem Menschen anders.

Diese »natürlichen« Unterschiede mischen sich mit Unterschieden, die sich durch die jeweilige Kultur herausbilden. In unserer heutigen Kultur beispielsweise haben das Geltungsstreben und das Streben nach Konkurrenzerfolg, die wir beim Manne finden, sehr viel weniger mit der sexuellen als mit der sozialen Rolle zu tun. Die Gesellschaft ist so organisiert, daß dieses Streben zwangsläufig erzeugt wird, ohne Rücksicht darauf, ob es spezifisch männlich oder weiblich ist. Das Geltungsstreben, das der Mann seit Ende des Mittelalters zeigt, ist hauptsächlich aus dem Gesellschafts- und Wirtschaftssystem, nicht aus einer sexuellen Rolle zu erklären; das gleiche gilt für die Abhängigkeit der Frau. Es kommt vor, daß kulturelle Muster und Gesellschaftsformen Charaktertendenzen schaffen, parallel mit übereinstimmenden Tendenzen, die auf ganz anderen Ursachen (z. B. Geschlechtsunterschieden) beruhen. Dann werden die beiden parallelen Tendenzen verschmolzen, und es hat den Anschein, als ob ihre Ursprünge identisch seien.

Geltungsstreben und Abhängigkeit bestimmen, soweit sie Ergebnisse der Kultur sind, die gesamte Persönlichkeit. Die individuelle Persönlichkeit wird so auf einen Teil des gesamten Spektrums an menschlichen Möglichkeiten reduziert. Charakterunterschiede sind jedoch, soweit sie sich aus natürlichen Unterschieden ergeben, nicht dieser Art. Der Grund mag darin liegen, daß die *Gleichheit* zwischen den Geschlechtern größer ist als ihre *Verschiedenheit,* und Mann und Frau zuallererst menschliche Wesen sind mit gleichen Möglichkeiten, gleichen Begierden, gleichen Ängsten. Was aufgrund natürlicher Unterschiede an ihnen verschieden ist, macht sie nicht verschieden. Es ruft in ihren grundsätzlich ähnlichen Persönlichkeiten geringfügige Unterschiede in der Betonung der einen oder anderen Tendenz hervor; diese Betonung erscheint empirisch als Nuance.

Die Unterschiede, die auf Geschlechtsunterschieden beruhen, bieten offensichtlich keinen Grund dafür, dem Mann und der Frau in irgendeiner Gesellschaft verschiedene Rollen zuzuweisen. Welche Unterschiede auch zwischen den Geschlechtern bestehen – heute ist klar, daß sie im Vergleich zu den Charakterunterschieden, die zwischen Personen desselben Geschlechts auftreten, nicht ins Gewicht fallen. Die Geschlechtsunterschiede haben keinen Einfluß auf die Fähigkeit, Arbeit irgendwelcher Art zu verrichten. Gewiß mögen höchst differenzierte Leistungen in ihrem Wesen von geschlechtlichen Merkmalen gefärbt sein, das eine Geschlecht mag für eine gewisse Arbeit etwas begabter sein als das andere, aber das ist auch der Fall, wenn Extrovertierte mit Introvertierten oder Pykniker mit Asthenikern verglichen werden. Es wäre ein verhängnisvoller Irrtum, gesellschaftliche, wirtschaftliche und politische Differenzierungen nach solchen Merkmalen zu treffen.

Wieder wird klar, daß im Vergleich zu den allgemeinen gesellschaftlichen Einflüssen, von denen die männlichen oder weiblichen Muster geformt werden, die individuellen und – vom gesellschaftlichen Standpunkt aus – zufälligen Erfahrungen jedes Einzelmenschen sehr ins Gewicht fallen. Diese persönlichen Erfahrungen verschmelzen mit den kulturellen Mustern, wobei sie zumeist an Wirkung zunehmen, gelegentlich aber auch einbüßen. Es ist zu vermuten, daß der Einfluß der gesellschaftlichen und persönlichen Faktoren stärker ist als der der »natürlichen«, die hier genannt wurden.

Leider ist man gezwungen, darauf hinzuweisen, daß die der männlichen oder weiblichen Rolle zugeschriebenen Unterschiede keine Grundlage für ein gesellschaftliches oder moralisches Werturteil abgeben. Sie sind an sich weder gut noch schlecht, weder wünschenswert noch verhängnisvoll. Derselbe Charakterzug erscheint bei der einen Persönlichkeit als positives Merkmal, wenn gewisse Voraussetzungen gegeben sind, und als ein negatives Merkmal bei einer anderen Persönlichkeit mit anderen Voraussetzungen. So liegen die negativen Formen, in denen Angst des Mannes vor Versagen und ein Geltungsstreben zutage treten, auf der Hand: Eitelkeit, mangelnder Ernst, Unzuverlässigkeit, Angeberei. Es ist aber nicht weniger offensichtlich, daß eben diese Merkmale zu höchst positiven Charakterzügen führen können: zu Initiative, Aktivität und Mut. Das gilt auch im Hinblick auf die weiblichen Merkmale, wie wir sie beschrieben haben. Die besonderen Wesenszüge der Frau können sie unfähig machen, praktisch, emotional und intellektuell »auf eigenen Beinen zu stehen«, und das ist auch oft der Fall; doch unter anderen Bedingungen werden sie zur Quelle von Geduld, Zuverlässigkeit, Liebesintensität und erotischen Charmes.

Das positive oder negative Ergebnis des einen oder anderen Wesenszuges hängt von der gesamten Charakterstruktur der betreffenden Person ab. Zu den Persönlichkeitsfaktoren, die sich positiv oder negativ auswirken können, gehören beispielsweise Ängstlichkeit oder Selbstvertrauen, Destruktivität oder konstruktives Vermögen. Es genügt aber nicht, ein oder zwei isolierte Merkmale herauszugreifen; erst die *Totalität* der Charakterstruktur bestimmt, ob sich einer der männlichen oder weiblichen Wesenszüge positiv oder negativ auswirkt. Diesen Grundsatz hat auch Klages in sein graphologisches System eingebaut. Jedes einzelne Merkmal der Handschrift kann, je nach dem »Formniveau« der Gesamtpersönlichkeit, eine positive oder negative Bedeutung haben. Wenn der Charakter eines Menschen »ordentlich« genannt wird, so kann das entweder positiv sein: daß er nicht »liederlich« und imstande ist, sein Leben zu ordnen; oder es kann negativ sein: daß er pedantisch, unfruchtbar und ohne Initiative ist. Ganz offensichtlich liegt das Merkmal Ordentlichkeit sowohl dem negativen wie dem positiven Erscheinungsbild zugrunde, aber dieses wird von einer Reihe anderer Faktoren in der Gesamtpersönlichkeit bestimmt. Diese sind ihrerseits von äußeren Bedingungen abhängig, die dem Leben entweder entgegenarbeiten oder zu einem echten Wachstum beitragen.

Psychoanalyse – Wissenschaft oder Linientreue? (1958 a)

Bekanntlich ist die Freudsche Psychoanalyse eine Therapie zur Heilung von Neurosen und eine wissenschaftliche Theorie, die sich mit dem Wesen des Menschen befaßt. Weniger bekannt ist, daß sie auch eine »Bewegung«, eine internationale Organisation mit streng hierarchischem Aufbau und strengen Zugehörigkeitsregeln ist, die viele Jahre von einem aus Freud und sechs anderen bestehenden Geheimkomitee geleitet wurde. Diese Bewegung hat bei Gelegenheit und durch einige ihrer Mitglieder einen Fanatismus an den Tag gelegt, der gewöhnlich nur in religiösen und politischen Bürokratien zu finden ist.

Als revolutionäre wissenschaftliche Theorie ließe sich die Psychoanalyse am ehesten mit der Theorie Darwins vergleichen, die sich auf das moderne Denken noch gewaltiger ausgewirkt hat als die Psychoanalyse. Gibt es aber eine darwinistische »Bewegung«, die festlegt, wer sich als »Darwinist« bezeichnen darf, die straff organisiert ist und fanatisch für die Reinheit der Lehre Darwins kämpft?

Ich möchte zuerst einige der drastischeren und unglücklicheren Ausdrucksformen dieses »Parteigeistes« im Zusammenhang mit der Freud-Biographie von Ernest Jones aufzeigen (E. Jones, 1960–1962). Dies aus zwei Gründen: Erstens führte Jones' Parteifanatismus ihn zu grotesken posthumen Angriffen auf Männer, die mit Freud nicht übereinstimmten, und zweitens haben viele Rezensenten von Jones' Buch diese Angaben ohne Kritik oder Zweifel hingenommen.

Die »Neufassung« der geschichtlichen Ereignisse durch Jones führt in die Wissenschaft eine Methode ein, die wir bislang nur in der stalinistischen »Geschichtsschreibung« zu finden erwarteten. Die Stalinisten nannten Abtrünnige und Rebellen »Verräter« und »Spione« des Kapitalismus. Dr. Jones tut das gleiche in psychiatrischer Redeweise, indem er behauptet, daß Rank und Ferenczi, die beiden Männer, die Freud am engsten verbunden waren, aber später in einigen Punkten von ihm abwichen, seit vielen Jahren psychotisch gewesen seien. Er unterstellt, daß nur ihre Geisteskrankheit das Verbrechen ihres Abfalles von Freud erkläre, und im Falle Ferenczis, daß seine Klagen über die barsche und unduldsame Behandlung, die ihm von seiten Freuds widerfuhr, *ipso facto* der Beweis der Psychose seien.

Zuerst ist bemerkenswert, daß viele Jahre, bevor Ranks oder Ferenczis »Treulosigkeit« zur Debatte stand, innerhalb des Geheimkomitees heftige Kämpfe und Eifersüchteleien zwischen Abraham, Jones und, in gewissem Maße, Eitington auf der einen und Rank und Ferenczi auf der anderen Seite entstanden. Bereits 1924, als Rank sein Buch über das Geburtstrauma veröffentlichte, das Freud freundlich aufnahm, verdächtigte Abraham – »da er hörte, daß Freud für Kritik . . . ein offenes Ohr habe« (E. Jones, 1960–1962, Band III, S. 83) – Rank, er folgt Jung auf dem Weg zum »Verrat«.

Obwohl Freud Ranks neuen Theorien anfangs tolerant gegenüberstand, brach er später mit ihm – vermutlich unter dem Einfluß der Intrigen und Verdächtigungen der Gruppe um Jones und auch wegen der Weigerung Ranks, seine theoretischen Ansichten zu modifizieren. Zu jener Zeit sprach Freud von Ranks Neurose, die für seine Abweichungen verantwortlich sei; »und doch hatte er nur achtzehn Monate vorher die Bemerkung gemacht, in den fünfzehn Jahren, seit denen er Rank kenne, sei ihm kaum je einmal der Gedanke gekommen, daß er eine Analyse brauche« (a. a. O., S. 89).

Wie dem auch sei, Freud spricht von Neurose, nicht von Psychose. Jones deutet an, Freud habe die Erkenntnis, daß Rank an einer »Zyklothymie (manisch-depressive Psychose)« (a. a. O., S. 94) litt, verdrängt – eine Erkenntnis, über die sich Freud »schon Jahre vorher . . . geäußert« haben soll (a. a. O.). In Anbetracht der eben erwähnten Aussage Freuds erscheint die Andeutung von Jones nicht ganz überzeugend. (Außerdem ist der einzige Hinweis auf Freuds angebliche Erkenntnis ein Brief, den Freud im gleichen Jahr – nicht Jahre zuvor – an Ferenczi schrieb.) Eine ganze Geschichte wurde ersonnen, um das Vorhandensein dieser angeblichen Psychose zu erklären. Ihre Grundlage sei in den fünf Jahren nach dem Ersten Weltkrieg gelegt worden, in denen Rank sehr angestrengt und erfolgreich die Geschäfte des Psychoanalytischen Verlags in Wien geleitet hatte: »Rank . . . arbeitete in fast manischer Raserei und von der Vorstellung besessen, um jeden Preis sein Ziel zu erreichen und zu produzieren; . . . erst nach einigen Jahren wurde es deutlich, daß sich bei ihm eine manische Phase seiner Zyklothymie entwickelte, die immer stärker wurde« (a. a. O., S. 64). Für einen Psychiater, von einem Psychoanalytiker ganz zu schweigen, ist es ziemlich ungewöhnlich, die Entstehung einer manisch-depressiven Psychose teilweise durch Überarbeitung zu erklären.

Im Jahre 1923 war »der böse Geist der Uneinigkeit« (E. Jones, 1960–1962, Band III, S. 62) erwacht. Zu jener Zeit bezichtigte Freud Jones und Abraham, sie hätten die Auflösung des Zentralkomitees verschuldet. Am Ende sollte Jones den Sieg über seine Rivalen davontragen. »Erst nachdem ein paar Jahre verstrichen waren, kam die wahre Ursache der Störung ans Licht: das Versagen der seelischen Gesundheit bei Rank und Ferenczi« (a. a. O., S. 63). Dies führt zu der Behauptung, die alles übertrifft: Die Verlierer im innerparteilichen Kampf, Rank und Ferenczi, hätten den Keim einer Psychose viele Jahre lang in sich getragen, doch seien diese psychotischen Keime erst manifest geworden, als die beiden anderer Meinung wurden als Freud. Als sie sich weigerten, Freud Genugtuung zu leisten, trat die Psychose zutage! Wie Jones mit erfrischender Offenheit sagt, war es Freuds Hoffnung, als er das Komitee gründete, »daß wir sechs Männer dieser Aufgabe gewachsen seien. Es stellte sich heraus, daß dies leider nur für vier von uns zutraf. Zwei von den Mitgliedern, Rank und Ferenczi, waren nicht imstande, bis zum Ende durchzuhalten. Bei beiden – bei Rank in dramatischer Form, wie wir gleich sehen werden, bei Ferenczi erst nach und nach, gegen Ende seines Lebens – entwickelten sich psychotische Erscheinungen, *die sich* unter anderem *darin äußerten, daß sie sich von Freud und seinen Lehren abwandten. Die Keime einer destruktiven Psychose – so lange allen unsichtbar geblieben – kamen unaufhaltsam zum Ausbruch*« (a. a. O., S. 62; Hervorhebung E. F.).

Wenn das, was Jones schreibt, wahr sein sollte, dann lag in der Tat eine höchst verwunderliche Nachlässigkeit auf seiten Freuds vor, der die psychotische Entwicklung bei zweien seiner engsten Schüler und Freunde bis zum Augenblick des klar zutage tretenden Konflikts nicht wahrnahm. Jones unternimmt keinen Versuch, einen objektiven Beweis für seine Behauptung von Ranks angeblicher manisch-depressiver Psychose zu erbringen. Wir haben lediglich Jones' Angaben, d. h. lediglich die Angaben eines Mannes, der gegen Rank intrigierte und ihn im Kampf am »Hof« um Freud jahrelang der Treulosigkeit verdächtigte. Andererseits liegen viele Zeugnisse vor, die das Gegenteil besagen. Ich zitiere lediglich aus einer Aussage von Dr. Harry Bone, einem New Yorker Psychoanalytiker, der Rank seit 1932 kannte und bis zu seinem Tode mit ihm in häufigem persönlichen Kontakt stand:

»Bei den zahlreichen Anlässen und in den verschiedenen Situationen, in denen ich Gelegenheit hatte, ihn in Bewegung und ruhend zu sehen, nahm ich kein Anzeichen einer Psychose oder irgendeiner geistigen Anomalie wahr« (persönliche Mitteilung).

Rank ließ es schließlich zum offenen Bruch mit Freud kommen, Ferenczi nicht. Es ist daher um so erstaunlicher, daß auch Ferenczi von Jones des Verrats bezichtigt wird. Die Geschichte des Verrats soll wie im Fall von Jung und Rank auf einer fatalen Amerikareise begonnen haben. Als Ferenczi nach New York wollte, veranlaßte Jones »aus irgendeiner intuitiven Vorausahnung, die sich wahrscheinlich auf die unglücklichen Folgen von ähnlichen Besuchen, Jungs und Ranks, stützte« (E. Jones, 1960–1962, Band III, S. 155), ihm nahezulegen, seinen Plan fallenzulassen. Ferenczi fuhr trotzdem in die Vereinigten Staaten, mit der vollen Billigung Freuds. »Das Ergebnis«, schreibt Jones (a. a. O.), »gab meinen Vorahnungen recht. Nach jenem Besuch war Ferenczi nie mehr derselbe, wenn es auch noch *vier oder fünf Jahre dauerte, bis Freud die Veränderung in seiner Verfassung deutlich erkannte*« (Hervorhebung E. F.).

Es scheint, als hätten die unglaubliche Rivalität und die Intrigen zwischen Jones und Ferenczi in den folgenden Jahren angedauert. Ferenczi verdächtigte Jones der Lüge und des Ehrgeizes, die angelsächsischen Länder aus finanziellen Motiven unter seinem Szepter vereinen zu wollen. (Vgl. a. a. O., S. 178.) Jones zufolge wurde Freud dadurch »ungünstig gegen mich beeinflußt« (a. a. O., S. 164). Schließlich scheinen die gegen Ferenczi gerichteten Kräfte den Sieg davongetragen zu haben. Freud schrieb im Dezember 1929 an Ferenczi: »Sie haben sich zweifellos in den letzten Jahren äußerlich von mir zurückgezogen. Aber ich hoffe, nicht so weit, daß von meinem Paladin und geheimen Großwesir eine Bewegung zur Schaffung einer neuen oppositionellen Analyse zu erwarten wäre« (E. Jones, a. a. O., S. 179).

Worin lag der Kern des theoretischen Unterschieds zwischen Freud und Ferenczi? Ferenczi war stark beeindruckt von der Bedeutung der elterlichen Lieblosigkeit und glaubte, daß der Patient zu seiner Heilung mehr als »Deutungen«, daß er eine Art mütterlicher Liebe brauche, die ihm als Kind versagt worden war. Ferenczi änderte sein Verhalten zum Patienten: Aus dem unbeteiligten Beobachter wurde er zum anteilnehmenden, liebenden menschlichen Wesen, und er selbst war begeistert von den therapeutischen Ergebnissen dieser neuen Einstellung. Freud scheint dieser Neuerung zu Beginn mit Toleranz begegnet zu sein. Aber sein Verhalten änderte sich, offensichtlich, weil Ferenczi nicht genügend bereit war, ihn zu beschwichtigen; vielleicht aber auch, weil die Verdächtigungen, die die Jones-Fraktion gegen Ferenczi vorbrachte, ihre Wirkung taten.

Ferenczi sah Freud zum letzten Mal 1932, vor dem Kongreß in Wiesbaden. Dieser Besuch war ein wahrhaft tragisches Ereignis. Freud faßte seinen endgültigen Eindruck über den Mann, der seit den frühen Jahren der Bewegung sein ergebener Anhänger und Freund gewesen war, in einem Telegramm an Eitington zusammen: »Ferenczi unzulänglich. Eindruck unbefriedigend« (a. a. O., S. 207). Ferenczi berichtete Dr. Clara Thompson von dem Besuch unmittelbar danach in dem Zug, der sie von Wien nach Deutschland brachte. Er sagte, der Besuch sei »schrecklich« gewesen und Freud habe ihm gesagt, er könne seine Rede vor dem Psychoanalytischen Kongreß in Wiesbaden halten, müsse aber versprechen, sie nicht zu veröffentlichen. Bald darauf bemerkte Ferenczi an sich die ersten Symptome einer perniziösen Anämie, der Krankheit, an der er im folgenden Jahre starb.

Bereits einige Zeit vor seiner letzten Begegnung mit Freud hatte Ferenczi Mrs. Izette de Forest erzählt, wie traurig und verletzt er sich durch die schroffe und feindselige Art fühle, in der Freud ihn behandelt habe (persönliche Mitteilung). Die Behandlung, die Ferenczi widerfuhr, deutet auf eine bemerkenswerte Intoleranz hin. Freuds Unfähigkeit, einem früheren Freund zu vergeben, der sich von ihm entfernte, tritt noch drastischer in dem verächtlichen Haß zutage, den er beim Tode Alfred Adlers zum Ausdruck brachte: »Für einen Judenbuben aus einem Wiener Vorort ist ein Tod in Aberdeen, Schottland, eine unerhörte Karriere und ein Beweis, wie weit er es gebracht hat. Wirklich hat ihn die Mitwelt für das Verdienst, der Analyse widersprochen zu haben, reichlich belohnt« (Brief an Arnold Zweig vom 22. 6. 37; zit. nach E. Jones, a. a. O., S. 255).

Izette de Forest (1954) gebraucht eine ziemlich milde Charakterisierung, wenn sie das Verhalten Ferenczi gegenüber als »schroff« und »beinahe feindselig« bezeichnet. Jones indessen leugnet, daß Freud irgendwelche Spuren einer autoritären und intoleranten Haltung gezeigt habe. Er behauptet rundweg, die Geschichte einer solchen Feindschaft entbehre des Wahrheitsgehaltes, obgleich »man annehmen (darf), Ferenczi habe dies in seinem letzten Wahnzustand selbst geglaubt und zum Teil weitergegeben« (E. Jones, 1960–1962, Band III, S. 212).

Wenige Monate vor seinem Tode sandte Ferenczi an Freud einen Geburtstagsglückwunsch. Angeblich war »die geistige Störung ... in den letzten Monaten rapide fortgeschritten« (a. a. O., S. 214). Jones behauptet – ohne eine Quelle anzugeben –, daß Ferenczi erzählt habe, eine seiner amerikanischen Patientinnen habe ihn analysiert und ihn von all seinen Übeln befreit; Botschaften zwischen ihr und ihm würden über den Atlantik gelangen. Jones muß aber zugeben, daß Ferenczi schon »immer stark an Telepathie geglaubt« habe (a. a. O.), was den »Beweis« für Ferenczis Wahnsinn ziemlich entkräften dürfte. Der einzige »Beweis«, der zur Verfügung steht, sind »die Wahnvorstellungen von Freuds Feindseligkeit« (a. a. O., S. 214). Offenbar meint Jones, nur ein kranker Geist könne Freud des autoritären Verhaltens und der Feindseligkeit beschuldigen.

Jones führt nun die Geschichte der angeblichen Psychose Ferenczis, deren Keime schon früher existiert haben sollen, ihrem Höhepunkt zu. Als die Krankheit auf Rückgrat und Gehirn übergriff, »verschärfte« dies »bei ihm zweifellos die latenten psychotischen Tendenzen« (a. a. O., S. 212). In einem seiner letzten Briefe an Freud gab Ferenczi diesem nach der Machtübernahme Hitlers den Rat, er solle nach England gehen. Jones interpretiert diesen sehr realistischen Rat als ein Zeichen dafür, »daß in seinem Wahnzustand Methode lag« (a. a. O., S. 213). »Gegen das Ende hatte er heftige Ausbrüche von paranoiden Vorstellungen und sogar Mordideen, denen am 24. Mai der plötzliche Tod folgte« (a. a. O., S. 214). Jones behauptet nicht, sein Wissen aus erster Hand zu haben, noch legt er irgendeinen Beweis oder ein Zeugnis für Ferenczis Psychose oder »die heftigen Ausbrüche von paranoiden Vorstellungen und sogar Mordideen« vor.

Wenn man diese sowie die folgenden Aussagen in Betracht zieht, dann müssen Jones' Behauptungen über die Psychosen von Rank und Ferenczi als unwahr angesehen werden. Es erhebt sich der Verdacht, daß sie Erzeugnisse eines Wunschdenkens sind, das motiviert wird durch jahrelange persönliche Eifersucht und das Bestreben, Freud die Kritik zu ersparen, gegen Männer, die ihm tief ergeben waren, unfreundlich und schroff gewesen zu sein. (Es ist nicht meine Absicht, Dr. Jones der bewußten Unaufrichtigkeit zu bezichtigen; daß unbewußte Strebungen bewußte Absichten zunichte machen können, ist allerdings eine andere Sache und gerade Gegenstand der Psychoanalyse.)

Jones hat Ferenczi im letzten Jahr seiner Krankheit nicht gesehen. Aber Dr. Clara Thompson, die von 1932 bis zum Tage seines Todes bei Ferenczi war, berichtet: »Abgesehen von den Symptomen seiner physischen Krankheiten war in seinem Verhalten, das ich beobachtete, nichts Psychotisches. Ich besuchte ihn regelmäßig und sprach mit ihm, und es ereignete sich, abgesehen von Gedächtnisschwierigkeiten, kein einziger Zwischenfall, der Jones' Bild von der Psychose Ferenczis oder einer mordlüsternen Verfassung bekräftigen würde« (persönliche Mitteilung).

Dr. Michael Balint, einer der vertrauenswürdigsten Schüler Ferenczis und der Verwalter seines literarischen Nachlasses, weist die Behauptungen von Jones ebenfalls zurück. Er schreibt: »Trotz seiner fortschreitenden körperlichen Schwäche (aufgrund einer perniziösen Anämie mit rasch fortschreitender Degeneration des Rückenmarkes) war er geistig jederzeit klar.« Er stellt fest, daß er »Ferenczi häufig – fast jede Woche einoder zweimal – während seiner letzten Krankheit gesehen habe ... Ich sah ihn am Sonntag vor seinem Tode; selbst da – obwohl schmerzgequält, schwach und ataktisch – war er geistig vollkommen klar.« – Ferenczis Stieftochter, Frau Elma Lauvrik, die ebenfalls bis zu seinem Tode bei ihm war, bestätigte mir schriftlich die Übereinstimmung mit den Schilderungen von Dr. Thompson und Dr. Balint.

Ich habe die phantastischen Deutungen von Dr. Jones so ausführlich geschildert, um erstens die Erinnerung an talentierte und ergebene Männer zu verteidigen, die das nicht mehr selbst tun können, und zweitens an einem Beispiel den doktrinären Geist zu zeigen, der in gewissen Kreisen der psychoanalytischen Bewegung zu finden ist. Man hat die psychoanalytische Bewegung bereits früher eines solchen Geistes verdächtigt; Jones' Werk, vor allem seine Behandlung Ranks und Ferenczis im dritten Band, bestätigt diesen Verdacht in allen Einzelheiten.

Es stellt sich die Frage: *Wie konnte die Psychoanalyse, eine Theorie und Therapie, in eine fanatische Bewegung dieser Art verwandelt werden?* Die Antwort kann nur durch eine Prüfung der Motive Freuds bei der Entwicklung der psychoanalytischen Bewegung gefunden werden.

Bei oberflächlicher Betrachtung ist Freud lediglich der Schöpfer einer *neuen Therapie für psychische Erkrankungen,* und auf diesen Gegenstand waren sein Hauptinteresse und seine gesamten Bemühungen gerichtet. Bei näherer Betrachtung finden wir hinter der Vorstellung von einer medizinischen Therapie zur Heilung von Neurosen jedoch eine völlig andere Absicht, die Freud selten aussprach und die ihm wohl nur selten überhaupt bewußt war. Dieser geheime, unausgesprochene Plan betraf in erster Linie nicht die Heilung von psychisch Kranken, sondern etwas, das über Heilung und Krankheit hinausging. Was war das?

Es war gewiß nicht Medizin. Freud schrieb (E. Jones, 1960–1962, Band I, S. 48): »Nach 41jähriger ärztlicher Tätigkeit sagt mir meine Selbsterkenntnis, ich sei eigentlich kein richtiger Arzt gewesen. Ich bin Arzt geworden durch eine mir aufgedrängte Ablenkung meiner ursprünglichen Absicht, und mein Lebenstriumph liegt darin, daß ich nach großem Umweg die anfängliche Richtung wieder gefunden habe.«

Was ist diese anfängliche Richtung, zu der Freud zurückfand? Er sagt es sehr deutlich im selben Absatz: »In den Jugendjahren wurde das Bedürfnis, *etwas von den Rätseln dieser Welt zu verstehen oder vielleicht selbst etwas zu ihrer Lösung beizutragen, übermächtig*« (Hervorhebung E. F.). Das Interesse an den Rätseln der Welt und der Wunsch, etwas zu ihrer Lösung beizutragen, waren in ihm sehr lebendig während seiner Gymnasialzeit, besonders während der letzten Jahre, und er selbst berichtet (a. a. O.): »Unter dem mächtigen Einfluß einer Freundschaft mit einem etwas älteren Gymnasialkollegen, der nachher als Politiker bekannt wurde, wollte auch ich Jura studieren und mich sozial betätigen.«

Dieser Schulfreund, Heinrich Braun, ein Sozialist, sollte ein Führer in der sozialistischen Bewegung werden. Wie Freud an einer anderen Stelle berichtet, war dies die Zeit, in der der Kaiser die ersten bürgerlichen Minister ernannte und damit in den Häusern der liberalen Mittelklasse, vor allem unter der jüdischen Intelligentsia, große Begeisterung hervorrief. Zu jener Zeit interessierte sich Freud sehr für die Probleme des Sozialismus und für eine Zukunft als Politiker; als ersten Schritt in diese Richtung beabsichtigte er, Jurisprudenz zu studieren. Selbst in den Jahren, in denen Freud als Assistent in einem physiologischen Laboratorium arbeitete, war ihm völlig klar, daß er sich einer Sache verschreiben müsse. 1881 schrieb er an seine Braut, daß die Philosophie, die er stets als sein Ziel und als seine Alterszuflucht angesehen habe, jeden Tag an Anziehungskraft gewinne, ebenso alle menschlichen Belange oder irgendeine Sache, der er seine Hingabe um jeden Preis widmen könne; aber die Angst vor der höchsten Ungewißheit aller politischen und lokalen Dinge hielt ihn aus dieser Sphäre heraus.

Freuds politisches Interessse – wenn wir das Wort »Interesse« in einem ziemlich weiten Sinn gebrauchen –, seine Identifikation mit Führern, die entweder Eroberer oder große Wohltäter der Menschheit waren, setzte jedoch keineswegs erst in den letzten Schuljahren ein. Schon als Junge hatte er Hannibal bewundert und sich mit ihm für das ganze Leben identifiziert, wie aus seinen eigenen Berichten klar zu erkennen ist. Freuds Identifikation mit Moses war vielleicht noch tiefergreifend und anhaltender. Es gibt Beweise hierfür, doch mag der Hinweis genügen, daß Freud sich mit Moses identifizierte, der die Masse eines unwissenden Volkes in ein besseres Leben der Vernunft und der Kontrolle über die Leidenschaft führte. Ein weiterer Hinweis auf diese Einstellung war Freuds Interesse für die »Internationale Brüderschaft für Ethik und Kultur«, der Freud im Jahre 1910 beitreten wollte. (Vgl. E. Jones, 1960–1962, Band II, S. 88.) Jones berichtet (a. a. O.), daß Freud Jung fragte, ob er einen solchen Schritt für angebracht halte, und erst auf Jungs negative Antwort hin den Plan aufgab. Die Internationale Psychoanalytische Bewegung aber, die kurz darauf entstand, sollte eine direkte Fortsetzung der Idee einer »Internationalen Brüderschaft für Ethik und Kultur« sein.

Was waren die Ziele dieser Bewegung und was war ihr Dogma? Freud hat es wohl am klarsten in dem Satz ausgedrückt: »Wo Es war, soll Ich werden« (S. Freud, 1933a, S. 86). Sein Ziel war die Kontrolle irrationaler Leidenschaften durch die Vernunft, die Befreiung des Menschen von der Leidenschaft innerhalb der menschlichen Möglichkeiten. Er studierte die Quellen der Leidenschaften, um dem Menschen zu helfen, sie zu beherrschen. Sein Ziel war die Wahrheit, die Erkenntnis der Realität; dieses Wissen war für ihn der einzige Leitstern des Menschen auf Erden. Diese Ziele waren die traditionellen Ziele des Rationalismus, der Aufklärung und der puritanischen Ethik. Es war der Genius Freuds, daß er sie mit einer neuen psychologischen Einsicht in die Dimensionen der verborgenen und irrationalen Quellen des menschlichen Handelns verband. In vielen Freudschen Formulierungen wird sichtbar, daß Freuds Interesse über das einer bloß medizinischen Heilung hinausging. Er spricht von der psychoanalytischen Therapie als der »Befreiung des menschlichen Wesens«, vom Analytiker als dem Menschen, der als »Vorbild« dienen und als »Lehrer« handeln müsse (vgl. S. Freud, 1940a, S. 101), und darum müsse die Beziehung zwischen Analytiker und Patient auf Wahrheitsliebe, d. h. auf Anerkennung der Realität beruhen, und jede Art von Heuchelei oder Täuschung ausgeschlossen sein. Was folgt daraus? Während Freud bewußt nur Wissenschaftler und Therapeut war, war er – und wollte es sein – unbewußt einer der großen kulturell-ethischen Führer des zwanzigsten Jahrhunderts. Er wollte die Welt mit seinem rationalistisch-puritanischen Dogma erobern und den Menschen zu dem einzigen – und sehr begrenzten – Heil führen, zu dem er fähig war: der Überwindung der Leidenschaft durch den Intellekt. Für Freud war dies – und nicht irgendeine Religion oder politische Lösung wie der Sozialismus – die einzig gültige Antwort auf das Problem des Menschen.

Freuds Bewegung war erfüllt von der rationalistischen und liberalen Begeisterung des achtzehnten und neunzehnten Jahrhunderts. Es war sein tragisches Geschick, daß diese Bewegung nach dem Ersten Weltkrieg im städtischen Kleinbürgertum und der Intelligentsia populär wurde, der es an Glauben und politischem oder philosophischem Radikalismus fehlte. So wurde die Psychoanalyse zum Ersatz für ein radikales philosophisches und politisches Interesse, ein neuer Glaube, der von seinen Anhängern wenig mehr verlangte, als daß sie die Terminologie erlernten. Genau diese Funktion ist es, die die Psychoanalyse heute so populär macht. Die Bürokratie, die von Freuds Lehre das Äußere übernahm, schlägt aus dieser Popularität Kapital, aber sie hat wenig von seiner Größe und seinem wirklichen Radikalismus geerbt. Ihre Mitglieder bekämpften einander mit kleinlichen Intrigen und Machenschaften, und die »offizielle« Erfindung über Ferenczi und Rank dient dazu, die beiden einzigen produktiven und einfallsreichen Jünger aus der ursprünglichen Gruppe, die nach Adlers und Jungs Abfall geblieben waren, auszuschalten. Wenn die Psychoanalyse den grundlegenden Entdeckungen Freuds folgen und diese entwickeln will, so muß sie auf dem Standpunkt eines humanistischen und dialektischen Denkens viele ihrer Theorien revidieren, die im Geiste des physiologischen Materialismus des neunzehnten Jahrhunderts aufgestellt wurden. Eine solche Übertragung Freuds in eine neue Tonart muß sich auf eine dynamische Sicht des Menschen und auf Einblicke in die spezifischen Bedingungen der menschlichen Existenz stützen. Die humanistischen Ziele

Freuds, die über Krankheit und Therapie hinausgehen, mögen dann einen neuen und angemesseneren Ausdruck finden – doch nur, wenn die Psychoanalyse nicht mehr länger von einer toten Bürokratie beherrscht wird und sie ihren ursprünglichen Wagemut auf der Suche nach Wahrheit wiedergewinnt.

Der revolutionäre Charakter (1963b)

Der Begriff des »revolutionären Charakters« ist ein politisch-psychologischer. In dieser Hinsicht ähnelt er dem Begriff des autoritären Charakters, der in den dreißiger Jahren in der Psychologie eingeführt wurde. Letzterer verband eine politische Kategorie, die der autoritären Struktur in Staat und Familie, mit einer psychologischen Kategorie, der Charakterstruktur, die die Grundlage für eine derartige politische und soziale Struktur schafft.

Der Begriff des *autoritären Charakters* wurde im Zusammenhang mit politischen Interessen formuliert. Um das Jahr 1930 fand unter meiner Leitung eine Untersuchung bei deutschen Arbeitern und Angestellten statt, die auch darüber Auskunft geben sollte, welche Chancen bestünden, daß Hitler bei einer Wahl von der Mehrheit der Deutschen abgelehnt würde. 1930 sprach sich die Mehrheit des deutschen Volkes – vor allem die Arbeiter und Angestellten – gegen den Nazismus aus. Wie sich bei den politischen Wahlen und bei Betriebsratswahlen gezeigt hatte, standen sie auf der Seite der Demokratie. Die Frage aber war, ob sie auch für ihre Ideen kämpfen würden, falls es zum Kampf käme. Wir gingen davon aus, daß es zwei verschiedene Dinge sind, ob jemand eine bestimmte politische Meinung bekundet, und ob diese auch eine tiefsitzende Überzeugung ist. Jeder kann sich zwar eine Meinung bilden, ebenso wie man eine fremde Sprache erlernen oder eine fremde Sitte annehmen kann, aber nur Meinungen, die in der Charakterstruktur des Menschen verwurzelt sind und hinter denen die Energie seines Charakters steht, werden zu Überzeugungen. Ideen werden leicht übernommen, wenn die Mehrheit sie vertritt, ihre Auswirkungen aber sind weitgehend von der Charakterstruktur des Menschen in einer kritischen Situation abhängig. Wie Heraklit sagte und Freud bewies, ist der Charakter des Menschen sein Schicksal. Die Charakterstruktur bestimmt, welche Ideen ein Mensch wählt, und sie bestimmt auch die Kraft der Idee, die er wählt. Darin liegt in der Tat die große Bedeutung des Freudschen Charakterbegriffs, daß er über die traditionelle Auffassung des Verhaltens hinausgeht und sich mit jenem Verhalten befaßt, das dynamisch bestimmt ist, so daß der Mensch nicht nur in gewissen Bahnen denkt, sondern schon der Gedanke in seinen Neigungen und Emotionen verwurzelt ist.

Die Frage, die wir uns damals stellten, lautete: Inwieweit haben die deutschen Arbeiter und Angestellten eine Charakterstruktur, die der autoritären Idee des Nazismus widerstrebt? Das schloß eine weitere Frage ein: Inwieweit werden die deutschen Arbeiter und Angestellten im kritischen Augenblick gegen den Nazismus kämpfen? Die Studie ergab, daß etwa 10 Prozent der deutschen Arbeiter und Angestellten das besaßen, was wir eine autoritäre Charakterstruktur nennen; etwa 15 Prozent hatten eine demokratische Charakterstruktur, und die große Mehrheit – etwa 75 Prozent – waren Menschen, deren Struktur eine Mischung aus beiden Extremen darstellte. [1]

Die theoretische Annahme war, daß die Autoritären glühende Nazis, die »Demokratischen« militante Antinazis und die Mehrheit weder das eine noch das andere sein würden. Sie war mehr oder minder zutreffend, wie die Ereignisse in den Jahren zwischen 1933 und 1945 gezeigt haben. (Die Frage wurde von Th. W. Adorno et al., 1950, mit wesentlich verfeinerten Methoden untersucht.)

Für unseren Zweck mag die Angabe genügen, daß die autoritäre Charakterstruktur einen Menschen kennzeichnet, dessen Erleben von Stärke und Identität auf einer symbiotischen Unterordnung unter Autoritäten und auf der gleichzeitigen symbiotischen Herrschaft über alle seiner Autorität Unterworfenen basiert. Der autoritäre Charakter fühlt sich also stark, wenn er sich der Autorität unterwerfen und ein Teil von ihr werden kann, wobei die Autorität (durch die Realität teilweise unterstützt) aufgebläht und vergöttlicht wird und er zugleich sich selbst aufbauscht, indem er sich jene, die seiner Autorität unterworfen sind, einverleibt. Es handelt sich um einen Zustand sadomasochistischer Symbiose, die ihm das Gefühl von Stärke

[1] Die Methode, die wir anwandten, war die Interpretation individuell formulierter Antworten auf offene Fragen unter Berücksichtigung ihrer unbeabsichtigten unbewußten Bedeutung im Gegensatz zur manifesten Aussage. Wenn jemand beispielsweise die Frage »Welche geschichtlichen Persönlichkeiten bewundern Sie am meisten?« beantwortete mit »Alexander der Große, Cäsar, Napoleon, Marx und Lenin«, interpretierten wir die Antwort als »autoritär«; denn die Zusammenstellung zeigt, daß er Diktatoren und militärische Führer bewunderte. Wenn die Antwort »Sokrates, Pasteur, Kant, Marx und Lenin« lautete, so stuften wir ihn als demokratisch ein; denn er bewunderte die Wohltäter der Menschheit und nicht die Machthaber.

und Identität verleiht. Weil er ein Teil des »Großen« (was immer es sein mag) ist, wird er selbst groß; wäre er allein, auf sich gestellt, so würde er zu einem Nichts zusammenschrumpfen. Deshalb erlebt der autoritäre Charakter eine Bedrohung der Autorität und seiner eigenen autoritären Struktur als eine Bedrohung seiner selbst – als Bedrohung seiner geistigen Gesundheit. So ist er gezwungen, gegen die Bedrohung des Autoritären ebenso zu kämpfen, wie er gegen die Bedrohung seines Lebens oder seiner geistigen Gesundheit kämpfen würde.

Wenn ich mich jetzt dem Begriff des *revolutionären Charakters* zuwende, so möchte ich zunächst klarstellen, was der revolutionäre Charakter meiner Ansicht nach nicht ist. Ganz offensichtlich ist der revolutionäre Charakter nicht identisch mit dem Menschen, der an Revolutionen teilnimmt. Das ist genau der Unterscheidungspunkt zwischen Verhalten und Charakter im dynamischen Sinne Freuds. Aus einer Reihe von Gründen kann jeder, ganz gleich, was er fühlt, an einer Revolution teilnehmen, vorausgesetzt, daß er sie aktiv unterstützt. Aber die Tatsache, daß er als Revolutionär handelt, sagt wenig über seinen Charakter aus.

Der zweite Teil der Bestimmung, was der revolutionäre Charakter nicht ist, ist etwas komplizierter. Der revolutionäre Charakter ist kein *Rebell*. Was will ich damit sagen? (Vgl. E. Fromm, 1941a, GA I, S. 316f.) Ich würde den Rebellen als Menschen bezeichnen, der einen tiefen Groll gegen die Autorität hegt, weil sie ihn nicht schätzt, nicht liebt, nicht akzeptiert. Der Rebell will die Autorität aus Ressentiment stürzen und sich selbst zur Autorität anstelle der gestürzten machen. Sehr oft schließt er in dem Augenblick, in dem er sein Ziel erreicht, Freundschaft mit eben der Autorität, die er vorher so heftig bekämpft hat.

Der charakterologische Typ des Rebellen ist in der politischen Geschichte des zwanzigsten Jahrhunderts ziemlich gut bekannt. Betrachten wir nur eine Gestalt wie Ramsay MacDonald, der als Pazifist und Kriegsdienstverweigerer begann. Als er genügend Macht erreicht hatte, verließ er die Labour Party und verbündete sich mit der viele Jahre bekämpften Autorität, wobei er zu seinem Freund und früheren Genossen Snowdon am Tag seines Eintritts in die Regierung sagte: »Jede Herzogin in London wird mich heute auf beide Wangen küssen wollen.« Hier haben wir den klassischen Typ des Rebellen, der die Rebellion benutzt, um selbst Autorität zu werden.

Manchmal dauert es Jahre, bis das Ziel erreicht wird, manchmal geht es schneller. Wenn man eine Persönlichkeit wie den unglücklichen Laval in Frankreich betrachtet, der als Rebell begann, so wird man sich erinnern, daß er nach kurzer Zeit genügend politisches Kapital gesammelt hatte, um es ausgeben zu können. Es gibt viele andere, die ich nennen könnte, aber der psychologische Mechanismus ist immer gleich. Man könnte das politische Leben des zwanzigsten Jahrhunderts als einen moralischen Friedhof von Persönlichkeiten bezeichnen, die als angebliche Revolutionäre begannen und sich als bloße opportunistische Rebellen entpuppten.

Es gibt noch etwas, was der revolutionäre Charakter nicht ist, und das ist etwas komplizierter als der Begriff des Rebellen: Er ist kein *Fanatiker*. Revolutionäre im behavioristischen Sinn sind oft Fanatiker, und in diesem Punkt ist der Unterschied zwischen politischem Verhalten und Charakterstruktur besonders augenfällig – zumindest in dem Sinn, in dem ich den Charakter des Revolutionärs sehe. Was verstehe ich unter einem Fanatiker? Der entscheidende Punkt ist nicht, daß er eine Überzeugung hat. (Heute nennt man jeden, der eine Überzeugung vertritt, einen »Fanatiker«, während jeder, der keine Überzeugung hat oder dessen Überzeugungen dehnbar sind, als »Realist« gilt.)

Man kann den Fanatiker klinisch als einen Menschen bezeichnen, der übersteigert narzißtisch ist – als eine Person, die sich am Rand der Psychose bewegt (Depression, häufig mit paranoiden Zügen vermischt) und wie alle psychotischen Menschen kein Verhältnis zur Außenwelt hat. Der Fanatiker hat jedoch eine Lösung gefunden, die ihn vor der manifesten Psychose bewahrt. Er hat sich einer Sache verschrieben, irgendeiner, wobei es ganz gleichgültig ist, ob diese politischer, religiöser oder anderer Natur ist. Diese Sache hat er zum Götzen gemacht. Aus der völligen Unterwerfung unter diesen Götzen bezieht er ein leidenschaftliches Lebensgefühl, einen Lebenssinn; denn in seiner Unterwerfung identifiziert er sich mit dem Idol, das er unendlich vergrößert und zum Absoluten gemacht hat.

Wenn wir ein Symbol für den Fanatiker wählen wollen, so wäre es brennendes Eis. Der Fanatiker ist zugleich leidenschaftlich und äußerst kühl. Er hat keine Beziehung zur Welt und ist doch von der brennenden Leidenschaft erfüllt, am Absoluten teilzuhaben und sich ihm zu unterwerfen. Um den Charakter des Fanatikers zu erkennen, darf man nicht sosehr auf das hören, was er sagt, sondern muß das eigenartige Flackern in seinen Augen beobachten, die kalte Leidenschaft, die das Paradoxon des Fanatikers ist: die Verbindung von vollkommener Beziehungslosigkeit mit leidenschaftlicher Anbetung des Idols. Der Fanatiker kommt dem nahe, was die Propheten einen »Götzenanbeter« nannten. Es muß nicht betont werden, daß er zu allen Zeiten eine große Rolle in der Geschichte gespielt hat; und oft stellt er sich als Revolutionär dar, weil er häufig das sagt, was wenigstens dem Klang nach revolutionär ist.

Ich habe versucht zu erklären, welche Eigenschaften der revolutionäre Charakter meiner Ansicht nach nicht besitzt. Ich glaube, der charakterologische Begriff des Revolutionärs ist heute sehr wichtig – ebenso wichtig vielleicht wie der des autoritären Charakters. Wir leben im Zeitalter der Revolutionen, das vor etwa 300 Jahren mit den politischen Aufständen der Engländer, Franzosen und Amerikaner begann und sich in den sozialen Revolutionen Rußlands, Chinas und – in unseren Tagen – Lateinamerikas fortsetzt.

In diesem revolutionären Zeitalter ist das Wort »Revolutionär« in vielen Teilen der Welt als positive Bezeichnung für viele politische Bewegungen attraktiv geblieben. Tatsächlich nehmen alle Bewegungen, die das Wort »revolutionär« gebrauchen, ganz ähnliche Ziele für sich in Anspruch: für Freiheit und Unabhängigkeit zu kämpfen. In Wirklichkeit tut das ein Teil, der andere nicht; während einige tatsächlich für Freiheit und Unabhängigkeit kämpfen, benutzen andere die revolutionäre Losung nur, um für die Errichtung eines autoritären Regimes mit einer anderen Elite im Sattel zu kämpfen.

Wie könnte man *Revolution* definieren? Man könnte sie im Stil des Wörterbuchs definieren, indem man sagt, Revolution ist der blutige oder unblutige Sturz einer Regierung und ihre Ersetzung durch eine neue. Dies ist jedoch eine sehr formale politische Definition, und sie ist nicht besonders sinnvoll. In einem Sinn, der Marx näherkommt, könnte man Revolution als die Ersetzung der bestehenden Ordnung durch eine historisch fortschrittlichere definieren. Hier stellt sich natürlich immer die Frage, wer denn entscheidet, was »historisch fortschrittlich« ist. Gewöhnlich entscheidet dies der Sieger, zumindest in seinem eigenen Land.

Schließlich könnte man Revolution in psychologischem Sinn definieren, indem man sagt, sie sei eine politische Bewegung, die von Menschen mit revolutionärem Charakter angeführt wird und Menschen mit revolutionärem Charakter anzieht. Das ist zwar keine richtige Definition, aber innerhalb dieses Essays eine nützliche Aussage, weil sie den Hauptakzent auf die Frage legt, die jetzt untersucht werden soll: *Was ist ein revolutionärer Charakter?*

Das grundlegende Merkmal des »revolutionären Charakters« besteht darin, daß er unabhängig – daß er frei ist. Es ist leicht zu erkennen, daß *Unabhängigkeit* das Gegenteil der symbiotischen Bindung an die Mächtigen oben und an die Machtlosen unten ist, wie sie beim autoritären Charakter zu beobachten ist. Aber das erklärt noch nicht genügend, was mit »Unabhängigkeit« und »Freiheit« gemeint ist. Die Schwierigkeit liegt genau darin, daß die Wörter »Freiheit« und »Unabhängigkeit« heute in der stillschweigenden Annahme gebraucht werden, in einem demokratischen System sei jedermann frei und unabhängig. Dieser Begriff der Unabhängigkeit und Freiheit hat seinen Ursprung in der Revolution des Bürgertums gegen die feudale Ordnung und gewann neue Kraft dadurch, daß er totalitären Regimen gegenübergestellt wurde. In der feudalen monarchisch-absolutistischen Ordnung war der einzelne weder frei noch unabhängig. Er war den herkömmlichen oder willkürlichen Regeln und Befehlen derjenigen unterworfen, die über ihm standen. Die siegreichen bürgerlichen Revolutionen in Europa und Amerika brachten dem Individuum politische Freiheit und Unabhängigkeit. Diese Freiheit war eine »Freiheit von« – eine Unabhängigkeit von politischer Autorität.

Das war zweifellos eine bedeutsame Entwicklung, obwohl der Industriestaat in den wuchernden Bürokratien, die im Gegensatz zu der unbehinderten Initiative und Unabhängigkeit des Unternehmers im neunzehnten Jahrhundert stehen, neue Formen der Abhängigkeit geschaffen hat. Das Problem der Unabhängigkeit und Freiheit reicht jedoch weiter. Unabhängigkeit ist das Wichtigste an der menschlichen Entwicklung, wenn wir sie in ihrer ganzen Tiefe und Reichweite sehen.

Der neugeborene Mensch ist noch eins mit seiner Umwelt. Die Außenwelt existiert noch nicht als eine von ihm getrennte Wirklichkeit. Aber auch wenn das Kind Gegenstände außerhalb seiner selbst erkennen kann, bleibt es noch lange Zeit hilflos und könnte ohne die Hilfe der Mutter und des Vaters nicht am Leben bleiben. Diese im Gegensatz zum jungen Tier verlängerte Hilflosigkeit des Säuglings ist eine der Grundlagen für seine

Entwicklung, doch lehrt sie das Kind auch, sich an die Macht anzulehnen – und sie zu fürchten.

Normalerweise sind in den Jahren von der Geburt bis zur Pubertät die Eltern diejenigen, die die Macht in ihrer Doppelbedeutung von Hilfe und Strafe verkörpern. Etwa um die Zeit der Pubertät hat der junge Mensch ein Entwicklungsstadium erreicht, in dem er für sich selbst sorgen kann (dies gilt sicher für einfachere Agrargesellschaften) und er seine gesellschaftliche Existenz nicht länger den Eltern verdankt. Er kann wirtschaftlich unabhängig von ihnen werden. In vielen primitiven Gesellschaften findet die Unabhängigkeit (vor allem von der Mutter) ihren Ausdruck in den Initiationsriten, die jedoch die Abhängigkeit von den männlichen Mitgliedern der Sippe nicht berühren. Die sexuelle Reifung ist ein weiterer Faktor, der den Prozeß der Emanzipation von den Eltern fördert. Sexuelles Begehren und sexuelle Befriedigung binden einen Menschen an außerhalb der Familie Stehende. Der Geschlechtsakt ist an sich eine Handlung, bei der weder Vater noch Mutter helfen können und bei der der junge Mensch ganz auf sich gestellt ist.

Auch in Gesellschaften, in denen die Befriedigung des sexuellen Begehrens fünf oder zehn Jahre über die Pubertät hinausgeschoben wird, schafft das erwachende sexuelle Bedürfnis Verlangen nach Unabhängigkeit und verursacht Konflikte mit der elterlichen und gesellschaftlichen Autorität. Gewöhnlich erwirbt der Mensch diesen Grad der Unabhängigkeit viele Jahre nach der Pubertät. Es ist aber nicht zu leugnen, daß diese Art von Unabhängigkeit noch nicht wirkliche Freiheit und Unabhängigkeit bedeutet, mag der Betreffende auch seinen Lebensunterhalt selbst bestreiten, heiraten und eigene Kinder aufziehen. Auch als Erwachsener ist er noch ziemlich hilflos und versucht auf mancherlei Art, Mächte zu finden, die ihm Schutz und Sicherheit geben. Der Preis, den er für diese Hilfe zahlt, besteht darin, daß er sich von ihnen abhängig macht, seine Freiheit aufgibt und seinen Wachstumsprozeß verlangsamt. Er borgt von ihnen seine Denkweise, seine Gefühle, seine Ziele, seine Werte – obgleich er in der Illusion lebt, daß er es sei, der denkt, fühlt und seine Wahl trifft.

Volle Freiheit und Unabhängigkeit bestehen nur da, wo der einzelne selber denkt und fühlt und Entscheidungen trifft. Er kann das aber in Wahrheit nur tun, wenn er eine produktive Bezogenheit auf die Außenwelt erreicht, die ihm ein echtes Antworten möglich macht. Dieser Begriff von Freiheit und Unabhängigkeit ist im Denken der radikalen Mystiker wie auch bei Marx zu finden. Der radikalste der christlichen Mystiker, Meister Eckhart, sagt (1977, S. 176): »Was ist mein Leben? Was von innen her aus sich selbst bewegt wird. Das (aber) lebt nicht, was von außen bewegt wird.« An anderer Stelle sagt er (a. a. O., S. 186): »Wenn der Mensch etwas von außerhalb seiner selbst bezieht oder nimmt, so ist das nicht recht. Man soll Gott nicht als außerhalb von einem selbst erfassen und ansehen, sondern als mein Eigen und als das, was *in* einem ist.«

Marx sagt es ähnlich, wenn auch nicht in theologischer Sprache: »Ein Wesen gilt sich erst als selbständiges, sobald es auf eignen Füßen steht, und es steht erst auf eignen Füßen, sobald es sein *Dasein* sich selbst verdankt. Ein Mensch, der von der Gnade eines andern lebt, betrachtet sich als ein abhängiges Wesen. Ich lebe aber vollständig von der Gnade eines andern, wenn ich ihm nicht nur die Unterhaltung meines Lebens verdanke, sondern wenn er noch außerdem mein *Leben geschaffen* hat, wenn er der *Quell* meines Lebens ist, und mein Leben hat notwendig einen solchen Grund außer sich, wenn es nicht meine eigne Schöpfung ist« (MEGA I, 3, S. 124 = MEW Erg. I, S. 544f.). An anderer Stelle (MEW Erg. I, S. 539) sagt Marx, der Mensch sei nur frei, wenn er seine Individualität »als ein totaler Mensch« bestätigt in jedem »seiner *menschlichen* Verhältnisse zur Welt, Sehen, Hören, Riechen, Schmecken, Fühlen, Denken, Anschauen, Empfinden, Wollen, Tätigsein, Lieben, kurz, alle Organe seiner Individualität«. Unabhängigkeit und Freiheit bedeuten nicht nur Emanzipation von Zwang oder wirtschaftliche Freiheit; sie sind die Verwirklichung der Individualität.

Das Problem eines jeden liegt genau in dem Maß an Freiheit, das er erreicht hat. Der vollkommen wache, produktive Mensch ist frei, weil er aus sich selbst lebt – sein Selbst ist die Quelle seines Lebens. (Es braucht wohl nicht erwähnt zu werden, daß damit nicht gemeint ist, der unabhängige Mensch sei ein isolierter Mensch; denn die Entfaltung der Persönlichkeit vollzieht sich in dem Prozeß, in dem man sich auf andere und die Welt bezieht und an ihnen interessiert ist. Aber diese Bezogenheit hat nichts mit Abhängigkeit zu tun.) Während für Marx das Verständnis von Unabhängigkeit als Selbstverwirklichung zur Kritik an der bürgerlichen Gesellschaft führt, behandelte Freud es im Rahmen seiner Theorie unter dem Gesichtspunkt des Ödipuskomplexes.

Freud glaubte, der Weg zu seelischer Gesundheit liege in der

Überwindung der inzestuösen Bindung an die Mutter, und Emanzipation und Unabhängigkeit seien die Grundlage für geistige Gesundheit und Reife. Für ihn wurde dieser Prozeß jedoch durch die Angst vor der Kastration durch den Vater ausgelöst und endete mit der Einverleibung der Gebote und Verbote des Vaters in das eigene Ich (Über-Ich). Folglich bliebe die Unabhängigkeit hinsichtlich der Mutter nur partiell; die Abhängigkeit vom Vater und von der Gesellschaft würde durch das Über-Ich aufrechterhalten.

Als revolutionärer Charakter kann bezeichnet werden, wer sich mit der Menschheit identifiziert, die engen Grenzen seiner eigenen Gesellschaft überschreitet und die Gesellschaft vom Standpunkt der Vernunft und der Menschlichkeit aus kritisieren kann. Der revolutionäre Charakter ist nicht in der engstirnigen Anbetung der Kultur befangen, in die er zufällig hineingeboren wurde. Er ist imstande, seine Umgebung mit den Augen eines bewußten Menschen zu sehen, der seine Maßstäbe zum Trennen des Zufälligen vom Nicht-Zufälligen (der Vernunft) in den Normen findet, die in der Menschheit und für sie existieren.

Der revolutionäre Charakter identifiziert sich mit der Menschheit. Ihn kennzeichnet eine tiefe »Ehrfurcht vor dem Leben«, um einen Ausdruck Albert Schweitzers zu gebrauchen, eine tiefe Beziehung und Liebe zum Leben. Natürlich hängt der Mensch wie jedes Lebewesen am Leben und kämpft gegen den Tod. Am Leben hängen ist jedoch etwas ganz anderes als das Leben lieben. Dies wird noch deutlicher, wenn wir einen Persönlichkeitstyp betrachten, den das Tote, Zerstörung und Zerfall mehr anziehen als das Leben. (Hitler ist hierfür ein gutes historisches Beispiel.) Man kann diesen Charaktertyp mit Unamuno nekrophil nennen – gemäß der berühmten Antwort, die er 1936 einem Franco-General erteilte, dessen Lieblingsmotto »Lang lebe der Tod!« war.

Die Anziehung, die Totes und Zerstörung auf einen Menschen ausüben, mag diesem gar nicht zum Bewußtsein kommen, doch kann sie aus seinen Handlungen erschlossen werden. Ein solcher Mensch findet die gleiche Befriedigung darin, das Leben zu hemmen, zu unterdrücken und zu zerstören, wie ein lebensbejahender Mensch darin, Leben wachsen, sich entfalten und entwickeln zu sehen. Nekrophilie ist im wahrsten Sinne eine Perversion, nämlich lebendig zu sein und gleichzeitig Zerstörung zu wollen.

Der revolutionäre Charakter denkt und fühlt, so könnte man

sagen, aus einer »kritischen Haltung« – einer kritischen Tonart heraus, um ein Symbol aus der Musik zu gebrauchen. Das lateinische Motto *de omnibus est dubitandum* (man muß alles bezweifeln) ist ein wichtiger Bestandteil seiner Reaktion auf die Welt. Die kritische Haltung, von der ich spreche, hat keinesfalls etwas mit Zynismus zu tun; es handelt sich vielmehr um Einsicht in die Realität im Gegensatz zu den Fiktionen, die als Realitätsersatz ersonnen werden. (Vgl. Kapitel 4 in E. Fromm, 1961 a, GA V.)

Der nichtrevolutionäre Charakter neigt in besonderem Maße dazu, daran zu glauben, was die Mehrheit verkündet. Der kritische Mensch wird genau entgegengesetzt reagieren, besonders wenn er Urteile der Masse oder derer, die Macht haben, hört. Wenn mehr Menschen echte Christen wären, wie sie es zu sein vorgeben, fiele es ihnen nicht schwer, diese Haltung einzunehmen, denn auch Jesus war diese kritische Haltung gegenüber den anerkannten Normen zu eigen. Diese Haltung kennzeichnet auch Sokrates, ja überhaupt die Propheten und viele Menschen, die wir in der einen oder anderen Hinsicht verehren. Erst wenn sie lange genug tot sind, ist es ungefährlich, sie zu preisen.

Aus der »kritischen Haltung« heraus ist der Mensch unempfindlich gegen Klischees oder den sogenannten »gesunden Menschenverstand«, jene Durchschnittsvernunft, die den allgemein anerkannten Unsinn *(common nonsense)* stets von neuem wiederholt. Die hier geforderte kritische Haltung läßt sich nur schwer definieren. Wer sich selbst und andere beobachtet, kann jedoch sehr leicht Menschen, die eine solche kritische Haltung haben, von solchen unterscheiden, die sie nicht einnehmen.

Ein Beispiel: Wie viele Millionen Menschen glauben, daß durch das atomare Wettrüsten der Frieden gerettet werden könnte? Alle Erfahrungen aus der Vergangenheit sprechen dagegen. Wie viele Menschen glauben wirklich daran, daß sie sich retten können, wenn die Sirene aufheult, auch wenn noch so viele Bunker in den großen Städten der Vereinigten Staaten gebaut wurden? Sie wissen, daß ihnen nur 15 Minuten zur Verfügung stehen. Man muß kein Schwarzseher sein, um vorauszusagen, daß man bei dem Versuch, in diesen 15 Minuten die Türen des Schutzraumes zu erreichen, zu Tode getrampelt würde. Offenbar können immer noch Millionen von Menschen daran glauben, daß unsere berühmten unterirdischen Schutzräume sie vor 50 oder 100 Megatonnenbomben schützen können. Warum? Weil ihnen die kritische Haltung fehlt. Wenn man einem

Fünfjährigen (Kinder in diesem Alter sind meist kritischer als Erwachsene) diese Geschichte erzählte, so würde er sie wahrscheinlich bezweifeln. Die meisten Erwachsenen sind hinreichend »erzogen«, nicht kritisch zu sein, und halten daher Ideen für sinnvoll, die völlig unsinnig sind.

Der revolutionäre Charakter besitzt nicht nur eine kritische Haltung, sondern darüber hinaus auch ein besonderes Verhältnis zur Macht. Er ist kein Träumer, der nicht weiß, daß Macht den Menschen pervertieren, nötigen oder töten kann. Für ihn ist Macht niemals heilig, nie steht sie für die Wahrheit oder das Moralische und Gute. Darin liegt vielleicht eines der wichtigsten Probleme unserer Zeit, wenn nicht das wichtigste überhaupt: die Beziehung des Menschen zur Macht. Das Problem ist nicht, daß er nicht wüßte, was Macht ist. Es liegt auch nicht an einem Mangel an Wirklichkeitssinn – an der Unterschätzung von Rolle und Funktion der Macht. Die Frage ist, ob die Macht als heilig betrachtet wird oder nicht und ob der Mensch sich von der Macht moralisch beeinflussen läßt. Ein solcher Mensch besitzt niemals eine kritische Haltung, und er wird nie ein revolutionärer Charakter sein.

Der revolutionäre Charakter ist imstande, »nein« zu sagen. Er ist ein Mensch, der ungehorsam sein und für den Ungehorsam eine Tugend sein kann. Um dies zu erklären, möchte ich eine Behauptung voranstellen: Die menschliche Geschichte begann mit einem Akt des Ungehorsams und wird vielleicht mit einem Akt des Gehorsams enden. Was will ich damit sagen? Ich beziehe mich auf die hebräische und griechische Mythologie. In der Geschichte von Adam und Eva besteht das Gebot Gottes, nicht von der Frucht zu essen, und der Mensch – vielmehr die Frau, um gerecht zu sein – ist imstande, »nein« zu sagen. Sie ist zum Ungehorsam fähig und kann sogar den Mann dazu überreden, daß er wie sie ungehorsam ist. Was ist die Folge? Im Mythos wird der Mensch aus dem Paradies vertrieben – das bedeutet, er wird aus einem präindividualistischen, vorbewußten, prähistorischen und, wenn man so will, vormenschlichen Zustand vertrieben, den man mit dem Fötus im Mutterleib vergleichen könnte. Er wird aus dem Paradies vertrieben und in den Lauf der Geschichte gezwungen.

In der Sprache des Mythos ist ihm die Rückkehr versagt. Er kann tatsächlich nicht zurückkehren. Denn wenn sein Selbstbewußtsein einmal erwacht und er seiner Trennung vom Menschen und von der Natur bewußt geworden ist, kann er nicht mehr in die ursprüngliche Harmonie zurückkehren. Mit diesem ersten Akt des Ungehorsams beginnt die Geschichte des Menschen, und dieser Ungehorsam ist der erste Akt der Freiheit.

Die Griechen kannten mit Prometheus ein anderes Symbol. Prometheus begeht ein Verbrechen, weil er den Göttern das Feuer in einem Akt des Ungehorsams raubt. Er bringt den Menschen das Feuer und damit beginnt die Geschichte der Menschen, die menschliche Kultur. Sowohl die Hebräer als auch die Griechen lehrten also, daß das menschliche Streben und die menschliche Geschichte mit einem Akt des Ungehorsams begannen.

Warum aber soll die menschliche Geschichte in einem Akt des Gehorsams enden? Dies ist leider nicht mythologisch gemeint, sondern höchst real. Wenn ein Atomkrieg in zwei oder drei Jahren die Hälfte der Menschheit vernichten und eine Periode völliger Barbarei einleiten sollte – oder wenn dies in zehn Jahren geschieht und möglicherweise alles Leben auf der Erde zerstört –, so wird das auf einen Akt des Gehorsams zurückzuführen sein. Ich meine den Gehorsam von Menschen, die auf den Knopf drücken, gegenüber denen, die die Befehle erteilen, und den Gehorsam gegenüber Vorstellungen, die es ermöglichen, wahnsinnige Ideen zu verfolgen.

Ungehorsam ist ein dialektischer Begriff; denn jeder Akt des Ungehorsams ist ein Akt des Gehorsams, und jeder Akt des Gehorsams ist ein Akt des Ungehorsams. Was heißt das? Jeder Akt des Ungehorsams, soweit es sich nicht um bloße Rebellion handelt, ist Gehorsam gegenüber einem anderen Prinzip. Ich bin dem Idol gegenüber ungehorsam, weil ich Gott gehorche. Ich gehorche dem Kaiser nicht, weil ich Gott gehorche, oder – um es nicht-theologisch zu sagen – weil ich Prinzipien und Werten, weil ich meinem Gewissen gehorche. Möglicherweise bin ich dem Staat gegenüber ungehorsam, weil ich den Gesetzen der Menschlichkeit gehorche. Aber wenn ich gehorche, dann bin ich stets einem anderen gegenüber auch ungehorsam. In Wirklichkeit geht es also nicht um die Frage, ob ich ungehorsam bin oder nicht, sondern wem gegenüber ich gehorche oder ungehorsam bin.

Aus diesen Überlegungen folgt, daß der revolutionäre Charakter – im hier vorgestellten Sinn – nicht nur in der Politik zu finden ist. Es gibt ihn in der Politik, aber ebenso in der Religion, der Kunst und der Philosophie. Buddha, die Propheten,

Jesus, Giordano Bruno, Meister Eckhart, Galilei, Marx und Engels, Einstein, Schweitzer, Russell – sie alle sind revolutionäre Charaktere. Man kann den revolutionären Charakter tatsächlich auch bei einem Menschen finden, der auf keinem dieser Gebiete tätig ist; bei einem Menschen, bei dem »Ja« «Ja« und «Nein« »Nein« bedeutet. Er ist in der Lage, die Wirklichkeit so zu sehen, wie der kleine Junge in dem Märchen ›Des Kaisers neue Kleider‹ von Hans Christian Andersen. Er sah, daß der Kaiser nackt war, und was er sagte, stimmte mit dem, was er gesehen hatte, überein.

Im neunzehnten Jahrhundert war der Ungehorsam vielleicht leichter zu erkennen; denn dieses Jahrhundert war eine Zeit offenkundiger Autorität in Familie und Staat; folglich war darin Raum für den revolutionären Charakter. Das zwanzigste Jahrhundert ist eine völlig andere Zeit. Es ist das Jahrhundert des modernen Industriesystems, das den organisierten Menschen schuf, ein System umfangreicher Bürokratien, die auf dem reibungslosen Funktionieren der Menschen bestehen, über die sie herrschen – mehr durch Manipulation als durch Gewalt. Die Manager der Bürokraten nehmen für sich in Anspruch, daß die Unterwerfung unter ihre Anordnungen freiwillig erfolge, und suchen uns alle davon zu überzeugen – nicht zuletzt durch die materielle Befriedigung, die sie bieten –, daß wir gern tun, was sie von uns erwarten. Der organisierte Mensch verweigert den Gehorsam nicht; er weiß ja überhaupt nicht, daß er gehorcht. Er ist nichts weiter als einer aus der Masse. Er ist »berechenbar«. Er denkt und tut das, was »vernünftig« ist – auch wenn es ihm und seinen Kindern und Enkeln das Leben kostet. Folglich ist es für einen Menschen des gegenwärtigen bürokratischen Industriezeitalters schwieriger, ungehorsam zu sein oder einen revolutionären Charakter zu entwickeln, als es für den Menschen des neunzehnten Jahrhunderts war.

Wir leben in einer Zeit, in der die Logik der Bilanz, die Logik der Produktion von Dingen auf das menschliche Leben übertragen wird. Die Menschen sind wie die Dinge zu Nummern, zu berechenbaren Größen im Produktionsprozeß geworden.

Es ist heute deshalb sehr schwer, ungehorsam zu sein, wenn man nicht einmal weiß, daß man gehorcht. Wer kann einem Computer den Gehorsam verweigern? Wie können wir einer Philosophie ein »Nein« entgegensetzen, deren Ideal die Handlungsweise des Computers ist, der keinen Willen, kein Gefühl, keine Leidenschaft kennt?

Gehorsam wird heute nicht als solcher erkannt, weil man ihn als »gesunden Menschenverstand«, als Hinnahme objektiver Notwendigkeiten rationalisiert. Wenn es die Notwendigkeit erfordert, daß der Osten wie der Westen Waffen von unvorstellbarer Zerstörungskraft bauen, wer könnte da noch ungehorsam sein? Wer möchte »nein« sagen, wenn man es nicht als Akt des menschlichen Willens, sondern der objektiven Notwendigkeit darstellt?

Es gibt noch einen weiteren grundlegenden Aspekt unserer gegenwärtigen Situation. In diesem industriellen System, das sich meines Erachtens im Westen und im Sowjetblock immer mehr angleicht, wird der einzelne zu Tode geängstigt durch die Macht der großen Bürokratien im Staat, in der Industrie und den Gewerkschaften. Er wird nicht nur geängstigt, er fühlt sich klein und verloren. Wer ist der David, der Goliath sein »Nein« entgegensetzt? Wer kann »nein« zu der Autorität sagen, deren Umfang und Macht tausendmal größer ist als noch vor 50 oder 100 Jahren? Das Individuum ist eingeschüchtert und nimmt Autorität dankbar an. Es nimmt die Befehle im Namen des gesunden Menschenverstandes und der Vernunft hin, um nicht zu fühlen, daß es sich unterworfen hat, und um den möglichen Gedanken auszulöschen, daß diese Unterwerfung sein eigenes Leben und das der Menschheit kosten kann.

Abschließend ist nochmals zu unterstreichen, daß mit dem Begriff des »revolutionären Charakters« kein behavioristischer, sondern ein dynamischer Charakterbegriff vertreten wird. Im charakterologischen Sinne ist ein Mensch noch nicht dadurch revolutionär, daß er revolutionäre Reden hält oder an einer Revolution teilnimmt. Ein Revolutionär im charakterologischen Sinne ist ein Mensch, der sich von den Bindungen an Blut und Boden, an Vater und Mutter, von der Loyalität gegenüber dem Staat, der Klasse, Rasse, Partei oder Religion gelöst hat. Der revolutionäre Charakter ist ein Humanist, sofern er in sich die ganze Menschheit erfährt und ihm nichts Menschliches fremd ist. Er liebt das Leben und achtet es. In ihm sind Skepsis und Glaube. Skeptiker ist er, weil er die Ideologien verdächtigt, unerwünschte Realitäten zu verschleiern. Glaubender ist er, weil er an das glauben kann, was erst potentiell ist, ohne schon ganz geboren zu sein. Er kann »nein« sagen und ungehorsam sein, eben weil er »ja« sagen kann und jenen Grundsätzen gehorcht, die in Wahrheit seine eigenen sind. Er befindet sich nicht im Halbschlaf, sondern nimmt in voller Wachheit die persönlichen und gesellschaftlichen Realitäten um sich wahr. Er ist unabhängig; was er ist, verdankt er seinen eigenen Bemühungen, er ist frei und keines Menschen Diener.

Diese Zusammenfassung legt vielleicht nahe, daß ich eher den Zustand geistig-seelischer Gesundheit und des Wohl-Seins beschrieben habe als den Begriff des revolutionären Charakters. In der Tat trifft die Beschreibung auf lebendige, geistig und seelisch gesunde Menschen zu. Ich behaupte, daß der revolutionäre Charakter, der gesunde Mensch in einer verrückten Welt, der voll entwickelte Mensch in einer verkrüppelten Welt, der wache Mensch in einer Welt, die im Halbschlaf liegt, ist. Wenn wir einmal alle wach sein werden, dann bedarf es keiner Propheten und keiner revolutionären Charaktere mehr – dann wird es nur noch voll entfaltete Menschen geben.

Die Mehrheit hatte nie einen revolutionären Charakter. Daß wir nicht mehr in Höhlen leben, liegt einfach daran, daß es in der Geschichte der Menschheit immer genügend revolutionäre Charaktere gegeben hat, die uns aus den Höhlen und dem, was ihnen entspricht, herausgeholt haben. Es gibt jedoch viele, die behaupten, Revolutionäre zu sein, während sie in Wirklichkeit Rebellen, Autoritätshörige oder politische Opportunisten sind. Die Psychologen könnten eine wichtige Aufgabe erfüllen, wenn sie die charakterologischen Unterschiede zwischen den zahlreichen Typen politischer Ideologen erforschen würden. Doch um diese Aufgabe richtig erfüllen zu können, müssen sie, fürchte ich, einige der Qualitäten aufweisen, die dieser Essay zu beschreiben versucht: Sie müssen selbst revolutionäre Charaktere sein.

Die Medizin und die ethische Frage des modernen Menschen (1963c)

Was versteht man unter »Ethik«? Das Wort »Ethik« leitet sich von einer sprachlichen Wurzel ab, die ursprünglich »Sitte« bedeutet, und bezeichnet schließlich eine Wissenschaft, die sich mit den Idealvorstellungen und Werten der menschlichen Beziehungen befaßt. Die Verwechslung von Sitte und Werten herrscht noch in vielen Köpfen vor.

Heute bringen die meisten Menschen Ethik in ihrem Bewußtsein mit Idealen, mit ethischen Normen in Verbindung, während sie faktisch aber das, was Sitte ist, als das Gute betrachten. Zwar verstehen wir bewußt unter einer ethischen Norm eine Sollensforderung, doch unbewußt halten wir das für richtig, was allgemein anerkannt ist. Wie wir wissen, ist das allgemein Anerkannte auch die bequemste Lösung – wenn auch nicht vom Standpunkt unseres Gewissens aus.

Manchmal wird Ethik nur auf das äußere Verhalten des Menschen bezogen. Ethik wird dann zu einem Kodex von gewissen wünschenswerten Verhaltensweisen. Wo dies geschieht, kann man Ethik aufgliedern und von medizinischer Ethik, von Betriebsethik, von militärischer Ethik sprechen. In all diesen Fällen ist in Wirklichkeit ein Verhaltenskodex gemeint, der sich auf eine bestimmte Situation bezieht und für sie gültig ist. Dagegen ist nichts einzuwenden, denn immerhin sind Menschen, die sich an einem solchen Verhaltenskodex orientieren, denen vorzuziehen, die gar keinen haben, und hat ein guter Verhaltenskodex vor einem schlechten Vorrang.

Wenn wir aber unter Ethik das verstehen, was der Begriff in der großen philosophischen oder religiösen Tradition bedeutet, dann ist Ethik kein Verhaltenskodex, der für bestimmte Gebiete gültig ist. In dieser Tradition bedeutet Ethik eine besondere Orientierung, die im Menschen verwurzelt ist und daher nicht nur in bezug auf diese oder jene Person oder diese oder jene Situation gültig ist, sondern für alle. Wenn die Buddhisten recht haben, dann ist sie nicht nur für alle Menschen gültig, sondern für alles Lebendige. Das Gewissen ist das Organ dieser ethischen Haltung. Sprechen wir von Ethik im Sinne der großen philosophischen und religiösen Tradition des Ostens und Westens, dann ist Ethik kein Verhaltenskodex, sondern eine Angelegenheit des Gewissens. Wenn wir diese Ansicht zu unserer eigenen machen, dann gibt es so etwas wie eine medizinische Ethik nicht. Es gibt nur eine universale menschliche Ethik, die auf spezifische menschliche Situationen anzuwenden ist. Wenn wir andererseits die medizinische Ethik von dem universalen Problem der Ethik trennen, dann besteht die Gefahr, daß die medizinische Ethik zu einem Kodex entartet, dessen wesentliche Funktion darin besteht, die Interessen der Ärzteschaft gegenüber denen der Patienten zu vertreten.

An diesem Punkt ist es angebracht, mehr über das Gewissen zu sagen. Es ist wichtig, sich die Unterscheidung zwischen dem autoritären Gewissen und dem humanistischen Gewissen vor Augen zu halten. (Vgl. E. Fromm, 1947a, GA II, S. 91–109.) Unter autoritärem Gewissen verstehe ich mehr oder weniger das, was Freud als Über-Ich bezeichnete, ein Ausdruck, der heute populärer ist als die Bezeichnung »Gewissen«. Das autoritäre Gewissen oder Über-Ich ist ursprünglich die verinnerlichte Macht des Vaters; später ist es die verinnerlichte Autorität der Gesellschaft. Anstatt Angst vor der Bestrafung durch meinen Vater zu haben, habe ich seine Befehle verinnerlicht, so daß ich nicht auf die fürchterliche Erfahrung warten muß; ich höre die Stimme meines Vaters in mir und riskiere kein unerfreuliches Ereignis. Ich werde im voraus gewarnt, weil mein Vater in mir ist. Dieser Begriff der verinnerlichten Autorität des Vaters und der Gesellschaft gilt für das, was viele Menschen als ihr Gewissen bezeichnen. Freuds Erklärung des psychologischen Mechanismus ist meiner Ansicht nach genial und sehr zutreffend. Es erhebt sich aber die Frage: Ist das alles, oder gibt es noch ein ganz anderes Gewissen?

Den zweiten Typ des Gewissens, der keine verinnerlichte Autorität darstellt, nannte ich unter Bezugnahme auf die philosophische oder religiöse humanistische Tradition das humanistische Gewissen. Dieses Gewissen ist eine innere Stimme, die uns zu uns selbst zurückruft. Dieses »wir selbst« bedeutet den menschlichen Kern, der allen Menschen eigen ist, d. h. gewisse Charakteristika des Menschen, die nicht ohne ernsthafte Folgen verletzt oder verneint werden können.

Viele der heutigen Wissenschaftler halten es für Unsinn, daß es so etwas wie die »Natur des Menschen« geben solle. Sie sind der Ansicht, alles hänge davon ab, wo man lebe. Ein Kopfjäger tötet Menschen und läßt ihre Köpfe einschrumpfen; wer in

Hollywood lebt, verschreibt sich dem Gelderwerb und sieht sich gern in Zeitungen usw. Für diese Wissenschaftler gibt es nichts in der menschlichen Natur, das uns sagte, wir sollten dieses tun und jenes unterlassen. Psychoanalytiker und Psychiater könnten andere Dinge berichten; sie könnten gewisse grundlegende Elemente in der menschlichen Natur anführen, die auf die gleiche Weise reagieren wie unser Körper, wenn seine Gesetze verletzt werden. Wenn sich in unserem Körper ein krankhafter Prozeß abspielt, haben wir gewöhnlich Schmerzen; und bei krankhaften Prozessen in unserer Seele – d. h. bei Abläufen in unserer Seele, durch die etwas tief in der menschlichen Natur Liegendes verletzt wird – geschieht noch etwas anderes: Wir haben ein schlechtes Gewissen. Nun, wenn Leute nicht schlafen können, nehmen sie Medikamente. Wenn sie Schmerzen haben, können sie andere Medikamente nehmen. Das schlechte Gewissen wird auf eine der zahlreichen Arten beruhigt, die unsere Kultur dazu bereithält. Dennoch hat das schlechte Gewissen, auch wenn es unbewußt ist, zahlreiche Möglichkeiten des Ausdrucks, und es verfügt über eine Sprache, die manchmal ebenso peinigend sein kann wie körperlicher Schmerz.

Ärzte und Medizinstudenten, die sich so viel mit körperlichem Schmerz und körperlichen Symptomen befassen müssen, sollten mit besonderer Aufmerksamkeit verfolgen, was sie an geistig-seelischen Schmerzen und Symptomen in Erfahrung bringen können. Wer beispielsweise in seinem Leben leugnet, was Albert Schweitzer »Ehrfurcht vor dem Leben« genannt hat, wer vollkommen grausam, völlig unmenschlich und wer ohne jede Güte und Liebe ist, gerät an den Rand des Wahnsinns. Manchmal entwickelt er eine Neurose, die ihn vor dem Wahnsinn rettet. Selbst die verwerflichsten Menschen auf dieser Welt müssen die Illusion aufrechterhalten – aber vielleicht ist es gar keine Illusion –, daß etwas Menschliches und Gutes in ihnen ist; denn würden sie sich nicht mehr menschlich fühlen, so würden sie sich tatsächlich am Rand des Wahnsinns fühlen.

Wir können leicht einige augenfällige Beispiele dafür finden. Der Psychologe Dr. Gustave Gilbert befragte Göring und andere gefangene Nazi-Führer in der Zeit bis zu ihrem Tod. Er schildert, wie Göring ihn bat, doch jeden Tag zu kommen, und ihm immer wieder sagte: »Sehen Sie, ich bin gar nicht so schlecht; ich bin nicht so schlecht wie Hitler; Hitler tötete Frauen und Kinder. Ich nicht. Bitte glauben Sie mir.« Er wußte, daß er sterben mußte. Der Mann, mit dem er sprach, war ein junger amerikanischer Psychologe, dessen Beurteilung nicht die geringste Bedeutung hatte. Göring sprach zu keiner Zuhörerschaft, und doch konnte er es nicht ertragen, sich als ein völlig unmenschliches Wesen zu sehen, sobald seine Macht einmal geschwunden war. Eine ähnliche Geschichte berichtet ein amerikanischer Pressevertreter, der einige Zeit in Moskau lebte. Sie handelt von einem Mann namens Jagoda, der Chef der Geheimpolizei war, ehe er von jenen getötet wurde, die später selbst getötet werden sollten. Jagoda war gewiß verantwortlich für den Tod und die Folterung von Hunderttausenden. Dem Bericht des Reporters zufolge unterhielt er ein Waisenhaus bei Moskau, das einer der schönsten Plätze auf der Welt war – die Waisen genossen Freiheit, Liebe und jegliche Fürsorge. Eines Tages sagte Jagoda zu diesem Pressekorrespondenten: »Würden Sie mir einen großen Gefallen tun und einen Artikel über mein Waisenhaus schreiben? Schreiben Sie ihn aber bitte für eine bestimmte Zeitschrift in New York.« Der Reporter sah ihn erstaunt an, und der Chef der Geheimpolizei erklärte ihm: »Sehen Sie, ich habe einen Onkel in Brooklyn, den Bruder meiner Mutter, der diese Zeitschrift liest. Meine Mutter glaubt, ich sei der Teufel. Wenn mein Onkel Ihren Artikel liest, wird er meiner Mutter schreiben und ich fühle mich besser.« Der Reporter schrieb den Artikel. Er schilderte, wie Jagoda daraufhin das Leben einer Reihe von Menschen verschont habe und ihm bis zum Ende seines Lebens dankbar gewesen sei.

Das Problem war nicht Jagodas Mutter; es war sein Gewissen. Er konnte die völlige Unmenschlichkeit seines Lebens nicht ertragen.

Ein Wiener Psychiater, der die DDR besuchte, berichtet, daß die Psychiater dort von einem neurotischen Zusammenbruch sprechen, den sie die »Funktionärskrankheit« nennen. Damit ist ein neurotischer Zusammenbruch kommunistischer Funktionäre gemeint, die lange Zeit im »Dienst« stehen. An einem gewissen Punkt tritt etwas auf, was sie nicht ertragen können. Wir könnten sehr umfangreiches Material aus allen Ländern und Kulturen zusammentragen, mit dem ebenfalls veranschaulicht werden würde, daß man nicht sein ganzes Leben unmenschlich zubringen kann, ohne ernstlich zu leiden, so wie der Körper nicht lange Zeit unterernährt werden kann, ohne schließlich zu sterben.

Die Tatsache, daß ich Beispiele aus dem stalinistischen Rußland und aus dem nazistischen Deutschland gebrauchte, bedeutet nicht, daß wir in den Vereinigten Staaten nicht ähnliche Probleme hätten. Hierzulande und in der gesamten westlichen Welt sind nicht sosehr Grausamkeit und Destruktivität das Problem, sondern Langeweile. Das Leben erscheint sinnlos. Man lebt und fühlt zugleich, daß man nicht lebendig ist. Das Leben verrinnt wie Sand. Fühlt ein Mensch aber – bewußt oder unbewußt –, daß er in Wirklichkeit nicht lebt, dann merkt er die Auswirkungen, die häufig zu Neurosen führen, sofern er sich ein wenig Empfindungsfähigkeit und Lebendigkeit bewahrt hat. Solche Menschen konsultieren heute die Analytiker. Auf der bewußten Ebene beklagen sie ihre unbefriedigende Ehe oder ihre Arbeit oder sonst etwas; fragt man aber, was hinter diesen Klagen steht, dann lautet die Antwort gewöhnlich, daß das Leben als sinnlos erfahren wird. Diese Menschen spüren, daß sie gerne, mit Interesse und engagiert in der Welt leben sollten, aber nur tot und unmenschlich zu sein scheinen.

Hinsichtlich des ethischen Problems unserer Zeit – des Problems des modernen Menschen – gilt es zunächst festzustellen: Obwohl die ethischen Normen zur Lebensführung für alle Menschen gleichermaßen gelten, haben jedes Zeitalter und jede Kultur doch ihre eigenen Probleme und folglich auch ihre eigenen ethischen Ziele. Im folgenden möchte ich nur die ethischen Ziele des neunzehnten Jahrhunderts erörtern.

Meiner Meinung nach gab es im neunzehnten Jahrhundert folgende ethische Hauptprobleme, ja Hauptsünden: An erster Stelle stand die Ausbeutung – ein Mensch wurde vom anderen aufgefressen. Ob die Ausbeutung den Arbeiter, den Bauern, die Neger im Kongo oder im Süden der Vereinigten Staaten betraf, immer fraß einer den anderen auf – natürlich nicht im kannibalistischen Sinne, denn dazu gab es bessere Nahrung, aber in dem Sinne, daß der eine die Lebenskraft anderer Menschen dazu benutzte, um sich selbst zu mästen. Das zweite ethische Problem des neunzehnten Jahrhunderts war der Autoritarismus: daß die Machthaber glaubten, sie hätten kraft ihrer Macht das Recht, anderen Menschen Befehle zu erteilen und Beschränkungen aufzuerlegen. Dies zeigte sich in der Autorität des Vaters über seine Kinder, die Butler in ›Weg des Fleisches‹ (1929) so treffend beschrieb, in der Autorität des Mannes über die Frau, in der Autorität des Vorgesetzten über die Arbeiter und in der Autorität von Staaten über andere Staaten, vor allem über solche, deren Einwohner eine andere Hautfarbe hatten. Das dritte Problem war mangelnde Gleichberechtigung. Es wurde für recht erachtet, daß Menschen auf dieser Welt (ja sogar im selben Land) in materiellen Verhältnissen von krasser Ungleichheit lebten, daß weder die Geschlechter noch die Rassen gleichberechtigt waren – trotz dem Lippenbekenntnis zum Christentum, das, seinem Wesen nach eine universale Religion, von der Auffassung ausgeht, daß wir alle Kinder Gottes sind. Ein weiteres Laster des neunzehnten Jahrhunderts, vor allem im Kleinbürgertum, war der Geiz – das Horten, das Sparen von Gefühlen und Gütern. In engem Zusammenhang mit diesem Horten stand egoistischer Individualismus: *My home is my castle,* »mein Eigentum bin ich«.

Wir neigen zu der Auffassung, daß diese Laster typisch für das neunzehnte Jahrhundert sind, und glauben, wir seien sehr viel fortschrittlicher als unsere Großväter. Wir praktizieren diese Laster nicht mehr und fühlen uns großartig. Vielleicht sieht jede Generation ihre eigenen ethischen Probleme auf diese Weise. Ebenso wie die Franzosen im Zweiten Weltkrieg mit den strategischen Mitteln des Ersten Weltkriegs kämpften, so kämpft jede Generation um die moralischen Belange mit den Ansichten der vorhergehenden Generation. Sie sieht, wie großartig sie gewisse Laster überwunden hat, übersieht aber, daß die bloße Negation des früher Existierenden noch keine Erfüllung darstellt; in einer sich wandelnden Gesellschaft und Kultur erkennt sie neue Laster nicht, weil sie in dem schönen Gefühl befangen ist, daß die alten Laster verschwunden sind.

Betrachten wir noch einmal die Laster des neunzehnten Jahrhunderts und prüfen wir, was aus ihnen geworden ist. Wir haben in der Tat keine Autorität. Kinder können »sich entfalten« und tun, was ihnen beliebt. Vom Arbeiter wird erwartet, daß er kein Blatt vor den Mund nimmt und seine Gefühle dem bezahlten Psychologen mitteilt – kein Vorgesetzter würde wagen, wie ein Vorgesetzter vor fünfzig Jahren zu handeln. Aber wir haben keine Grundsätze, kein Wertgefühl und keine Wertmaßstäbe. Ich möchte an dieser Stelle zwischen irrationaler und rationaler Autorität unterscheiden. Unter irrationaler Autorität verstehe ich eine Autorität, die sich auf körperlichen oder seelischen Zwang gründet und deren Funktion die materielle, seelische oder sonstwie geartete Ausbeutung anderer Menschen ist. Die rationale Autorität stützt sich auf Kompetenz, deren Funktion es ist, anderen Menschen bei der Bewältigung gewisser Aufgaben zu helfen. Meiner Ansicht nach sind diese Autoritäten heute weitgehend durcheinandergeraten. Wenn der kleine Johnny zu seiner Mutter sagt: »Zwei und zwei sind fünf«, dann hält es seine Mutter vielleicht für eine Einschränkung seiner Ausdrucksfreiheit, wenn sie darauf besteht, daß zwei und zwei vier sind. Ist sie sehr gescheit, dann wird sie vielleicht sogar die Begründung finden, daß mathematische Systeme nicht absolut sind und »Johnny also doch recht hat«.

Erinnert man sich an den Essay Thoreaus ›Life Without Principls‹, der vor mehr als hundert Jahren geschrieben wurde, so hält man es kaum für möglich, daß das ein Problem des zwanzigsten Jahrhunderts ist. Offensichtlich war es bereits im neunzehnten Jahrhundert ein Problem. Wenn es schon auf die Zeit Thoreaus zutraf, wieviel zutreffender ist es dann heute! Thoreau spürte mit großer Feinfühligkeit auf, daß die Menschen zwar Meinungen, aber keine Überzeugungen, Fakten, aber keine Grundsätze hatten. Diese Entwicklung hat sich fortgesetzt und in unserer Zeit furchterregende Ausmaße angenommen, und sie spielt, wie ich glaube, auch eine beängstigende Rolle in der Erziehung. Die fortschrittliche Erziehung war eine Reaktion auf den Autoritätsanspruch des neunzehnten Jahrhunderts, sie bot ihm Trotz und war deshalb eine konstruktive Leistung. Aber zusammen mit anderen Zügen in unserer Kultur sank sie zur Praxis des Laisser-faire, des Gewährenlassens herab, in der kein Grundsatz anerkannt, kein Wert gesetzt wird und keine Hierarchie besteht. Ich denke dabei nicht an eine Hierarchie der Macht, sondern an eine des Wissens und der Achtung jenen gegenüber, die besser informiert sind. Wir begegnen heute der dogmatischen Annahme, daß Spontaneität, Originalität und Individualismus notwendigerweise mit der rationalen Autorität und einem Gefühl für anerkannte Normen in Konflikt geraten. Ein sinnvolles Korrektiv könnte es sein, daß wir uns mit der Kunst des Bogenschießens im Zen vertraut machen, die diese so gegensätzlich erscheinenden Haltungen zu vereinigen sucht. (Vgl. E. Herrigel, 1960, der die Erfahrungen schildert, die er in seinem siebenjährigen Studium der Kunst des Bogenschießens in Tokio gesammelt hat.)

Was das zweite Laster, das Horten betrifft, so wäre zu sagen, daß wir heute gewiß nicht horten. Horten würde heute zu einer nationalen Katastrophe führen. Unsere Wirtschaft wird nur in Gang gehalten, wenn Geld ausgegeben wird. Ein solcher Umschwung der Moral ist natürlich häufig die Folge gewisser wirtschaftlicher Veränderungen. Unsere Werbeindustrie ist ein ständiger Appell, das Geld auszugeben, statt es zu horten. Was tun wir also? Wir konsumieren unaufhörlich um des Konsums willen. Wir alle wissen das, es wäre überflüssig, darüber zu diskutieren. Eine Karikatur im ›New Yorker‹ bringt das zum Ausdruck: Zwei Männer betrachten einen neuen Wagen. Der eine kommentiert: »Sie mögen keine geschwungenen Kotflügel, und ich mag vielleicht auch keine, aber können Sie sich vorstellen, was mit der amerikanischen Wirtschaft geschieht, wenn keiner geschwungene Kotflügel möchte?« Nicht das Horten ist die Gefahr – wir sind ewige Verbraucher, wir nehmen unablässig in uns auf. Welche Stellung wir auch innehaben, wir arbeiten acht Stunden am Tag; wir sind aktiv. In unseren Mußestunden sind wir dagegen vollkommen träge, mit der Passivität des Verbrauchers. Das Konsumverhalten greift jetzt vom wirtschaftlichen Gebiet mehr und mehr auf den Bereich des täglichen Lebens über. Wir konsumieren Zigaretten und Cocktails, Bücher und das Fernsehen; es hat den Anschein, als sähen wir uns nach der großen Babyflasche um, die uns die totale Nahrung zuführen kann. Schließlich konsumieren wir Beruhigungsmittel.

Mangelnde Gleichberechtigung ist das dritte der Laster, die wir glauben überwunden zu haben. In der Tat verschwindet die Ungleichheit, die im neunzehnten Jahrhundert herrschte. Obwohl noch vieles zu tun bleibt, wird ein objektiver Beobachter beeindruckt sein von dem Fortschritt, den Amerika im Hinblick auf die Gleichheit der Rassen vor allem nach dem Zweiten Weltkrieg erzielt hat. Der Fortschritt in Richtung auf wirtschaftliche Gleichberechtigung in den Vereinigten Staaten ist ebenfalls beträchtlich. Wohin aber hat uns das geführt? Statt Gleichberechtigung haben wir Gleichförmigkeit geschaffen. Doch was bedeutete der Begriff der »Gleichheit« in der großen humanistischen Tradition? Er bedeutete, daß wir in einem Sinne alle gleich sind: daß *jedermann sich selbst Zweck ist und nicht für irgend jemanden Mittel zum Zweck sein darf.* Gleichberechtigung ist die Bedingung, daß niemand zum Mittel werden darf und jeder sich selbst Zweck ist, ohne Rücksicht auf Alter, Hautfarbe, Geschlecht. Das war die humanistische Definition der Gleichheit, die tatsächlich die Grundlage zur Entwicklung von Unterschieden bildete. Nur dann, wenn es uns erlaubt ist, verschieden zu sein, ohne Gefahr zu laufen, ungleich behandelt zu werden, nur dann sind wir gleich.

Was haben wir aber getan? Wir haben den Begriff der Gleichheit in jenen der Gleichförmigkeit verwandelt. Wir haben Angst davor, anders zu sein, weil wir fürchten, kein Recht darauf zu haben, hier zu sein, wenn wir anders sind. Kürzlich fragte ich einen Mann Anfang Dreißig, warum er solche Angst davor habe, mit seinem Leben etwas Rechtes anzufangen, intensiv und mit Freude zu leben. Er überlegte einen Augenblick und sagte dann: »Wissen Sie, ich habe wirklich Angst davor, denn dann müßte ich ja anders sein als die andern.« Ich glaube, das trifft für die meisten Menschen zu.

Dieser Begriff der Gleichheit, der die Geltung und Würde eines großen philosophischen und humanistischen Begriffes besitzt, wird nun mißbraucht für einen der erniedrigendsten, unmenschlichsten und gefährlichsten Aspekte unserer Kultur: für die Gleichförmigkeit, die Verlust der Individualität bedeutet. Dies läßt sich an den Beziehungen zwischen den Geschlechtern zeigen. Man kann feststellen, daß sie in den Vereinigten Staaten in einer Weise »gleich« geworden sind, daß die Polarität zwischen den Geschlechtern aufgehoben ist und der schöpferische Funke, der nur aus der Polarität der Gegensätze sprüht, verlorengegangen ist. Wenn es keine Polarität geben darf, kann nichts Schöpferisches entstehen.

Bei dieser Umwandlung der Laster des neunzehnten zu Lastern des zwanzigsten Jahrhunderts – die als Tugenden bezeichnet werden – müssen wir auch eine weitgehende Ausschaltung des egozentrischen Individualismus und der Ausbeutung feststellen. In keinem anderen Land der Welt ist die Ausbeutung in gleichem Maß verschwunden wie in den Vereinigten Staaten. Wirtschaftsexperten sagen, daß die Ergebnisse in verhältnismäßig kurzer Zeit noch phantastischer sein werden als heute. Egozentrischer Individualismus ist kaum noch anzutreffen – niemand möchte allein sein, jeder möchte mit irgend jemand anderem zusammensein, und wir sind beunruhigt bei dem Gedanken, auch nur eine kurze Weile alleingelassen zu werden. Diese Laster sind verschwunden, aber was ist an ihre Stelle getreten? Der Mensch erfährt sich selbst als Ding – als bloße Ware. Er betrachtet seine Lebenskraft als Kapital, das gewinnbringend anzulegen ist; und wenn es Gewinn bringt, so nennt er es Erfolg. Wir stellen Maschinen her, die wie Menschen handeln, und bringen Menschen hervor, die wie Maschinen handeln. Die Gefahr des neunzehnten Jahrhunderts lag darin, daß wir zu Sklaven wurden; die Gefahr des zwanzigsten Jahrhunderts ist nicht, daß wir zu Sklaven, sondern daß wir zu Robotern werden.

Ursprünglich war unsere gesamte materielle Produktion ein Mittel zum Zweck. Daß sie ein Mittel zum Zweck größeren Glücks sei – das behaupten wir immer noch. Tatsächlich aber ist die materielle Produktion zum Selbstzweck geworden, und wir wissen eigentlich nicht, was wir damit anfangen sollen. Nehmen wir als Beispiel den Wunsch, Zeit zu sparen. Wenn wir Zeit eingespart haben, geraten wir in Verlegenheit, weil wir nichts damit anzufangen wissen, und finden Mittel und Wege, sie totzuschlagen; dann fangen wir von neuem an, Zeit zu sparen. Der Mensch in unserer Kultur erfährt sich nicht mehr als handelndes Subjekt, nicht als Mittelpunkt der Welt, nicht als Urheber seiner eigenen Taten, sondern als ein machtloses *Ding*. Sein eigenes Handeln und dessen Folgen sind zu seinen Herren geworden. Denken wir nur an das Symbol, wenn schon nicht an die furchterregende Realität der Atombombe. Der Mensch betet das Werk seiner eigenen Hände, seine selbsterschaffenen Führer an, als stünden sie über ihm. Wir meinen, Christen oder Juden oder sonst etwas zu sein, in Wirklichkeit aber sind wir in einen Zustand der Götzenanbetung verfallen, den die Propheten so treffend geschildert haben. Zwar bringen wir Baal und Astarte keine Opfer mehr, doch beten wir Dinge an: die Produktion, den Erfolg; in unserer Naivität sind wir unserer Götzendienerei anscheinend gar nicht bewußt und glauben, aufrichtig zu sein, wenn wir von Gott reden. Manche versuchen sogar, Religion und Materialismus miteinander zu verknüpfen, bis schließlich die Religion zum Do-it-yourself, zum gesteigerten Erfolg ohne Zuhilfenahme des Psychiaters wird. In der Tat sind die Dinge zu dem geworden, »was uns unbedingt angeht«. Und mit welchem Ergebnis? Mit dem Ergebnis, daß der Mensch leer, unglücklich, gelangweilt ist.

Wenn von Langeweile die Rede ist, meinen die Menschen selbstverständlich, daß es nicht angenehm sei, sich zu langweilen, doch sehen sie darin kein ernstes Problem. Ich bin davon überzeugt, daß die Langeweile zu den schlimmsten Foltern gehört. Sollte ich mir die Hölle ausmalen, so wäre das der Ort, an dem man sich unablässig langweilt. In der Tat bemühen sich die Menschen verzweifelt, der Langeweile zu entgehen, und rennen dahin und dorthin, weil ihre Langeweile unerträglich ist. Wer »seine« Neurose und »seinen« Analytiker hat, fühlt sich weniger gelangweilt. Selbst wenn man unter Angst- und Zwangssymptomen leidet, sind diese doch zumindest interessant. Ich bin fest davon überzeugt, daß der Wunsch, der Langeweile zu entfliehen, mit zu den Motiven solcher psychischen Krankheiten gehört.

Die Feststellung »der Mensch ist kein Ding« ist für mich der Kernpunkt des ethischen Problems des heutigen Menschen. Der Mensch ist kein Ding, und wenn man versucht, ihn in ein Ding zu verwandeln, so schädigt man ihn. Oder um Simone Weil zu zitieren: »Macht ist die Fähigkeit, einen Menschen in ein Ding zu verwandeln, denn man verwandelt ein lebendiges Wesen in einen Leichnam.« Ein Leichnam ist ein Ding, der Mensch nicht. Die letzte Gewalt – die Gewalt der Zerstörung – ist genau die letzte Gewalt der Verwandlung des Lebens in ein Ding. Der Mensch kann nicht auseinandergenommen und wieder zusammengesetzt werden wie ein Ding. Ein Ding ist vorhersagbar, der Mensch nicht. Ein Ding ist nicht schöpferisch, der Mensch kann es sein. Ein Ding hat kein Selbst, der Mensch hat es. Der Mensch kann das eigenartigste und schwierigste Wort unserer Sprache, das Wort »ich« aussprechen. Man weiß, daß Kinder erst verhältnismäßig spät »ich« sagen, aber danach sagen wir alle ohne Zögern »ich denke«, »ich fühle«, »ich tue«. Und wenn wir prüfen, was wir wirklich sagen, so finden wir, daß unsere Behauptung nicht stimmt. Es wäre viel richtiger zu sagen: »Es denkt in mir«, »es fühlt in mir«. Würde man jemanden statt: »Wie geht es Ihnen«, fragen: »Wer sind Sie«, so wäre er ziemlich überrascht. Welche Antwort würde er zuerst geben? Zunächst würde er wohl seinen Namen nennen, aber der Name hat wenig mit der Person zu tun. Dann würde er sagen: »Ich bin Arzt. Ich bin verheiratet. Ich bin Vater von zwei Kindern.« Das sind alles Eigenschaften; sie könnten auch für einen Wagen gelten. Der Wagen kann nicht »ich« sagen. Was der Mensch als Beschreibung seiner selbst anbietet, ist in Wirklichkeit die Aufzählung der Qualitäten eines Objekts. Fragen Sie ihn, fragen Sie sich selbst: Wer bist du, wer ist dieses »Ich«? Was ist gemeint, wenn man sagt: »*Ich* fühle«? Fühle *ich* wirklich, oder fühlt *es* in mir? Fühlen wir uns wirklich als Mittelpunkt unserer Welt, nicht als egozentrischer Mittelpunkt, sondern so, daß wir »original« sind, womit ich meine, daß unsere Gedanken und Gefühle in uns ihren Ursprung haben? Wenn man am Morgen 15 bis 20 Minuten dasitzt und versucht, an nichts zu denken, sondern sich selbst »leer« zu machen, dann zeigt sich, wie schwer es ist, mit sich allein zu sein – das Gefühl zu haben: »Das bin ich.«

Ich möchte hier auf einen weiteren Punkt eingehen, der sich auf den Unterschied zwischen der Kenntnis von Dingen und der Kenntnis von Menschen bezieht. Ich kann einen Leichnam oder ein Organ studieren, und es ist ein Ding. Ich kann natürlich auch meinen Intellekt und meine Augen gebrauchen, ebensogut wie meine Maschinen oder meine Apparate, um dieses Ding zu studieren. Wenn ich aber einen Menschen kennenlernen will, kann ich ihn nicht auf diese Weise studieren. Ich kann es natürlich versuchen und werde dann etwas schreiben über die Häufigkeit dieses oder jenes Verhaltens und Merkmals. Die Psychologie befaßt sich weitgehend damit, aber auf diese Weise behandelt sie den Menschen als ein Ding. Das Problem jedoch, mit dem sich Psychiater und Psychoanalytiker befassen, das Problem, mit dem wir uns alle befassen sollten, besteht gerade darin, den Menschen als menschliches Wesen zu verstehen und nicht als ein Ding. Dieses Verstehen kann nicht mit den Methoden zustande kommen, die in den Naturwissenschaften zur Erkenntnis führen. Den Menschen können wir nur kennenlernen, indem wir uns *in Beziehung zu ihm setzen*. Nur dadurch, daß wir uns zu einem menschlichen Wesen in Beziehung setzen, können wir wirklich etwas über uns erfahren. Die letzte Kenntnis von einem anderen menschlichen Wesen kann nicht in Gedanken und Worte gefaßt werden – man kann ja auch nicht beschreiben, wie Rheinwein schmeckt, und wenn man es hundert Jahre lang zu erklären versuchte. Man muß ihn eben selber getrunken haben. Ebenso kann man niemals die Beschreibung einer Persönlichkeit, eines menschlichen Wesens in seiner ganzen Individualität erschöpfen; man kann es nur durch einen empathischen Akt, durch ganzheitliche Erfahrung, durch Liebe kennenlernen. Ich glaube, hier liegen die Grenzen der wissenschaftlichen Psychologie, soweit sie auf das volle Verständnis der menschlichen Phänomene in Wort oder Gedankeninhalt gerichtet ist. Für den Psychiater und Psychoanalytiker ist es entscheidend zu wissen, daß er nur in dieser Haltung der Bezogenheit einen Menschen verstehen kann, und ich glaube, auch für den praktischen Arzt ist das sehr wichtig.

Der Patient ist daher als ein menschliches Wesen anzusehen, nicht nur als »diese Krankheit«. Ein Arzt hat Übung in der wissenschaftlichen Haltung, in der er beobachtet, wie in den Naturwissenschaften beobachtet wird. Wenn er aber zum Verständnis seines Patienten gelangen und ihn nicht wie ein Ding behandeln will, dann muß er eine andere Haltung erlernen, die der Wissenschaft vom Menschen entspricht: Wie man sich als ein menschliches Wesen zu einem anderen mit äußerster Konzentration und äußerster Aufrichtigkeit in Beziehung setzt. Solange dies nicht getan wird, sind alle Schlagworte über den Patienten als Person nichts als leere Worte.

Was sind die ethischen Forderungen unserer Zeit? Zuerst muß die »Verdinglichung« überwunden werden – oder, um einen technischen Terminus zu gebrauchen, die »Materialisierung« des Menschen; unsere Gleichgültigkeit, unsere Entfremdung vom Nächsten, von der Natur und von uns selbst, muß überwunden werden. Zweitens müssen wir wieder ein neues Gefühl des »Ichseins«, des Selbst, der Erfahrung »Ich bin« erhalten, statt dem Automatengefühl zu unterliegen, in dem wir uns der Illusion des »*ich* denke, was ich denke« hingeben, während wir uns tatsächlich eher wie jemand verhalten, der eine Platte auflegt und glaubt, die Musik auf der Platte sei von *ihm*.

Ein weiteres Ziel ist die Kreativität. Was heißt schöpferisch? Meistens versteht man darunter die Fähigkeit, Gemälde, Romane, Bilder, Kunstwerke, Ideen hervorzubringen. Selbstverständlich ist das eine Sache des Lernens und der Umwelt sowie auch der Veranlagung. Es gibt aber eine andere Art des Schöpferischen, eine Haltung nämlich, die die Voraussetzung ist für das Schöpferische im vorgenannten Sinne. Während dieses die Fähigkeit ist, die schöpferische Erfahrung auf die materielle Ebene zu übertragen, indem man sie auf der Leinwand oder sonstwie zum Ausdruck bringt, bezieht sich die Kreativität, um die es hier geht, auf eine Haltung, die leicht zu definieren ist: bewußt zu sein und zu antworten. Das klingt sehr simpel, und ich glaube, die meisten würden sagen: »Selbstverständlich bin ich gewillt zu antworten.« Bewußt zu sein bedeutet *wirklich* bewußt zu sein – wahrzunehmen, was ein Mensch in Wirklichkeit ist, wahrzunehmen, daß »eine Rose eine Rose ist«, wie Gertrude Stein sagte – einen Baum als Baum wahrzunehmen und nicht als etwas, das zum *Wort* Baum paßt, so wie die meisten unter uns die Dinge wahrnehmen.

Ich will hier ein Beispiel anführen: Eines Tages kam eine Frau, die ich analysierte, überaus begeistert zu der verabredeten Sitzung. Sie hatte in der Küche Erbsen geschält und berichtete mir: »Wissen Sie, zum erstenmal in meinem Leben nahm ich bewußt wahr, daß Erbsen rollen.« Nun, wir alle wissen, daß Erbsen rollen, wenn sie sich auf einer geneigten Unterlage befinden. Wir alle wissen, daß ein Ball und andere runde Gegenstände rollen; was aber wissen wir wirklich? In unserem Kopf wissen wir, daß ein runder Gegenstand auf der geneigten Oberfläche rollt. Wir sehen das Phänomen und stellen fest, daß die Tatsachen mit dem, was wir gesehen haben, übereinstimmen; dies unterscheidet sich jedoch sehr von der schöpferischen Erfahrung beim wirklichen *Sehen* der Bewegung. Kinder können das. Aus diesem Grund können sie immer und immer wieder mit einem Ball spielen; denn sie langweilen sich noch nicht, sie *denken* noch nicht darüber nach, und es ist für sie eine so wunderbare Erfahrung, daß sie es immer und immer wieder sehen können.

Diese Fähigkeit des Wahrnehmens und Antwortens ist das Wesen des Schöpferischen. Meiner Ansicht nach ist eines der wichtigsten ethischen Probleme unserer Zeit, unsere Mitmenschen und uns selbst dazu zu erziehen, daß wir wahrnehmen und antworten. Ein weiterer damit verbundener Aspekt ist die Fähigkeit des Sehens: sich zu einem Menschen in Beziehung zu setzen, statt ihn als Objekt zu sehen. Mit anderen Worten: Wir müssen den Grundstein für eine neue Wissenschaft vom Menschen legen, die den Menschen nicht mehr nur mit den Methoden der Naturwissenschaft betrachtet, sondern ihn auch im Akt der Liebe, durch Empathie und wirkliches Sehen von Mensch zu Mensch zu begreifen sucht. Wichtiger noch als alle diese Ziele ist die Notwendigkeit, den Menschen wieder in den Sattel zu heben, die Mittel wieder zu Mitteln und die Zwecke zu Zwecken werden zu lassen und einzusehen, daß unsere Leistungen in der Welt des Intellekts und der materiellen Erzeugung nur dann einen Sinn haben, wenn sie Mittel zu einem einzigen Zweck sind: der vollkommenen Geburt des Menschen, damit er vollkommen er selbst, vollkommen menschlich wird.

Natürlich läßt sich sagen, daß die Ärzte ein Bestandteil dieser Kultur und Gesellschaft sind und an den gleichen Defekten und unter den gleichen Problemen leiden wie jeder andere. Es liegt jedoch im Wesen ihrer Arbeit, daß sie sich in Beziehung setzen müssen zu ihren Patienten, daß sie nicht nur die Methode der Naturwissenschaft erlernen müssen, sondern auch die der Wissenschaft vom Menschen. Der medizinische Beruf ist im Hinblick auf die Arbeitsmethode sowieso ein Anachronismus. Dies läßt sich am Unterschied zwischen der handwerklichen Produktion und der Industrieproduktion zeigen. In ersterer, wie sie im Mittelalter vorherrschte, tat ein Mensch alle seine Arbeit selbst. Er hatte vielleicht einen Helfer oder Lehrling oder sonst jemanden, der ihm half, den Fußboden reinigte oder das Holz hobelte; den wesentlichen Teil der Arbeit verrichtete er jedoch selbst. In der modernen Industrieproduktion verhält es sich genau umgekehrt. Wir haben das Prinzip der Arbeitsteilung auf die Spitze getrieben. Keiner stellt mehr das ganze Produkt her; die Verantwortlichen organisieren das Ganze, aber sie stellen es nicht her, und diejenigen, die die spezifische Arbeit verrichten, bekommen das Ganze niemals zu Gesicht. Das ist die Methode industrieller Produktion.

Die Arbeitsmethode des Arztes ist immer noch die des Handwerkers. Er hat vielleicht einige Assistenten, er hat vielleicht dieses oder jenes technische Hilfsmittel, aber abgesehen von einigen wenigen, die industrielle Methoden in die medizinische Praxis einzuführen suchen, arbeiten die meisten Ärzte immer noch wie Handwerker. Sie untersuchen die Patienten, und sie tragen die Verantwortung. Dazu kommt noch ein weiterer Unterschied. Jeder andere sagt heute, er arbeite, um Geld zu verdienen, während die Ärzte immer noch für sich in Anspruch nehmen, dies sei nicht der hauptsächliche Beweggrund ihrer Arbeit; sie verrichteten ihre Arbeit aus einem Interesse am Patienten heraus und würden nur beiläufig Geld verdienen. Der Handwerker im Mittelalter hatte die gleiche Einstellung. Selbstverständlich verdiente er Geld, doch arbeitete er, weil er seine Arbeit liebte, und er hätte wohl ein kleineres Einkommen jeder langweiligeren Arbeit vorgezogen. Auch hier erweist sich der Arztberuf als anachronistisch; vielleicht ist er noch unrealistischer als seine Arbeitsmethode.

Dies kann nun zwei Folgen haben. Es kann der Heuchelei Vorschub leisten, hergebrachte Ideen zu verkünden, die nicht in die moderne Gesellschaft hineinpassen, ohne sich jedoch daran gebunden zu fühlen.

Es besteht aber auch die Möglichkeit, daß die Ärzte, gerade weil ihre Arbeitsmethode noch nicht so entpersönlicht ist und es sich dabei noch um Arbeit im handwerklichen Sinn handelt, größere Möglichkeiten haben als Menschen in anderen Berufen. Diese Möglichkeiten sind gegeben, wenn die Ärzte ihre Chance erkennen – zu helfen, uns auf einen neuen Weg des Humanismus zu führen, zu einer neuen Haltung des Menschenverständnisses, die sowohl beim Arzt als auch beim Patienten die Erkenntnis beinhaltet, daß der Mensch kein Ding ist.

Der Mensch ist kein Ding (1957a)

Die wachsende Popularität der Psychologie in unseren Tagen wird von vielen als vielversprechendes Zeichen dafür gewertet, daß wir uns der Verwirklichung der delphischen Forderung »Erkenne dich selbst« nähern. Ohne Zweifel gibt es Anhaltspunkte für diese Auffassung. Der Gedanke der Selbsterkenntnis wurzelt in der griechischen und jüdisch-christlichen Tradition. Er ist Bestandteil einer aufklärerischen Haltung. James und Freud waren tief in dieser Tradition verwurzelt, und sie haben zweifellos dazu beigetragen, diesen positiven Aspekt der Psychologie in unsere Gegenwart hineinzutragen. Diese Tatsache darf aber nicht dazu führen, gewisse andere Aspekte des gegenwärtigen Interesses an der Psychologie zu ignorieren, die für die geistige Entwicklung des Menschen gefährlich und zerstörerisch sind. Von eben diesen Aspekten handelt der folgende Beitrag.

In der kapitalistischen Gesellschaft hat die Menschenkenntnis eine besondere Funktion angenommen, eine Funktion und Bedeutung, die sich von dem Sinn des »Erkenne dich selbst« ziemlich unterscheidet.

Die kapitalistische Gesellschaft hat ihren Mittelpunkt im Markt – dem Waren- und dem Arbeitsmarkt – auf dem Waren und Dienstleistungen ohne Rücksicht auf traditionelle Normen und ohne Zwang oder Betrug frei ausgetauscht werden. Dafür bekommen Erkenntnisse über den Verbraucher überragende Bedeutung für den Verkäufer. Wenn das schon vor 50 oder 100 Jahren wichtig war, um wieviel mehr sind Kenntnisse über den Verbraucher in den letzten Jahrzehnten wichtig geworden. Durch die zunehmende Konzentration der Unternehmen und des Kapitals wird es immer dringlicher, die Wünsche des Verbrauchers im voraus zu kennen, sie nicht nur zu kennen, sondern auch zu beeinflussen und zu manipulieren. Kapitalinvestitionen im Ausmaß moderner Riesenunternehmen werden nicht auf einen »Wink« hin gemacht, sondern nach gründlicher Erforschung und Manipulation des Kunden. Neben der Kenntnis über den Verbraucher (»Marktpsychologie«) ist ein neues Gebiet der Psychologie entstanden, das das Ziel verfolgt, den Arbeiter und Angestellten zu verstehen, um ihn zu manipulieren.

Dieses Gebiet ist das der *human relations*. Es ist die logische Konsequenz aus dem veränderten Verhältnis von Kapital und Arbeit. An die Stelle der rohen Ausbeutung ist die Zusammenarbeit zwischen den Giganten – den Unternehmen und der Gewerkschaftsbürokratie – getreten, die beide zu der Überzeugung gelangt sind, daß es für sie auf Dauer vorteilhafter ist, Kompromisse zu schließen, als sich gegenseitig zu bekämpfen. Zudem hat man festgestellt, daß ein zufriedener, »glücklicher« Arbeiter produktiver arbeitet und zum reibungslosen Ablauf beiträgt, der für die Großunternehmen unserer Tage nötig ist. Das breite Interesse für Psychologie und menschliche Beziehungen wird ausgenutzt; Arbeiter und Angestellte werden von Psychologen studiert und manipuliert. Was Taylor für die Rationalisierung der körperlichen Arbeit tat, das tun die Psychologen für den geistigen und emotionalen Bereich des Arbeiters. Der Arbeiter wird verdinglicht, d. h. behandelt und manipuliert wie ein Ding, und die sogenannten »menschlichen Beziehungen« sind in Wirklichkeit die allerunmenschlichsten, weil sie »materialisierte« und entfremdete Beziehungen sind.

Von der Manipulation der Verbraucher, der Arbeiter und Angestellten ausgehend, hat sich das Interesse der Psychologie auf die Manipulation aller ausgedehnt. Dies ist am deutlichsten in der Politik zu erkennen. Die Idee der Demokratie hatte ursprünglich ihren Schwerpunkt in dem Begriff des klar denkenden und verantwortlichen Staatsbürgers, in der Praxis aber wird die Demokratie mehr und mehr mit den Methoden manipuliert, die zuerst in der Marktforschung und den *human relations* entwickelt worden sind.

Da dies allgemein bekannt ist, möchte ich jetzt ein subtileres und schwierigeres Problem erörtern, das mit dem Interesse für Individualpsychologie und vor allem mit der großen Popularität der Psychoanalyse zusammenhängt. Die Frage lautet: *Inwieweit ist Psychologie* (d. h. Erkenntnis des anderen und des eigenen Selbst) *möglich? Welche Grenzen sind dieser Erkenntnis gesetzt, und welche Gefahren ergeben sich, wenn die Grenzen nicht respektiert werden?*

Zweifellos entspricht der Wunsch, unsere Mitmenschen und uns selbst zu kennen, einem tiefen Bedürfnis des Menschen. Der Mensch lebt in sozialen Bezügen. Er hat das Bedürfnis, mit seinen Mitmenschen in Verbindung zu sein, um nicht wahnsinnig zu werden. Der Mensch ist mit Vernunft und Vorstellungsvermögen begabt. Seine Mitmenschen und er selbst stellen sich ihm als Problem, und er kann nicht umhin, die Lösung dieses Problems und die Aufdeckung dieses Geheimnisses zu versuchen.

Das Bemühen, den Menschen durch Nachdenken zu verstehen, wird als »Psychologie« – als »Erkenntnis der Seele« bezeichnet. Psychologie in diesem Sinn versucht die Kräfte, die dem menschlichen Verhalten zugrunde liegen, die Entwicklung des Charakters und die Umstände, die diese Entwicklung bestimmen, zu begreifen. Kurzum, sie sucht ein rationales Bild des Innersten jeder einzelnen Seele zu geben. Völlig rationales Erkennen ist jedoch nur bei Dingen möglich; Dinge können zerlegt werden, ohne daß man sie zerstört, sie können manipuliert werden, ohne daß ihr Wesen Schaden erleidet, und sie können reproduziert werden. *Der Mensch ist kein Ding*, er kann nicht auseinandergenommen werden, ohne zerstört zu werden, er kann nicht manipuliert werden, ohne Schaden zu nehmen, und er kann nicht künstlich reproduziert werden. Während das Leben schon in seiner biologischen Dimension ein Wunder und Geheimnis ist, ist der Mensch in seiner menschlichen Dimension sich selbst und seinem Nächsten ein unergründbares Geheimnis. Wir kennen unseren Mitmenschen und uns selbst, und doch wissen wir nichts über ihn und uns – weil wir und unsere Mitmenschen keine Dinge sind. Je weiter wir in die Tiefe unseres eigenen Wesens oder das eines anderen Menschen vorstoßen, desto mehr entzieht sich uns das Ziel, zur vollen Erkenntnis zu gelangen. Und doch können wir von dem Wunsch nicht lassen, in das Geheimnis der menschlichen Seele, in den Kern des Menschen einzudringen.

Was bedeutet es denn, uns selbst oder einen anderen Menschen zu erkennen? Um es mit wenigen Worten zu sagen: Sich selbst erkennen heißt, die Illusionen über sich selbst aufzugeben; unseren Nächsten erkennen heißt, die »parataktischen Entstellungen« zu überwinden, die wir in der Übertragung von ihm haben. Wir alle leiden mehr oder weniger an Illusionen über uns selbst. Wir sind in Phantasievorstellungen unserer Allwissenheit und Allmacht befangen, die wir als ganz real erlebten, als wir noch Kinder waren. Wir rationalisieren unsere schlechten Motive damit, daß sie der Güte, Pflicht oder Notwendigkeit entsprängen. Unsere Schwäche und Furcht hat angeblich »gute Gründe«, und unsere Beziehungslosigkeit gründet in der Gleichgültigkeit der anderen. Mit unseren Mitmenschen verfahren wir ebenso entstellend und rationalisierend.

Unser Mangel an Liebe läßt sie uns feindselig erscheinen, obwohl sie lediglich scheu sind; unsere Unterwürfigkeit verwandelt sie in herrschsüchtige Monstren, während sie sich nur uns gegenüber selbst behaupten; unsere Furcht vor Spontaneität läßt uns urteilen, daß sie kindisch sind, während sie in Wirklichkeit nur kindhaft und spontan sind.

Wenn wir mehr über uns erfahren wollen, dann müssen wir die zahlreichen Schleier ablegen, die es uns unmöglich machen, unseren Nächsten deutlich zu sehen. Ein Schleier nach dem anderen müßte gelüftet, eine Entstellung nach der anderen beseitigt werden.

Die Psychologie kann uns zeigen, was der Mensch *nicht* ist. Sie kann uns nicht erklären, was der Mensch *ist.* Die Seele des Menschen, der einmalige Wesenskern eines Individuums kann niemals erfaßt und zureichend beschrieben werden. Sie ist nur soweit »erkennbar«, wie sie nicht falsch verstanden wird. So ist das legitime Ziel der Psychologie ein negatives: die Beseitigung von Entstellungen und Illusionen, nicht ein positives, nämlich die volle und ganze Erkenntnis des menschlichen Wesens.

Es gibt aber noch einen anderen Weg, der zur Erschließung des menschlichen Geheimnisses führt; dieser Weg ist nicht der des Nachdenkens, sondern der der *Liebe.* Liebe ist das aktive Durchdringen eines anderen, bei dem mein Wunsch nach Erkenntnis durch Vereinigung gestillt wird. (Dies ist genau die Bedeutung des biblischen *daat* [»Erkenntnis«] im Gegensatz zum allgemeinen *ahabah* [»Liebe«].) In der Vereinigung erkenne ich dich, erkenne ich mich, erkenne ich alle – und ich »weiß« doch nichts. Ich erkenne auf die einzige Weise, in der dem Menschen Erkenntnis des Lebendigen möglich ist – durch die Erfahrung von Einheit, nicht durch ein Wissen, das aus dem Denken kommt. Der einzige Weg zu ganzer Erkenntnis liegt im *Tun* der Liebe. Dieses Tun übersteigt Denken und Worte. Es ist der wagemutige Sprung in das Wesen des anderen – oder in mein eigenes.

Psychologisches Wissen kann eine *Voraussetzung* für die volle Erkenntnis im Tun der Liebe sein. Ich muß mich und den anderen objektiv kennen, um ihn in seiner Realität wahrzunehmen und um die Illusionen, das irrational entstellte Bild, das ich von ihm habe, zu überwinden. Wenn ich von einem weiß, wie er ist, oder vielmehr, wie er nicht ist, dann kann ich sein innerstes Wesen im Akt der Liebe erkennen.

Die Fähigkeit zur Liebe ist nicht leicht zu erlangen. Wie versucht der Mensch, der nicht lieben kann, in das Geheimnis seines Mitmenschen einzudringen? Es gibt eine verzweifelte Möglichkeit, dies zu erreichen: Sie besteht darin, den anderen völlig in seine Gewalt zu bekommen, ihn mit Macht dazu zu bringen, das zu tun, was wir wollen, das zu fühlen, was wir wollen, das zu denken, was wir wollen, so daß er in ein Ding, in unseren Besitz verwandelt wird. Dieser äußerste Versuch, den anderen zu »erkennen«, ist bei extremen Formen des Sadismus gegeben, im Wunsch und in der Fähigkeit, ein menschliches Wesen leiden zu lassen, es zu quälen, es zu zwingen, in seinem Leiden sein Geheimnis preiszugeben. Dieses Verlangen, in das Geheimnis eines anderen Menschen und damit in das eigene Geheimnis einzudringen, ist im wesentlichen die Motivation für die Tiefe und Intensität der Grausamkeit und Destruktivität. Isaac Babel hat diesen Gedanken prägnant zum Ausdruck gebracht. Er zitiert einen Offizierskameraden im Russischen Bürgerkrieg, der, nachdem er seinen früheren Herrn zu Tode getrampelt hatte, sagte: »Ich würde sagen, mit Schießen schafft man sich so einen Kerl nur vom Hals ... aber mit Schießen kommt man nicht an die Seele heran, wo die in dem Kerl ist und wie sie sich zeigt. Aber ich schon' mich nicht und ich hab' schon mehr als einmal auf einem Feind über eine Stunde lang herumgetrampelt. Weißt du, ich möchte herauskriegen, was das Leben wirklich ist, was das mit unserem Leben so auf sich hat« (I. Babel, 1955, S. 106).

Weil aber Sadismus und Destruktivität durch den Wunsch motiviert werden, gewaltsam in das Geheimnis eines Menschen einzudringen, kann dieser Weg niemals zu dem gewünschten Ziel führen. Füge ich meinem Mitmenschen Leiden zu, so wächst die Distanz zwischen ihm und mir bis zu einem Punkt, an dem keine Erkenntnis mehr möglich ist. Sadismus und Destruktivität sind pervertierte, hoffnungslose und tragische Versuche, den Menschen zu erkennen. (Bei Kindern sehen wir diesen Weg zur Erkenntnis ganz deutlich und als Teil des normalen Wunsches des Kindes, sich in einer Welt der physischen Realität zu orientieren. Das Kind nimmt einen Gegenstand, zerlegt ihn, um ihn zu erforschen, um sein Geheimnis zu ergründen; oder es zerlegt ein Tier, reißt grausam die Flügel eines Schmetterlings aus, um ihn kennenzulernen, um ihm sein Geheimnis zu entreißen. Die offensichtliche Grausamkeit hat ein tieferes Motiv: den Wunsch, das Geheimnis der Dinge und des Lebens kennenzulernen.)

Das Problem der Erkenntnis des Menschen hat eine Analogie im theologischen Problem der Gotteserkenntnis. Die negative Theologie behauptet, daß keine positiven Aussagen über Gott gemacht werden können. Das einzige Wissen von Gott ist das Wissen von dem, was er nicht ist. Maimonides lehrt deshalb, je mehr man wisse, was Gott nicht sei, desto mehr wisse man von Gott. Und Meister Eckhart sagt: »So vermag denn der Mensch überhaupt nicht zu wissen, was Gott ist. Etwas weiß er wohl: was Gott nicht ist« (Meister Eckhart, 1934, S. 76). Eine Konsequenz dieser negativen Theologie ist die Mystik. Wenn im Denken keine volle Gotteserkenntnis erlangt werden kann, wenn die Theologie bestenfalls negativ ist, dann kann die positive Erkenntnis Gottes nur in der Vereinigung mit Gott erreicht werden.

Wird dieses Prinzip auf den Bereich der menschlichen Seele übertragen, so könnte man von einer »negativen Psychologie« sprechen und sagen, volle »Erkenntnis« sei nicht durch Denken, sondern nur im Tun der Liebe möglich. Wie die Mystik eine logische Folge der negativen Theologie ist, so ist die Liebe eine Folge der negativen Psychologie. Will man die Grenzen der Psychologie aufzeigen, so muß man auf die Gefahr hinweisen, die sich ergibt, wenn man diese Grenzen ignoriert. Der moderne Mensch ist einsam, ängstlich und wenig liebesfähig. Er möchte seinem Mitmenschen nahe sein, ist aber zu wenig auf ihn bezogen, als daß er ihm nahe sein könnte. Die Bande, die ihn oberflächlich mit seinen Mitmenschen verbinden, sind vielfältig und leicht aufrechtzuerhalten, aber eine Bezogenheit von Wesenskern zu Wesenskern, eine Bezogenheit aus der Mitte *(central relatedness)* gibt es kaum. Auf der Suche nach enger Verbundenheit will man Erkenntnis erlangen, und auf der Suche nach Erkenntnis findet man die Psychologie. Die Psychologie wird zum Liebesersatz, zum Ersatz für Intimität, für die Vereinigung mit anderen und mit sich selbst; sie wird zur Zuflucht für den einsamen, entfremdeten Menschen, statt daß sie ein Schritt zur Vereinigung ist.

Diese Ersatzfunktion der Psychologie wird angesichts der Popularität der Psychoanalyse deutlich. Die Psychoanalyse kann bei der Aufhebung der parataktischen Entstellungen bei uns selbst und anderen gegenüber äußerst nützlich sein. Sie kann eine Illusion nach der anderen auflösen helfen und so den Weg freimachen zu jenem Akt, den wir nur allein vollziehen können: zum »Mut zum Sein«, zum Sprung, zum unbedingten

Vertrauen. Nach seiner physischen Geburt muß der Mensch einen kontinuierlichen Geburtsprozeß über sich ergehen lassen. Die Trennung vom Mutterleib ist die erste Phase dieser Geburt, die von der Mutterbrust die zweite, die aus ihren Armen die dritte. Danach kann der Geburtsprozeß zum Halten kommen. Der Mensch kann sich zu einem sozial angepaßten und brauchbaren Mitglied der Gesellschaft entwickeln und dennoch geistig totgeboren sein. Wenn er sich zu dem entwickeln soll, was er potentiell als menschliches Wesen ist, dann muß er immer von neuem geboren werden, d. h. er muß seine primären Bindungen an Blut und Boden auflösen. Er muß von einem Akt der Loslösung und Trennung zum nächsten voranschreiten. Er muß Gewißheit und Geborgenheit aufgeben und den Sprung in den Akt des Vertrauens, des Betroffenseins und der Liebe wagen.

Häufig kommt es bei der psychoanalytischen Behandlung zu einem stillschweigenden Übereinkommen zwischen Therapeut und Patient, in der Annahme, es handle sich bei der Psychoanalyse um eine Methode zur Erreichung von Glück und Reife, bei der man dennoch den Sprung, die Tat, den Schmerz der Trennung vermeiden könne. Um die Analogie des Sprunges noch etwas weiterzuführen, könnte man die psychoanalytische Situation zuweilen mit derjenigen eines Mannes vergleichen, der schwimmen lernen möchte, aber vor dem Augenblick Angst hat, in dem er ins Wasser springen und sich dessen tragender Kraft anvertrauen muß. Er steht am Rand des Beckens und hört, wie sein Lehrer die Bewegungen erklärt, die er ausführen muß; das ist gut und unerläßlich, doch wenn wir sehen, wie er unablässig spricht und zuhört und wieder spricht, dann regt sich in uns der Verdacht, daß Reden und Zuhören die gefürchtete Handlung ersetzen sollen. Wie groß und wie tief der psychologische Einblick auch immer sein mag, er kann niemals an die Stelle des Tuns, des Vertrauens, des Sprunges treten. Er kann darauf hinführen, die Vorbereitungen treffen, die Möglichkeit schaffen – und darin liegt die legitime Funktion der psychoanalytischen Arbeit. Sie darf indessen nicht versuchen, als Ersatz zu dienen für die verantwortliche Tat des Vertrauens, ohne das sich keine wahrhafte Veränderung im Menschen vollzieht.

Faßt man die Psychoanalyse in diesem Sinne auf, dann muß eine weitere Bedingung erfüllt werden. Der Analytiker muß seine eigene Entfremdung und die zu seinem Mitmenschen überwinden. Wie ich vorher ausgeführt habe, erfährt sich der

Mensch als Ding, als Verkörperung von Energien, die er auf dem Markt gewinnbringend einsetzen muß. Er erfährt seinen Mitmenschen als ein Ding, das für einen gewinnbringenden Austausch zu gebrauchen ist. Psychologie, Psychiatrie und Psychoanalyse der Gegenwart sind in diesen universellen Prozeß der Entfremdung mit einbezogen. Der Patient wird als Ding, als Summe vieler Teile gesehen. Einige dieser Teile sind schadhaft und müssen repariert werden, wie die Teile eines Autos der Reparatur bedürfen. Da und dort zeigt sich ein Defekt, den man als Symptom bezeichnet, und der Psychiater sieht es als seine Aufgabe an, die verschiedenen Defekte zu beheben oder zu korrigieren. Er sieht den Patienten nicht als eine einzigartige Totalität an, die nur durch wirkliche Bezogenheit und Empathie ganz zu verstehen ist. Soll die Psychoanalyse ihre tatsächlichen Möglichkeiten ausschöpfen, dann muß der Analytiker seine eigene Entfremdung überwinden, zwischen sich und seinem Patienten eine tiefgehende Beziehung von Kern zu Kern herstellen und dabei den Weg für dessen spontane Erfahrungen und ein »Verstehen« seiner selbst freilegen. Er darf den Patienten nicht als Objekt sehen, nicht bloß ein »teilnehmender Beobachter« sein; er muß eins mit ihm werden und zugleich seine Getrenntheit und Objektivität beibehalten, so daß er formulieren kann, was er in diesem Akt des Einsseins erfährt. Das letzte Verständnis kann nicht ganz in Worte gefaßt werden; es ist keine »Deutung«, die den Patienten als ein Objekt mit verschiedenen Defekten schildert und ihre Entstehung erklärt, sondern ein intuitives Erfassen. Es findet zuerst beim Analytiker und dann, wenn die Analyse erfolgreich sein soll, beim Patienten statt. Dieses Erfassen ist plötzlich; es ist ein intuitiver Akt, der durch viele verstandesmäßige Einsichten vorbereitet, aber niemals durch sie ersetzt werden kann. Wenn sich die Psychoanalyse in diese Richtung entwickeln will, dann hat sie noch unausgeschöpfte Möglichkeiten zur Umformung und geistigen Umwandlung des Menschen. Wenn sie die gesellschaftlich bedingte Entfremdung nicht überwindet, mag sie diesen oder jenen Schaden beheben, doch wird sie nur ein weiteres Werkzeug dazu sein, den Menschen noch mehr gleichzuschalten und ihn noch stärker an eine entfremdete Gesellschaft anzupassen.

Die prophetische Auffassung vom Frieden (1960d)

Selbst wenn Frieden nichts anderes bedeutete als Abwesenheit von Krieg, Haß, Mord und Wahnsinn, würde er zu den höchsten Zielen gehören, die sich der Mensch setzen kann. Wenn man aber die spezifisch prophetische Auffassung vom Frieden verstehen will, so muß man einige Schritte weitergehen und erkennen, daß der prophetische Friedensbegriff nicht nur Abwesenheit des Krieges bedeutet, sondern ein geistiger und philosophischer Begriff ist. Er gründet sich auf die prophetische Vorstellung vom Menschen, von der Geschichte und der Erlösung; seine Wurzeln reichen zurück in die Geschichte der Erschaffung des Menschen und seines Ungehorsams gegen Gott, wie sie im Buch Genesis geschildert werden, und er findet seinen Höhepunkt in der Vorstellung von der messianischen Zeit.

Vor Adams Fall, d. h. ehe der Mensch seine Vernunft und das Bewußtsein seiner selbst besaß, lebte er in völliger Harmonie mit der Natur. »Beide, der Mensch und seine Frau, waren nackt, aber sie schämten sich nicht voreinander« (Gen 2,25). Das bedeutet: Sie waren getrennt, aber sie waren sich dessen nicht bewußt. Der erste Akt des Ungehorsams, der auch den Beginn der menschlichen Freiheit darstellt, »öffnet seine Augen«, der Mensch weiß das Gute vom Bösen zu unterscheiden, er ist sich seiner selbst und seines Mitmenschen bewußt geworden. Die Geschichte der Menschheit hat begonnen. Aber der Mensch wird wegen seines Ungehorsams – das Wort »Sünde« erscheint nicht im Bibeltext – von Gott verflucht. Worin besteht dieser Fluch? Feindschaft und Kampf werden erklärt: zwischen Mensch und Tier (»Feindschaft stifte ich zwischen dir – der Schlange – und der Frau, zwischen deinem Nachwuchs und ihrem Nachwuchs. Er trifft dich am Kopf, und du triffst ihn an der Ferse« – Gen 3,15), zwischen Mensch und Ackerboden (»So ist verflucht der Ackerboden deinetwegen. Unter Mühsal wirst du von ihm essen alle Tage deines Lebens. Dornen und Disteln läßt er dir wachsen, und die Pflanzen des Feldes mußt du essen. Mit Schweiß im Gesicht wirst du dein Brot essen, bis du zurückkehrst zum Ackerboden« – Gen 3,17b–19), zwischen Mann und Frau (»Dich verlangt nach dem Mann, doch er wird über dich herrschen« – Gen 3,16b), zwischen der Frau und ihren eigenen natürlichen Funktionen (»unter Schmerzen gebierst du Kinder« – Gen 3,16a). Die ursprüngliche, vor-individuelle Harmonie ist ersetzt durch Konflikt und Kampf.

Der Mensch muß sich als ein Fremder in der Welt, als sich und der Natur entfremdet erfahren, um imstande zu sein, wieder eins zu werden mit sich selbst, mit seinen Mitmenschen, mit der Natur. Er muß die Kluft zwischen sich als Subjekt und der Welt als Objekt als Voraussetzung für die Überbrückung eben dieser Kluft erfahren. Seine erste Sünde, der Ungehorsam, ist seine erste Tat der Freiheit; sie ist der Beginn der Menschheitsgeschichte. In der Geschichte entwickelt sich der Mensch, tritt er in Erscheinung. Er entwickelt seine Vernunft und seine Fähigkeit zu lieben. Er erschafft sich selbst im Prozeß der Geschichte, der mit seiner ersten Tat der Freiheit begann, die die Freiheit war, ungehorsam zu sein, »nein« zu sagen.

Welches ist nach dem Alten Testament die Rolle Gottes in diesem Prozeß der Geschichte? Zuerst, und das ist das Wichtigste, greift Gott nicht in die Geschichte durch einen Akt der Gnade ein; er ändert das Wesen des Menschen nicht, er ändert nicht sein Herz. (Darin liegt der grundlegende Unterschied zwischen der prophetischen und der christlichen Auffassung von Erlösung.) Der Mensch ist verderbt, weil er entfremdet ist und seine Entfremdung nicht überwunden hat. Aber diese »Verderbtheit« liegt im Wesen der menschlichen Existenz selbst, und es ist der Mensch selbst, nicht Gott, der die Entfremdung aufheben kann, indem er eine neue Harmonie erreicht.

Dem alttestamentarischen Denken entsprechend, beschränkt sich die Rolle Gottes in der Geschichte darauf, Boten zu senden, die Propheten, die 1. dem Menschen ein neues geistiges Ziel setzen, 2. ihm die Alternativen zeigen, zwischen denen er zu wählen hat, und 3. gegen alle Taten und Haltungen protestieren, durch die der Mensch sich und den Weg zur Erlösung verliert.

Der Mensch ist jedoch frei zu handeln; die Entscheidung liegt bei ihm. Er ist vor die Wahl zwischen Segen und Fluch, Leben und Tod gestellt. Es ist Gottes Hoffnung, daß er das Leben wählen wird, aber Gott errettet den Menschen nicht durch einen Akt der Gnade.

Das deutlichste Beispiel für die grundsätzliche Nichteinmischung Gottes und für die Rolle des Propheten findet sich in dem Bericht über die Haltung Gottes, als die Hebräer ihn bitten, ihnen einen König zu geben. »Deshalb versammelten sich alle Ältesten Israels und gingen zu Samuel nach Rama. Sie sagten zu ihm: Du bist alt, und deine Söhne leben nicht nach deinem Vorbild. Darum setze jetzt einen König bei uns ein, der über uns herrschen soll, wie es bei allen Völkern Brauch ist. Aber es gefiel Samuel nicht, daß sie sagten: Gib uns einen König, der über uns herrschen soll. Samuel betete deshalb zum Herrn, und der Herr sprach zu Samuel: Hör auf alles, was das Volk dir sagt. Nicht dich haben sie verworfen, sondern mich: Ich soll nicht mehr ihr König sein. So haben sie immer gehandelt, seit ich sie aus Ägypten herausführte, bis zum heutigen Tag; sie haben mich verlassen und fremden Göttern gedient. Und so machen sie es nun auch mit dir. Doch gib jetzt ihrem Verlangen nach, warne sie aber und mach ihnen bekannt, welche Rechte der König hat, der über sie herrschen wird.

Samuel berichtete dem Volk, das einen König haben wollte, alles, was der Herr ihm aufgetragen hatte. Er sagte: Das werden die Rechte des Königs sein, der über euch herrschen wird: Er wird eure Söhne holen und sie für seine Wagen und Pferde arbeiten lassen, und sie werden vor seinem Wagen herlaufen. Er wird sie zu Obersten über Abteilungen von Tausend und von Fünfzig machen. Sie müssen für ihn pflügen und seine Ernte einbringen, sie müssen für ihn Waffen und Streitwagen anfertigen. Eure Töchter wird er holen, damit sie für ihn Salben zubereiten und für ihn kochen und backen. Eure besten Felder, Weinberge und Olivengärten wird er euch wegnehmen und seinen Ministern geben. Von euren Äckern und von euren Weingärten wird er den Zehnten nehmen und ihn seinen Höflingen und Ministern geben. Eure Knechte und Mägde, eure besten jungen Leute und eure Esel wird er für seine Dienste in Anspruch nehmen. Von euren Herden wird er den Zehnten nehmen. Ihr werdet seine Sklaven sein. Dann werdet ihr ein Geschrei erheben wegen des Königs, den ihr euch erwählt habt; aber der Herr wird euch nicht antworten.

Doch das Volk wollte nicht auf Samuel hören, sondern sagte: Nein, ein König soll über uns herrschen! Wir wollen wie alle anderen Völker sein! Ein König soll über uns herrschen, er soll vor uns her ins Feld ziehen und unsere Kriege führen. Samuel hörte sich alles an, was das Volk sagte, und berichtete es dem Herrn. Der Herr antwortete Samuel: Höre auf sie und setze über sie einen König ein. Da sagte Samuel zu den Männern Israels: Geht heim, jeder in seine Stadt!« (1 Sam 8,4–22).

Alles, was Samuel tun kann, ist, auf sie zu hören, zu protestieren und ihnen die Konsequenzen ihres Tuns aufzuzeigen. Wenn die Menschen sich trotzdem für ein Königtum entscheiden, dann ist es ihre Entscheidung und ihre Verantwortung.

Dieses Prinzip kommt auch sehr deutlich in der biblischen Geschichte vom Auszug aus Ägypten zum Ausdruck. Tatsächlich lehrt Gott Mose einige Wunder tun. Diese Wunder unterscheiden sich jedoch nicht wesentlich von denen der ägyptischen Magier. Zweifellos sollen sie Mose in den Augen des Pharao und seines eigenen Volkes Gewicht verleihen; sie sind Zugeständnisse an Mose wegen seiner Angst, das Volk würde seine reine Botschaft von einem namenlosen Gott nicht verstehen. Am wesentlichen Punkt jedoch, wo es darum geht, das Volk oder den Pharao für die Freiheit bereitzumachen, schreitet Gott überhaupt nicht ein.

Der Pharao bleibt, wie er ist; er wird also schlechter, sein Herz »verhärtet sich«; auch die Hebräer ändern sich nicht. Immer von neuem versuchen sie, der Freiheit zu entkommen, in die Sklaverei und Sicherheit Ägyptens zurückzukehren. Gott wandelt ihr Herz nicht, noch wandelt er das Herz des Pharao. Er überläßt den Menschen sich selbst – läßt ihn seine Geschichte machen, ihn seine eigene Erlösung suchen.

Die erste Tat der menschlichen Freiheit ist ein Akt des Ungehorsams, durch den der Mensch sein ursprüngliches Einssein mit der Natur transzendiert: Er wird sich seiner selbst, seines Nachbarn und seiner Entfremdung bewußt. Im Prozeß der Geschichte erschafft der Mensch sich selbst. Er wächst in dem Bewußtsein seiner selbst, in der Liebe, in der Gerechtigkeit. Wenn er das Ziel des vollen Erfassens der Welt durch die ihm eigenen Kräfte der Vernunft und der Liebe erreicht hat, ist er wieder eins geworden, hat er die »Erbsünde« überwunden, ist er ins Paradies zurückgekehrt, doch auf der neuen Ebene der menschlichen Individuation und Unabhängigkeit. Obgleich der Mensch im Akt des Ungehorsams »gesündigt« hat, wird seine Sünde im Prozeß der Geschichte gerechtfertigt. Er leidet nicht an einer Verderbtheit seiner Substanz, sondern seine Sünde ist in sich der Beginn eines dialektischen Prozesses, der mit seiner Selbsterschaffung und Selbsterlösung endet.

Diese Vollendung seiner Selbsterschaffung, das Ende der Geschichte von Hader und Konflikt und der Beginn einer neuen Geschichte der Harmonie und Einheit wird als »messianische

Zeit«, als »Ende aller Tage» usw. bezeichnet. Der Messias ist nicht der Erlöser. Er ist nicht von Gott gesandt, um die Menschen zu retten oder ihre verderbte Substanz zu ändern. Der Messias ist ein Symbol der eigenen Anstrengung. Wenn der Mensch die Einheit erreicht hat, wenn er bereit ist, dann wird der Messias erscheinen. Der Messias ist nicht Gottes Sohn, nicht mehr und nicht weniger als jeder Mensch ein Kind Gottes ist, er ist der gesalbte König, der die neue Epoche der Geschichte verkörpert.

Die prophetische Sicht der messianischen Zeit ist die der Harmonie zwischen Mensch und Mensch, Mann und Frau, Mensch und Natur. Die neue Harmonie ist anders als die des Paradieses. Sie kann nur erreicht werden, wenn sich der Mensch voll entwickelt, um wahrhaft menschlich zu werden, wenn er in der Lage ist zu lieben, wenn er die Wahrheit kennt und Gerechtigkeit übt, wenn er die Kraft seiner Vernunft so weit entfaltet, daß er sich aus der Knechtschaft des Menschen und von den Fesseln der irrationalen Leidenschaft befreit.

Die Darstellungen der Propheten sind reich an Symbolen von Vorstellungen der neuen Harmonie. Die Erde wird wieder fruchtbar, Schwerter werden in Pflugscharen verwandelt, der Löwe und das Lamm werden friedlich miteinander leben, es wird keinen Krieg mehr geben, die ganze Menschheit wird in Wahrheit und Liebe vereint sein (Vgl. Jes 11).

Der Friede ist in der prophetischen Vision ein Aspekt der messianischen Zeit; wenn der Mensch die Kluft überbrückt hat, die ihn von seinen Mitmenschen und von der Natur trennt, dann ist er tatsächlich im Frieden mit jenen, von denen er getrennt war. Um Frieden zu finden, muß der Mensch »Versöhnung« dadurch finden, daß er zu neuer Einheit kommt (*atonement* als *at-one-ment*); der Friede ist das Ergebnis der Änderung des Menschen, bei der die Einheit an die Stelle der Entfremdung getreten ist. So ist die Idee des Friedens in der prophetischen Sicht untrennbar mit der Vorstellung von der Realisierung seines Menschseins (humanity) verbunden. Friede ist mehr als ein kriegsloser Zustand; er ist die Harmonie und Einheit zwischen den Menschen, er ist die Überwindung der Getrenntheit und der Entfremdung.

Die prophetische Auffassung vom Frieden transzendiert den Bereich menschlicher Beziehungen; die neue Harmonie besteht auch zwischen dem Menschen und der Natur. Friede zwischen Mensch und Natur ist gleichbedeutend mit der *Harmonie* zwischen Mensch und Natur. Der Mensch fühlt sich von der Natur nicht mehr bedroht, und er hört auf, sie beherrschen zu wollen; er wird natürlich, und die Natur wird menschlich. Er und die Natur sind keine Widersacher mehr und werden eins. Der Mensch fühlt sich in der Welt der Natur zu Hause, und die Natur wird zu einem Teil der menschlichen Welt; das ist Friede im Sinne der Propheten. (Das hebräische Wort für Frieden, *schalom*, das man am besten mit »Vollkommenheit« übersetzen könnte, weist in diese Richtung.)

Der Begriff der messianischen Zeit und des messianischen Friedens ist natürlich in den einzelnen prophetischen Quellen verschieden. Wir brauchen diesen Unterschieden hier nicht im einzelnen nachzugehen. Es mag genügen, an einigen charakteristischen Beispielen die verschiedenen Aspekte der Idee der messianischen Zeit, soweit sie mit der Idee des Friedens verbunden sind, aufzuzeigen.

Der Zustand des Friedens zwischen Mensch und Natur und das Ende aller Destruktivität findet einen großartigen Ausdruck in der berühmten Stelle bei Jesaja:

»Dann wohnt der Wolf beim Lamm,
der Panther liegt beim Böcklein.
Kalb und Löwe weiden zusammen,
ein Kind kann sie hüten.
Kuh und Bärin freunden sich an,
ihre Jungen liegen beieinander.
Der Löwe frißt Stroh wie das Rind.
Der Säugling spielt vor dem Versteck der Natter,
das Kind streckt seine Hand in die Höhle der Schlange.
Man tut nichts Böses mehr und begeht kein Verbrechen
auf meinem ganzen heiligen Berg;
denn das Land ist erfüllt von der Erkenntnis des Herrn,
so wie das Meer mit Wasser gefüllt ist« (Jes 11,6–9).

Der Gedanke der neuen Harmonie mit der Natur in der messianischen Zeit bedeutet nicht nur das Ende des Kampfes des Menschen gegen die Natur, sondern auch, daß sich die Natur nicht mehr dem Menschen versagen wird; sie wird zur all-liebenden, nährenden Mutter. Die Natur des Menschen wird nicht mehr verkrüppelt sein, und die Natur außerhalb des Menschen wird nicht mehr unfruchtbar sein. Jesaja sagt dazu:

»Dann werden die Augen der Blinden geöffnet,
auch die Ohren der Tauben sind wieder offen.
Dann springt der Lahme wie ein Hirsch,
die Zunge des Stummen jauchzt auf.
In der Wüste öffnen sich Quellen,
und Bäche fließen in der Steppe.
Der glühende Sand wird zum Teich,
und im durstigen Land sprudelt Wasser hervor.
An dem Ort, wo jetzt die Schakale sich lagern,
wachsen dann Schilfrohr und Binsen.
Eine Straße wird es dort geben;
man nennt sie den Heiligen Weg.
Kein Unreiner darf sie betreten.
(Nur sein Volk darf darauf gehen.)
Kein Mensch ohne Erkenntnis irrt dort umher.
Auch keinem Löwen begegnet man dort,
kein Raubtier betritt diesen Weg,
keines von ihnen ist hier zu finden.
Dort gehen nur die Erlösten,
die vom Herrn Befreiten kehren zurück
und kommen voll Freude nach Zion.
Ewige Freude leuchtet aus ihren Gesichtern;
Wonne und Freude stellen sich ein,
Kummer und Seufzer entfliehen« (Jes 35, 5–10).

Oder wie es bei Deuterojesaja heißt:

»Denn ich erschaffe jetzt etwas Neues.
Schon wächst es heran, merkt ihr es nicht?
Ja, ich baue einen Weg durch die Steppe
und Straßen durch die Wüste.
Die wilden Tiere werden mich preisen,
die Schakale und Strauße,
denn ich lasse in der Steppe Wasser fließen
und Ströme in der Wüste,
um mein auserwähltes Volk zu tränken« (Jes 43, 19f.).

Die Idee des Friedens unter den Menschen findet ihren Höhepunkt in der prophetischen Vorstellung von der Zerstörung aller Kriegswaffen, von der unter anderen Micha spricht:

»Er spricht Recht im Streit vieler Völker,
er weist mächtige Nationen in die Schranken
[bis in die Ferne].
Dann schmieden sie Pflugscharen aus ihren Schwertern
und Winzermesser aus ihren Lanzen.
Man zieht nicht mehr das Schwert, Volk gegen Volk,
und übt sich nicht mehr für den Krieg.
Jeder sitzt unter seinem Weinstock
und unter seinem Feigenbaum,
und niemand schreckt ihn auf.
So hat der Mund des Herrn der Heere gesprochen« (Micha 4,3f.).

Nach messianischer Vorstellung werden die Menschen nicht nur aufhören, sich gegenseitig zu vernichten, sie werden auch nicht länger die Empfindung haben, daß die einzelnen Völker voneinander streng getrennt sind. Sobald das volle Menschsein erreicht ist, hört der Fremde auf, ein Fremder zu sein; es schwindet die Illusion von den wesensmäßigen Unterschieden zwischen Volk und Volk, und es gibt kein »auserwähltes Volk« mehr. Amos sagt dazu:

»Seid ihr für mich mehr als die Kuschiter, ihr Israeliten –
Wort des Herrn.
Wohl habe ich Israel aus Ägypten heraufgeführt,
aber ebenso die Philister aus Kaftor
und die Aramäer aus Kir« (Amos 9,7).

Auch Jesaja verleiht dem Gedanken, daß alle Völker von Gott gleich geliebt werden und daß es keinen Lieblingssohn darunter gibt, besonders schönen Ausdruck:

»An jenem Tag wird eine Straße von Ägypten nach Assur führen, so daß die Assyrer nach Ägypten und die Ägypter nach Assur ziehen können. Und Ägypten und Assur werden dem Herrn dienen. An jenem Tag wird Israel als drittes Land dem Bund von Ägypten und Assur beitreten, zum Segen für die ganze Erde. Denn der Herr der Heere wird sie segnen und sagen: Gesegnet ist Ägypten, mein Volk, und Assur, das Werk meiner Hände, und Israel, mein Erbteil« (Jes 19,23–25).

Um zusammenzufassen: Die prophetische Vorstellung vom Frieden ist Teil der gesamten geschichtlichen und religiösen Auffassung der Propheten, die ihren Höhepunkt findet in der Vorstellung von der messianischen Zeit: Friede zwischen Mensch und Mensch und zwischen Mensch und Natur ist mehr als Abwesenheit des Haders, er ist das Zustandekommen der wahrhaften Harmonie und Einheit, er ist die Erfahrung des »Zu-einem-Werden« (at-one-ment) mit der Welt und mit sich selbst, er ist das Ende der Entfremdung, die Rückkehr des Menschen zu sich selbst.

Editorische Anmerkungen

Seite 9: ›Die Entwicklung des Christusdogmas‹
Die Studie ›Die Entwicklung des Christusdogmas‹ erschien erstmals 1930 in der Zeitschrift ›Imago‹. Sie ist die erste größere Arbeit Fromms nach seiner (nicht gedruckten) Dissertation über ›Das jüdische Gesetz‹ (1922 a). ›Die Entwicklung des Christusdogmas‹ enthält wichtige Ansätze zu seiner sozialpsychologischen Methode und seinem Verständnis des Zusammenhangs von psychoanalytischer und soziologisch-marxistischer Interpretation gesellschaftlicher und kultureller Phänomene. Daß die Studie eine religiöse Erscheinung zum Gegenstand hat, mag einerseits mit Fromms Auseinandersetzung mit seiner eigenen religiösen Tradition und Praxis in Verbindung gebracht werden können; andererseits hat sicher die Arbeit seines Lehrers Theodor Reik über ›Dogma und Zwangsidee‹ (1927) den Anstoß dazu gegeben, dieser seine eigenen Ansichten entgegenzusetzen.

Seite 83: ›Der gegenwärtige Zustand des Menschen‹
›Der gegenwärtige Zustand des Menschen‹ (›The Present Human Condition‹), im Jahr der Veröffentlichung von ›The Sane Society‹ (1955 a, GA IV) geschrieben, kann als eine Art Zusammenfassung jener Gesellschaftskritik und konkreten Vorschläge zur Veränderung der Gesellschaft angesehen werden, die Fromm in ›The Sane Society‹ ausgeführt hat. Aus der Erkenntnis der Faktoren, die den Menschen von sich, seinem Nächsten, von der Natur und von der Arbeit entfremden, ergeben sich die Leitideen für die Gestaltung einer »gesunden und vernünftigen Gesellschaft«, einer *sane society.*

Seite 91: ›Geschlecht und Charakter‹
›Geschlecht und Charakter‹ (›Sex and Character‹) erschien erstmals 1943 in dem Publikationsorgan der William Alanson White Psychiatric Foundation: ›Psychiatry‹, jener Zeitschrift, in der Fromm nach seinem Ausscheiden aus dem Institut für Sozialforschung die meisten Artikel veröffentlichte. In dieser Fassung übernahm Fro m den Aufsatz in den vorliegenden Sammelband. Im Jahr 1949 brachte Ruth Nanda Anshen einen Sammelband zum Thema Familie heraus, zu dem Fromm nicht nur seine Interpretation des Ödipusmythos beisteuerte, sondern auch

eine erweiterte Fassung des Aufsatzes ›Sex and Character‹ aus dem Jahr 1943. Die Erweiterungen sind abgedruckt in den Anmerkungen des Herausgebers zu diesem Aufsatz in: E. Fromm, GA VIII, S. 423–430.

Seite 107: ›Psychoanalyse – Wissenschaft oder Linientreue?‹
Der Aufsatz ›Psychoanalyse – Wissenschaft oder Linientreue?‹ (›Psychoanalysis – Science or Party Line?‹) wurde erstmals in ›The Saturday Review‹ vom 14. Juni 1958 veröffentlicht. In dieser Zeitschrift wurde zwei Autoren Gelegenheit gegeben, zu einer kontroversen Frage Stellung zu beziehen. Unter dem Titel ›Freud, Friends, and Feuds‹ ging es um die Dissidenten in der Freudschen Bewegung, mit denen erbitterte Fehden *(feuds)* ausgetragen wurden. Der Beitrag Fromms erschien als erste Stellungnahme unter dem Titel ›Scientism or Fanaticism?‹ Den zweiten Teil schrieb der Psychoanalytiker Jacob A. Arlow.
Da das »Schisma« in der psychoanalytischen Bewegung durch die dreibändige Freud-Biographie von Ernest Jones neuen Auftrieb bekam, nützte Fromm die Gelegenheit, die von Jones angegriffenen Dissidenten zu verteidigen – nicht zuletzt deshalb, weil Fromm selbst einschlägige Erfahrungen mit dieser »fanatischen« Bewegung gemacht hatte. Dieses Anliegen, die Dissidenten gegen üble Geschichtsverfälschungen und Verleumdungen zu schützen, hat Fromm immer wieder verfolgt, am deutlichsten in seinem Buch ›Sigmund Freud's Mission‹ (E. Fromm, 1959a, GA VIII). Da Fromms eigene Überzeugungen bezüglich der Stellung des Analytikers gegenüber dem Analysanden denen von Sándor Ferenczi am nächsten kamen, waren es vor allem diese Ansichten Ferenczis, die Fromm rehabilitieren wollte.

Seite 119: ›Der revolutionäre Charakter‹
›Der revolutionäre Charakter‹ (›The Revolutionary Character‹) ist einer der wichtigsten Aufsätze aus der Spätzeit, weil er den »wahren« und »wirklichen« Menschen, der zugleich der »gesunde« und »vernünftige« ist, systematisch beschreibt. Der revolutionäre Charakter ist die »Aufhebung« des autoritätsfixierten Menschen, nicht nur die Negation, nicht der Rebell, sondern die Negation der Negation, der Freie, der *ist* und sich deshalb nicht mehr am Haben oder Nicht-Haben von Autorität orientiert. Wie bei allen dialektischen Begriffen, die Fromm gebraucht und die sich nur als Negation der Negation verstehen lassen, ist es auch hier nicht möglich, eine »habhafte« positive Bestimmung des revolutionären Charakters zu erwarten. Die Wesensbestimmung wird nur aus der Abgrenzung möglich: Der Revolutionär ist nicht der Rebell, Skeptiker, Fanatiker.
Der Aufsatz entstand aufgrund eines Vortrags, den Fromm 1961 auf dem Interamerikanischen Psychologen-Kongreß in Mexiko gehalten hat.

Seite 135: ›Die Medizin und die ethische Frage des modernen Menschen‹

›Die Medizin und die ethische Frage des modernen Menschen‹ (›Medicine and the Ethical Problem of Modern Man‹) geht auf einen Vortrag zurück, den Fromm am 25. April 1957 an der Harvard Medical School gehalten hat. Der Vortrag hatte den Titel ›The Ethical Problem of Modern Man‹ und fand im Rahmen der George W. Gay Lectures upon Medical Ethics statt. Warum Fromm in diesem Vortrag keine berufsspezifischen ethischen Einzelfragen abhandelt, begründet er gleich zu Anfang: Das ethische Problem zeigt sich nicht in ärztlichen Verhaltensfragen, sondern im Gewahrwerden der offenen oder insgeheimen ethischen Zielsetzungen des modernen Menschen und in der Erkenntnis der Gefahren, die von diesen Zielsetzungen ausgehen. Der Schwerpunkt der Abhandlung liegt deshalb im Aufweis der Tugenden und Laster des modernen Menschen.

Seite 151: ›Der Mensch ist kein Ding‹

Der Artikel ›Der Mensch ist kein Ding‹ (›Man is Not a Thing‹) entstand im Jahre 1957 und wird von Fromm als einer seiner wichtigsten Aufsätze angesehen (darum verweist er selbst immer wieder auf ihn). Die Zeitschrift ›The Saturday Review‹ brachte am 16. und 23. März 1957 zwei Beiträge über die Grenzen der Psychoanalyse. Fromm schrieb den ersten Beitrag, den zweiten verfaßte der Psychologe J. A. Gengerelli von der Universität von Kalifornien. Fromms Hauptthese lautet: Das »legitime Ziel der Psychologie ist ein negatives: die Beseitigung von Entstellungen und Illusionen, nicht ein positives, nämlich die volle und ganze Kenntnis des menschlichen Wesens«. Gerade die Psychologie steht in der Gefahr, den Menschen zu verdinglichen, wenn sie sich nicht als »negative Psychologie« versteht.

Seite 159: ›Die prophetische Auffassung vom Frieden‹

›Die prophetische Auffassung vom Frieden‹ (›The Prophetic Concept of Peace‹) wurde erstmals in der Festschrift für Daisetz T. Suzuki, den langjährigen zen-buddhistischen Freund, veröffentlicht. Die beschriebene prophetische Auffassung ist nach Fromms Meinung das Herzstück der alttestamentlichen Tradition überhaupt. Sie zeichnet deshalb in gleicher Weise die westliche Tradition aus, wie die östliche Tradition durch die zen-buddhistische Weisheit gekennzeichnet ist.

Fromm selbst bekennt, daß ihn am Alten Testament seit seiner Kindheit vor allem die Propheten interessiert haben. (Vgl. E. Fromm, 1974b, S. 16f.) Der kleine Beitrag über den Friedensbegriff der alttestamentlichen Propheten belegt dieses Interesse bis ins hohe Alter. Zugleich mögen die hier dargelegten Gedanken Fromm angeregt haben, die Monographie ›You Shall Be as Gods‹ (1966a, GA VI) zu schreiben, denn viele Abschnitte des Aufsatzes gingen fast wörtlich in diese radikale Interpretation des Alten Testaments und seiner Tradition ein.

Literaturverzeichnis

Babel, I., 1955: The Collected Stories. New York 1955 (Criterion Book); deutsch: Zwei Welten. Die Geschichten des Isaak Babel. 46 Erzählungen, Wien 1960 (Desch Verlag)

Carnegie, D., 1936: How to Win Friends and Influence People. New York 1936 (Simon and Schuster)

Cumont, F., 1923: Die orientalischen Religionen in ihrem Einfluß auf die europäischen Religionen des Altertums. In: Kultur der Gegenwart. 2. Auflage, Band I, Teil III, Berlin/Leipzig 1923 (Verlag Teubner)

Dibelius, M., 1911: Die urchristliche Überlieferung von Johannes dem Täufer. Stuttgart 1911

Flavius Josephus, JA., 1900: Jüdische Altertümer. Übersetzt von Dr. Heinrich Clementz, Halle 1900 (Verlag Hendel)

–, JK., 1900: Geschichte des Jüdischen Krieges. Übersetzt und mit Einleitung und Anmerkungen versehen von Dr. Heinrich Clementz, Halle 1900 (Verlag Hendel)

Frazer, J. G., 1928: Der goldene Zweig. Das Geheimnis von Glauben und Sitten der Völker. Übersetzt durch Helen von Bauer, Leipzig 1928 (Verlag Hirschfeld)

Freud, S.: Gesammelte Werke (G. W.). Bände 1–17, London 1940–1952 (Imago Publishing Co.) und Frankfurt 1960 (S. Fischer Verlag)

–, 1912–13: Totem und Tabu. Einige Übereinstimmungen im Seelenleben der Wilden und der Neurotiker. G. W. Band 9

–, 1916–17: Vorlesungen zur Einführung in die Psychoanalyse. G. W. Band 11

–, 1921c: Massenpsychologie und Ich-Analyse. G. W. Band 13, S. 71–161

–, 1924d: Der Untergang des Ödipuskomplexes. G. W. Band 13, S. 393–402

–, 1926d: Hemmung, Symptom und Angst. G. W. Band 14, S. 111–205

–, 1927c: Die Zukunft einer Illusion. G. W. Band 14, S. 323–380

–, 1930a: Das Unbehagen in der Kultur. G. W. Band 14, S. 419–506
–, 1933a: Neue Folge der Vorlesungen zur Einführung in die Psychoanalyse. G. W. Band 15
–, 1937c: Die endliche und die unendliche Analyse. G. W. Band 16, S. 57–99
–, 1940a: Abriß der Psychoanalyse. G. W. Band 17, S. 63–138
Friedländer, M., 1905: Die religiösen Bewegungen innerhalb des Judentums im Zeitalter Jesu. Berlin 1905
Fromm, E., Gesamtausgabe in 10 Bänden (GA). Hrsg. von Rainer Funk, Stuttgart 1980/81 (Deutsche Verlags-Anstalt)
–, 1922a: Das jüdische Gesetz. Ein Beitrag zur Soziologie des Diasporajudentums. Maschinenschriftliche Dissertation, Heidelberg 1922
–, 1941a: Escape from Freedom. New York 1941 (Farrar & Rinehart)
  – Die Furcht vor der Freiheit. Zürich 1945 (Steinberg); Frankfurt/Köln 1966 (Europäische Verlagsanstalt)
  – GA I
–, 1947a: Man for Himself. An Inquiry into the Psychology of Ethics. New York 1947 (Rinehart & Co.)
  – Psychoanalyse und Ethik. Zürich 1954 (Diana Verlag); Stuttgart 1979 (Deutsche Verlags-Anstalt)
  – Psychoanalyse und Ehtik. Bausteine zu einer humanistischen Charakterologie. GA II
–, 1955a: The Sane Society. New York 1955 (Rinehart and Winston, Inc.)
  – Der moderne Mensch und seine Zukunft. Eine sozialpsychologische Untersuchung. Frankfurt/Köln 1960 (Europäische Verlagsanstalt)
  – Wege aus einer kranken Gesellschaft. GA IV
–, 1959a: Sigmund Freud's Mission. An Analysis of His Personality and Influence. New York 1959 (Harper and Row)
  – Sigmund Freuds Sendung. Frankfurt 1967 (Ullstein)
  – Sigmund Freud. Seine Persönlichkeit und seine Wirkung. GA-VIII
–, 1961a: May Man Prevail? An Inquiry into the Facts and Fictions of Foreign Policy. New York 1961 (Doubleday)
  – Es geht um den Menschen! Eine Untersuchung der Tatsachen und Illusionen in der Außenpolitik. GA V
–, 1966a: You Shall Be as Gods. A Radical Interpretation of the Old Testament and Its Tradition. New York 1966 (Holt, Rinehart and Winston)
  – Die Herausforderung Gottes und des Menschen. Zürich 1970 (Diana Verlag); Stuttgart 1979 (Deutsche Verlags-Anstalt)
  – Ihr werdet sein wie Gott. Eine radikale Interpretation des Alten Testaments und seiner Tradition. GA VI
–, 1974b: Im Namen des Lebens. Ein Gespräch mit Hans Jürgen Schultz. Stuttgart 1974 (Deutsche Verlags-Anstalt)

–, 1975 d: Die Aktualität der prophetischen Schriften. In: H. J. Schultz (Hrsg.): Sie werden lachen – die Bibel. Überraschungen mit dem Buch. Stuttgart/Berlin 1975, S. 67–72 (Kreuz Verlag) – GA VI
Fromm-Reichmann, F., 1940: Notes on the Mother Role in the Family Group. In: Bulletin of the Menninger Clinic 4 (1940) S. 132–148
Harnack, A. v., 1908: Das Urchristentum und die soziale Frage. In: Preußische Jahrbücher 131, Berlin 1908
–, 1909: Lehrbuch der Dogmengeschichte. Band I, Tübingen 1909 (Verlag Mohr)
–, 1923: Die Mission und Ausbreitung des Christentums. 4. Auflage, Band I, Leipzig 1923 (Hinrichs Verlag)
–, 1923 a: Kirche und Staat bis zur Gründung der Staatskirche. In: Kultur der Gegenwart, 2. Auflage, Band I, Teil IV, 1, Berlin/Leipzig 1923 (Verlag Teubner)
Herrigel, E., 1960: Zen in der Kunst des Bogenschießens. 9. Auflage, München-Planegg 1960 (O. W. Barth Verlag); engl.: Zen in the Art of Archery. New York 1953 (Pantheon)
Horney, K., 1932: Die Angst vor der Frau. In: Internationale Zeitschrift für Psychoanalyse, Wien/Leipzig 13 (1932), S. 1–18
Huxley, A., 1946: Brave New World. London 1946 (The Vanguard Library); deutsch: Schöne neue Welt, Frankfurt/Hamburg 1955 (S. Fischer Verlag)
Jones, E., 1931: Zur Psychoanalyse der christlichen Religion. Wien/ Frankfurt 1931/1970 (Internationaler Psychoanalytischer Verlag/ Suhrkamp Verlag)
–, 1960–1962: Das Leben und Werk von Sigmund Freud. Band 1–3, Bern/Stuttgart 1960–1962 (Huber-Verlag)
Kautsky, K., 1923: Der Ursprung des Christentums. 13. Auflage, Stuttgart 1923 (Dietz Verlag)
Klausner, J., 1956: The Messianic Idea in Israel. London 1956 (George Allen and Unwin)
Knopf, R., 1905: Das nachapostolische Zeitalter. Tübingen 1905 (Verlag Mohr)
Marx, K., MEGA, Karl Marx und Friedrich Engels: Historisch-kritische Gesamtausgabe (= MEGA). Werke – Schriften – Briefe. Im Auftrag des Marx-Engels-Lenin-Instituts Moskau herausgegeben von V. Adoratskij; 1. Abteilung: Sämtliche Werke und Schriften mit Ausnahme des ›Kapital‹, 6 Bände, zitiert: I, 1 bis 6; 2. Abteilung: Das ›Kapital‹ mit Vorarbeiten; 3. Abteilung: Briefwechsel; 4. Abteilung: Generalregister, Berlin 1932
–, MEW: Karl Marx und Friedrich Engels: Werke (MEW). Herausgegeben vom Institut für Marxismus-Leninismus beim ZK der SED, Berlin (Dietz Verlag)
–, MEW Erg. I: Ökonomisch-philosophische Manuskripte aus dem Jahre 1844. In: Marx-Engels-Werke (MEW), Ergänzungsband I, S. 465–588, Berlin 1968 (Dietz Verlag)

Meister Eckhart, 1934: Schriften. Herausgegeben von Herman Büttner, Jena 1934 (Eugen Diederichs Verlag)
–, 1977: Deutsche Predigten und Traktate. Herausgegeben und übersetzt von Josef Quint, 4. Auflage, München 1977 (Carl Hanser)
Meyer, E., 1924: Die Sklaverei im Altertum. In: Kleine Schriften, Band I, 2. Auflage, Dresden 1924
Mommsen, Th., 1888: Römische Geschichte. Band V, Berlin 1888 (Weidmannsche Buchhandlung)
Peale, N. V., 1952: The Power of Positive Thinking. New York 1952 (Prentice Hall); deutsch: Die Kraft positiven Denkens. Thalwil (Schweiz) 1952, 17. Auflage, 1974 (Emil Ösch)
Radó, S., 1927: Das Problem der Melancholie. In: Internationale Zeitschrift für Psychoanalyse, herausgegeben von S. Freud, Wien XIII (1927), S. 439–455 (Internationaler Psychoanalytischer Verlag)
Reik, Th., 1919: Probleme der Religionspsychologie. Wien/Leipzig 1919 (Internationaler Psychoanalytischer Verlag)
–, 1923: Der eigene und der fremde Gott. Wien/Leipzig/Zürich 1923 (Internationaler Psychoanalytischer Verlag)
–, 1927: Dogma und Zwangsidee. In: Imago, Wien 13 (1927), S. 247–382 (Internationaler Psychoanalytischer Verlag)
Rösch, G., 1888: Astarte – Maria. In: Theologische Studien und Kritiken, Gotha 61 (1888), S. 265–299 (Friedrich Andreas Perthes)
Rostovtzeff, M., 1926: Social and Economic History of the Roman Empire. Oxford 1926 (Clerndon Press); deutsch: Gesellschaft und Wirtschaft in der Römischen Kaiserzeit. Leipzig 1930 (Quelle und Meyer)
Schubert, H. v., 1904: Grundzüge der Kirchengeschichte. Tübingen 1904 (Verlag Mohr)
Schürer, E., 1901: Geschichte des jüdischen Volkes im Zeitalter Jesu Christi. 3. Auflage, Band I, Leipzig 1901 (Hinrichs Verlag)
Simmel, G., 1908: Über das Wesen der Sozialpsychologie. Archiv für Sozialwissenschaft und Sozialpolitik, Tübingen 26 (1908) (J. C. B. Mohr)
Storfer, A. J., 1913: Marias jungfräuliche Mutterschaft. Ein völkerpsychologisches Fragment über Sexualsymbolik. Berlin 1913 (H. Barsdorf)
Talmud, Baba Meçiâ: Der babylonische Talmud. Herausgegeben von L. Goldschmidt, Band VI, Den Haag 1933 (Verlag Martinus Nijoff)
Talmud, Pesachim: Der babylonische Talmud. Herausgegeben von L. Goldschmidt, Band II, S. 339–747, Den Haag 1933 (Verlag Martinus Nijoff)
Thompson, C., 1942: What Is Penis Envy? In: Proceedings of the Association for the Advancement of Psychoanalysis, Boston Meetings 1942
Troeltsch, E., 1919: Die Soziallehren der christlichen Kirchen und Gruppen. Gesammelte Schriften, Band I, Tübingen 1919 (J. C. B. Mohr)

Weber, M., 1924: Die sozialen Gründe des Untergangs der antiken Kultur. In: Gesammelte Aufsätze zur Sozial- und Wirtschaftsgeschichte, Tübingen 1924 (Mohr Verlag)
Weiß, J., 1917: Das Urchristentum. Göttingen 1917 (Vandenhoeck und Ruprecht)
Werner, M., 1957: The Formation of Christian Dogma. A historical study of its problem. New York 1957 (Harper and Bros.)

REGISTER

Erich Fromm Gesamtausgabe

in 10 Bänden

Herausgegeben von Rainer Funk

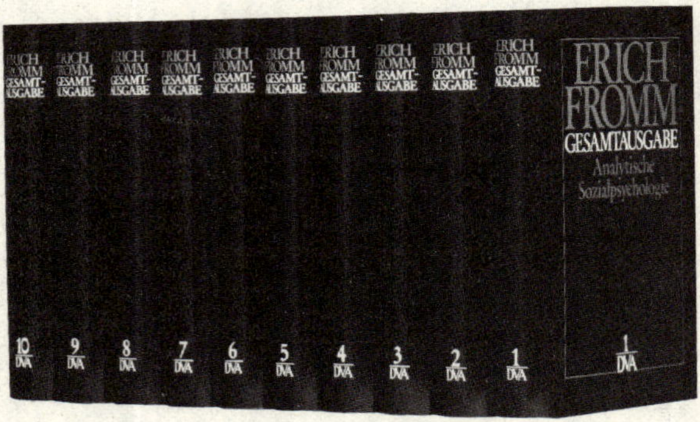

Jeder Band umfaßt ca. 450 Seiten
Format 14,5 x 21,5 cm
Gebunden mit Schutzumschlag
Die Gesamtausgabe wird nur geschlossen abgegeben.

Band 1:
Analytische Sozialpsychologie

Band 2:
Analytische Charaktertheorie

Band 3:
Gesellschaft und Charakter

Band 4:
Gesellschaftstheorie

Band 5:
Politik und sozialistische Gesellschaftskritik

Band 6:
Religion

Band 7:
Aggressionstheorie

Band 8:
Psychoanalyse

Band 9:
Sozialistischer Humanismus und humanistische Ethik

Band 10:
Gesamtregister und Schriftenverzeichnis

DVA
Deutsche Verlags-Anstalt